Sammlung Metzler
Band 326

Der Autor

Kurt Bartsch, geb. 1947; Professor für Neuere deutsche Literatur an der Karl-Franzens-Universität Graz; Veröffentlichungen zur deutschen Literatur seit dem 18. Jahrhundert; insbesondere zur österreichischen Literatur seit 1945; bei J. B. Metzler ist erschienen: Ingeborg Bachmann. SM 242. 2. Auflage 1997.

Die Deutsche Bibliothek – CIP-Einheitsaufnahme

Bartsch, Kurt:
Ödön von Horváth / Kurt Bartsch.
– Stuttgart ; Weimar : Metzler, 2000
  (Sammlung Metzler ; Bd. 326)
  ISBN 978-3-476-10326-0

SM 326

ISBN 978-3-476-10326-0
ISBN 978-3-476-01723-9 (eBook)
DOI 10.1007/978-3-476-01723-9

ISSN 0558 3667

© 2000 Springer-Verlag GmbH Deutschland
Ursprünglich erschienen bei J.B. Metzlersche Verlagsbuchhandlung und Carl Ernst Poeschel Verlag GmbH in Stuttgart 2000

Kurt Bartsch

Ödön von Horváth

Verlag J.B. Metzler Stuttgart · Weimar

Inhalt

Zur Zitierweise

Aus der vierbändigen Ausgabe der *Gesammelten Werke* von Horváth wird mit der Sigle GW sowie *einfacher Band- (römische Ziffern) und Seitenangabe (arabische Ziffern)* zitiert. Mit dem Zeichen * versehene Seitenangaben beziehen sich auf die den einzelnen Bänden nachgestellten Anmerkungsapparate der Herausgeber. Aus der *Kommentierten Werkausgabe* wird analog mit der Sigle kA zitiert. Anmerkungen etc. der (des) Herausgeber(s) werden ohne Namensnennung mit den angegebenen Siglen zitiert. – Aus dem Nachlass wird mit der Sigle N und der Berliner Signatur zitiert. Weitere Siglen beziehen sich auf folgende durchwegs von Traugott Krischke herausgegebene Titel:

H.Bl.	=	*Horváth-Blätter* 1 (1983), 2 (1984).
Mat.GLH.	=	*Materialien zu Ödön von Horváths »Glaube Liebe Hoffnung«* (1973).
Mat.GWW.	=	*Materialien zu Ödön von Horváths »Geschichten aus dem Wiener Wald«* (1972).
Mat.KK.	=	*Materialien zu Ödön von Horváths »Kasimir und Karoline«* (1973).
Mat.ÖH.	=	*Materialien zu Ödön von Horváth* (1970).
stm.GWW.	=	suhrkamp taschenbuch materialien: *Horváths »Geschichten aus dem Wiener Wald«* (1983).
stm.JoG.	=	suhrkamp taschenbuch materialien: *Horváths »Jugend ohne Gott«* (1984).
stm.ÖH.	=	suhrkamp taschenbuch materialien: *Ödön von Horváth* (1981).
stm.P.	=	suhrkamp taschenbuch materialien: *Horváths Prosa* (1989).
stm.St.	=	suhrkamp taschenbuch materialien: *Horváths Stücke* (1988).
ÜH.	=	*Über Horváth* (1972).

Aus diesen Titeln wird mit einfacher Seitenangabe zitiert.

Aus den Texten anderer Autoren und aus der Sekundärliteratur wird jeweils mit dem Verfassernamen, Erscheinungsjahr (bei mehr als einer Veröffentlichung in einem Jahr mit Hinzufügung von a) und einfacher Seitenangabe zitiert.

1. Einleitung: Zur Horváth-Rezeption

Ödön von Horváth, der in seinem kurzen, nur 37 Jahre währenden Leben immerhin an die zwanzig Dramen, drei schmale Romane und einiges an Kurzprosa verfasste, gilt heute – neben Bertolt Brecht – als Klassiker des deutschsprachigen Dramas im 20. Jahrhundert. Zu Lebzeiten nicht gerade erfolglos, fand er doch nicht wirklich großen Widerhall (vgl. Günther 1978, 6). Abgesehen von einer kurzen Hochphase in den Jahren 1931 und 1932, da ihm der Kleist-Preis verliehen wurde und die Uraufführungen der Volksstücke *Italienische Nacht, Geschichten aus dem Wiener Wald* sowie *Kasimir und Karoline* in Berlin (das letztgenannte auch in Leipzig) stattfanden, wurde er weder viel gespielt noch fanden die wenigen verlegten Bücher eine zahlenmäßig nennenswerte Leserschaft. Man ist daher geneigt, Gisela Günther (ebd.) zuzustimmen, die den Horváth-Boom der späteren sechziger Jahre nicht als »Horváth-Renaissance«, sondern als »Horváth-Entdeckung« einschätzt.

Nur einige wenige Freunde und Eingeweihte bewahrten über die nationalsozialistische Zeit hinweg Horváth im Gedächtnis, gespielt wurde er während des Zweiten Weltkrieges überhaupt nicht und in den ersten anderthalb Jahrzehnten danach kaum. Anfang der sechziger Jahre setzte die angesprochene »Horváth-Entdeckung« ein. 1961 gab Traugott Krischke, der auch der Editor zweier Werkausgaben und zahlreicher Materialienbände sowie der wichtigste Horváth-Biograph werden sollte, eine erste Auswahl von neun Stücken heraus, 1962 wurde dann an der Berliner Akademie der Künste unter der Leitung von Walter Huder ein Horváth-Archiv eingerichtet und damit der Zugang zum Nachlass des Autors ermöglicht. In seinem gewissermaßen die Horváth-Forschung begründenden Essay *Die Dummheit oder Das Gefühl der Unendlichkeit* fragte Wilhelm Emrich (1970, 146f.) noch 1963 skeptisch, »ob Horváths Werk einmal ins Bewusstsein der Öffentlichkeit eindringen wird«. Im Laufe desselben Jahrzehnts sollte dies in tatsächlich kaum vorauszuahnender Weise der Fall sein. Im Kontext der Faschismus-Debatten und der Studentenbewegung wurde von Literatur und Theater zunehmend sogenannte gesellschaftliche Relevanz eingefordert, die man in Horváths Volksstücken mit ihrer Analyse des falschen, für den Faschismus anfälligen Bewusstseins des Kleinbürgertums der zwanziger und dreißiger Jahre geradezu beispielhaft gegeben sah. Und das neue kri-

tische Volksstück dieser Zeit, verbunden vor allem mit den Namen
Martin Sperr, Franz Xaver Kroetz und Rainer Werner Fassbinder,
sah in Horváth (und Fleißer) eine Tradition begründet, an die es anzuschließen gelte. Die Theater jedenfalls »rissen« sich um Horváth.
Beispiel: Die *Geschichten aus dem Wiener Wald*, das berühmteste,
auch zweimal (1963 von Erich Neuberg für das Österreichische
Fernsehen und 1978 von Maximilian Schell) verfilmte Drama Horváths. In den 15 Jahren zwischen 1948, der ersten Wiederaufführung nach dem Ende der nationalsozialistischen Diktatur an der Josefstadt in Wien, und der Grazer Inszenierung von 1963 ist dieses
Volksstück nie gespielt worden. Im nächsten Jahrzehnt erlebte es
dann auf Bühnen im deutschsprachigen Raum rund ein Dutzend
Realisierungen. Allein in der Spielzeit 1970/71 wurden 39 Horváth-
Aufführungen gezählt, davon 18 auf deutschsprachigen Bühnen
(vgl. Kurzenberger 1974, 9). Zudem wurde einiges Unbekannte von
Horváth ausgegraben: 1969 fand die Uraufführung der Komödie
Zur schönen Aussicht in Graz statt, 1970 die der Originalfassung der
Posse *Rund um den Kongreß* in Wiesbaden, 1972 die Erstfassung der
Sladek-»Historie« in München. 1973 wurde außerdem das Hörspiel
Stunde der Liebe im Bayrischen und Süddeutschen Rundfunk (Co-
Regisseur Franz Xaver Kroetz) urgesendet.
    Bis Anfang der siebziger Jahre waren es vor allem Theaterwissenschaftler wie Gabriele Reuther mit ihrer Wiener Dissertation von
1962 und Kritiker wie Kurt Kahl mit seiner Monographie in der
Reihe »Friedrichs Dramatiker des Welttheaters« von 1966, die sich
dem Schaffen Horváths widmeten. Die literaturwissenschaftliche
Beschäftigung damit setzte erst nach dem Erscheinen der vierbändigen Dünndruckausgabe der *Gesammelten Werke* von 1970/71 und
der nahezu textidentischen achtbändigen Taschenbuchausgabe in
der »edition suhrkamp« von 1972 ein, dann aber intensivst. Ab
1970 erscheinen in rascher Folge vier von Krischke herausgegebene
Materialbände (vgl. Mat.ÖH., Mat.GWW., Mat.KK., Mat.GLH.)
und die Aufsatzsammlung *Über Horváth*. Diese sowie zahlreiche
Einzelveröffentlichungen von Horváth-Werken sowie das *Lesebuch*
(1976) brachten Ergänzungen und Korrekturen zu den *Gesammelten
Werken*. Profitorientierte Verlagspolitik und philologische Unverantwortlichkeit (vgl. Kap. 4.1) gingen Hand in Hand.
    Als richtungweisend für die soziologische und sozialpsychologische Ausrichtung der Horváth-Forschung in den frühen siebziger
Jahren kann man Erwin Rotermunds 1970 erstveröffentlichte, 1972
im genannten Sammelband *Über Horváth* wieder abgedruckte Studie *Zur Erneuerung des Volksstückes in der Weimarer Republik: Zuckmayer und Horváth* nennen. In diesen Trend gehören die ersten

wichtigen Monographien dieser Jahre, *Ödön von Horváth als Kritiker seiner Zeit. Studien zum Werk in seinem Verhältnis zum politischen, sozialen und kulturellen Zeitgeschehen* von Axel Fritz (1973), sowie *Horváths Volksstücke. Beschreibung eines poetischen Verfahrens* von Hajo Kurzenberger (1974), wiewohl dieser seine Methode als »morphologisch[e]« (ebd., 9) bezeichnet, und schließlich auch das Theaterprojekt *Die Lehrerin von Regensburg*, das Tübinger Studierende im Wintersemester 1977/78 mit Jürgen Schröder durchführten.

Im Lauf der siebziger Jahre ebbt der Horváth-Boom auf den Bühnen etwas ab, in der Literaturwissenschaft lässt sich eine Hinwendung zum Werk nach 1933 beobachten, die in den Achtzigern dominanter wird (vgl. z.B. Bossinade, 1988). Jürgen Schröder hat mit einem Vortrag von 1973 (Erstveröffentlichung 1976, wiederabgedruckt 1981 in stm.ÖH.) die Diskussion initiiert. Zwischen 1983 und 1988 erscheinen in der Reihe »suhrkamp taschenbücher« 14 einer auf 15 Bände geplanten neuen *Kommentierten Werkausgabe*, außerdem zwischen 1981 und 1989 fünf wiederum von Traugott Krischke herausgegebene Materialienbände (stm.ÖH., stm.GWW., stmJOG., stm.St., stm.P.). Die Vermarktung boomt also nach wie vor.

Ödön von Horváth. verschwiegen – gefeiert – glattgelobt, so sieht Birgit Schulte (1980) in ihrer »Analyse eines ungewöhnlichen Rezeptionsverlaufs« die Schwankungen in der Einschätzung des Autors. Weil die Geschichte der Rezeption Horváths außergewöhnlich ablief, hat sich die Literaturwissenschaft eingehend mit ihr befasst, sowohl im Überblick (vgl. z.B. ebd., Jarka 1981, Lechner 1981, Viehoff 1989) als auch länderspezifisch (vgl. etwa Lechner 1976, Jarka 1989, Patsch 1989). In den diversen Materialienbänden sowie in Krischkes (1991) Dokumentation *Horváth auf der Bühne* finden sich zahlreiche Dokumente der Wirkungsgeschichte, insbesondere Rezensionen zu (Ur-)Aufführungen. Günther versammelt im Anhang ihrer Göttinger Dissertation von 1978 sehr viele Materialien, vor allem seltenere, durch die genannten Publikationen nicht erfasste Dokumente.

»Horváth. verschwiegen – gefeiert – glattgelobt«. Dem wäre ein neues Kapitel unter der Devise »Horváth, eine Normalisierung« hinzuzufügen. Die Literaturwissenschaft hat in den vergangenen anderthalb Jahrzehnten zahlreiche seriöse philologische Studien hervorgebracht, von denen wiederum eine der herausragenden monographischen stellvertretend genannt sei, nämlich Herbert Gampers Buch *Horváths komplexe Textur* (1987). Auf den Bühnen wird Horváth nicht mehr so viel gespielt wie in den siebziger Jahren, aber sein Werk ist präsent, es erscheint regelmäßig im Repertoire der deutschsprachigen Bühnen. Momentaufnahme 1999: von Hamburg bis Graz (in beiden Fällen mit den *Geschichten aus dem Wiener Wald*) finden sich Horváth-Stücke auf den Spielplänen und sie haben Erfolg: Zwei Aufführungen wurden zum 36. Berliner Theatertreffen 1999 eingeladen, Luc Bondys Wiener Festwochen-Inszenierung von *Figaro läßt sich scheiden* am Theater in der Josefstadt und Martin Kušejs provokante Inszenierung der *Geschichten aus dem Wiener Wald* am Hamburger Thalia Theater, die außerdem zur »Aufführung des Jahres 1999« gewählt wurde. Und beide wurden im Fernsehen ausgestrahlt. Horváth nicht mehr »gefeiert«, sondern als Klassiker selbstverständlich präsent, und nicht mehr »glattgelobt«, sondern Gegenstand durchaus kritischer Rezeption auf dem Theater und in der Literaturwissenschaft.

2. Biographischer Abriss

Die folgenden Ausführungen basieren vorrangig auf Traugott Krischkes *Ödön von Horváth. Kind seiner Zeit* (1980), der ausführlichsten Biographie über Horváth, versehen mit einer übersichtlichen »Zeittafel« zur raschen Orientierung im Anhang (vgl. Krischke 1980, 277–285), weiters auf der vom selben Verfasser erstellten, 1988 erschienenen *Horváth-Chronik*, auf Dieter Hildebrandts Biographie *Ödön von Horváth in Selbstzeugnissen und Bilddokumenten* (1975) sowie auf drei kurzen autobiographischen Texten des Autors, der *Autobiographischen Notiz (auf Bestellung)* aus dem Jahr 1927 (kA XI, 182), der *Autobiographischen Notiz* aus dem Nachlass (kA XI, 183) und dem 1929 erschienenen Text *Fiume, Belgrad, Budapest, Preßburg, Wien und München* (kA XI, 184f.).

Sie fragen mich nach meiner Heimat, ich antworte: ich wurde in Fiume geboren, bin in Belgrad, Budapest, Preßburg, Wien und München aufgewachsen und habe einen ungarischen Paß – aber: ›Heimat‹? Kenn' ich nicht. Ich bin eine typisch alt-österreichisch-ungarische Mischung: magyarisch, kroatisch, deutsch, tschechisch – mein Name ist magyarisch, meine Muttersprache ist deutsch (kA XI, 184).

Der Autor wird am 9. Dezember 1901 im multiethnischen Fiume, dem heutigen Rijeka, als Sohn von Maria Hermine und Dr. Edmund Joseph von Horváth, einem dem ungarischen Kleinadel zugehörigen Diplomaten, geboren und auf die Namen Edmund (= Ödön) und Josip (= Josef) getauft. Das Verhältnis Ödöns zu seinem Elternhaus ist zeitlebens ein gutes, es gibt ihm jederzeit Rückhalt. Insbesondere der Vater, der sich in seinem Beruf engagiert für die nationalen Minderheiten im Vielvölkerstaat einsetzt und der seine Söhne »gegen jede Form der nationalistischen Engstirnigkeit, des rassischen Größenwahns« (François 1988, 150) gewissermaßen impft, zeichnet sich durch eine liberale und weltoffene Haltung aus und begegnet auch der Entscheidung Ödöns zu einer unbürgerlichen Schriftstellerexistenz verständnisvoll.

»Als ich zweiunddreißig Pfund wog, verließ ich Fiume, trieb mich teils in Venedig und teils auf dem Balkan herum und erlebte allerhand, u.a. die Ermordung S.M. des Königs Alexanders von Serbien samt seiner Ehehälfte« (kA XI, 182). Tatsächlich übersiedelte die Familie im Jahr 1902 nach Belgrad, wo im Jahr danach der ge-

nannte König ermordet wird – übrigens nur zwei Tage, nachdem
Horváths Vater ihm vorgestellt worden ist. 1903 wird der Bruder
Lajos geboren, 1908 übersiedelt die Familie nach Budapest, wo
Ödön seinen ersten Unterricht in ungarischer Sprache erhält. Dazu
heißt es in der *Autobiographischen Notiz* aus dem Nachlass:

Während meiner Schulzeit wechselte ich viermal die Unterrichtssprache
und besuchte fast jede Klasse in einer anderen Stadt. Das Ergebnis war, daß
ich keine Sprache ganz beherrschte. Als ich das erste Mal nach Deutschland
kam, konnte ich keine Zeitung lesen, da ich keine gotischen Buchstaben
kannte, obwohl meine Muttersprache die deutsche ist. Erst mit vierzehn
Jahren schrieb ich den ersten deutschen Satz. (kA XI, 183)

Wie viele autobiographische Aussagen des Autors stimmt zwar auch
diese mit den Tatsachen nicht ganz überein, wirft aber doch ein sehr
bezeichnendes Licht auf seine (sprachliche) Sozialisation. In Ungarn
nannte man Kinder von k.u.k.-Offiziellen, die aus beruflichen
Gründen häufig den Wohnort und damit den Sprachraum wechseln
mussten, treffend »Tornisterkind[er]« (Kun 1988, 9). Dass sich der
häufige Wechsel des Sprachraums insbesondere auf die sprachliche
Entwicklung dieser Kinder auswirken musste, liegt auf der Hand.
Das in der zitierten Stelle aus Horváths *Autobiographischer Notiz* angesprochene Zwischen-den-Sprachen-Sein, das gewissermaßen
sprachlich distanzierte Außen-vor-Sein mag die Voraussetzung für
die ausgeprägte sprachliche Beobachtungsgabe sein, die seine Texte
auszeichnet.
    Als der Vater als »Fachberichterstatter des kön. ung. Handels-Mi-
nisteriums im Auslande« (Krischke 1980, 17) nach München berufen wird, bleibt Ödön in Budapest zurück, wird zuerst von Privat-
lehrern unterrichtet und besucht dann hier zwischen 1911 und
1913 das erzbischöfliche Gymnasium. Für kurze Zeit entwickelt er
übertrieben starke religiöse Gefühle, äußert sogar den Wunsch, Prie-
ster zu werden. Ein fanatischer Religionslehrer lässt ihn jedoch zum
Gegner »nicht nur der katholischen Kirche, sondern jeglicher Kon-
fession« (ebd., 23) werden. 1930, übrigens zwei Monate nach dem
Tod der Regensburger Lehrerin Elly Maldaque, deren Fall Horváth
in einem dramatischen Fragment als den einer religiösen Krise dargestellt hat, tritt er aus der Kirche aus. Vor allem aus gesundheitli-
chen Gründen lassen die Eltern 1913 Ödön nach München nach-
kommen, wo er bis 1916 an zwei verschiedenen Gymnasien mit
nicht gerade berauschenden Erfolgen weitere Schulbildung genießt.
    In seinen autobiographischen Texten ebenso wie im »Interview«
(vgl. kA XI, 198) hat Horváth, hierin übrigens durchaus d'accord
mit anderen um 1900 geborenen Autoren wie Bertolt Brecht, Erich

Kästner oder Erich Maria Remarque, betont, dass seine Erinnerung mit dem Ausbruch des Ersten Weltkriegs einsetzt: »Manchmal ist es mir, als wäre alles aus meinem Gedächtnis ausradiert, was ich vor dem Kriege sah. Mein Leben beginnt mit der Kriegserklärung« (kA XI, 185). Der Vater wird vorerst einberufen, aber bereits 1915 wieder nach München gesandt. Zwischen 1916 und 1918 besucht Ödön eine Oberrealschule in Pressburg. Aus dieser Zeit stammen die frühesten erhaltenen literarischen Versuche (vgl. kA I, 283).

Das Ende des Ersten Weltkriegs, das den Zusammenbruch der politischen Ordnung Mitteleuropas gebracht hat, kommentiert Horváth in *Fiume ...* folgend:

Meine Generation, die in der großen Zeit [wie der Erste Weltkrieg häufig genannt wurde] die Stimme mutierte, kennt das alte Österreich-Ungarn nur vom Hörensagen, jene Vorkriegsdoppelmonarchie, mit ihren zweidutzend Nationen, mit borniertestem Lokalpatriotismus neben resignierter Selbstironie, mit ihrer uralten Kultur, ihren Analphabeten, ihrem absolutistischen Feudalismus, ihrer spießbürgerlichen Romantik, spanischen Etikette und gemütlicher Verkommenheit. [...]
Ich weine dem alten Österreich-Ungarn keine Träne nach. Was morsch ist, soll zusammenbrechen, und wäre ich morsch, würde ich selbst zusammenbrechen, und ich glaube, ich würde mir keine Träne nachweinen. (kA XI, 185)

So verständlich die Distanzierung von der österreichisch-ungarischen Monarchie erscheint, so befremdlich wirkt in einem Text mit entschiedener Distanzierung vom bedrohlich erstarkenden Nationalsozialismus der unreflektierte, in diesem Kontext nicht ironisierte sozialdarwinistische Sprachgebrauch, den Horváth zur Zeit der Abfassung von *Fiume ...* im Jahr 1929 in anderen Texten, etwa im *Sladek* (1928), sehr wohl kritisch entlarvt. Auffällig auch das Verschweigen der Probleme bei der Errichtung einer neuen politischen Ordnung in Ungarn ebenso wie in Österreich und in Deutschland:

In Budapest herrschen chaotische Zustände. ›Tag und Nacht Demonstrationen, Unruhen, Schießereien ... Ödön war immer dabei und kam vormittags oder mittags erst nach Hause. Es hat ihn alles überaus interessiert.‹ Ödön, noch keine siebzehn Jahre alt, schließt sich einem Kreis junger Leute an, die mit Begeisterung die bitteren, selbstquälerischen Gedichte Endre Adys, zwischen Gottsuche und politischem Radikalismus, lesen und verehren. (Krischke 1980, 30)

Diesem Kreis, in dem Horváth freidenkerischem, marxistischem und pazifistischem Gedankengut begegnet, gehört unter anderen

György Lukács an. Dieser Kreis ist auch an der sogenannten
»Herbstrosen-Revolution« in Budapest im Oktober 1918 beteiligt.
Die revolutionären Ereignisse finden einen Nachhall in Horváths literarischen Versuchen über den ungarischen Bauernrevolutionsfüh-
rer Dósa.

Ödöns Vater kehrt nach vorübergehenden politischen Schwierigkeiten zur Zeit der Regierung Béla Kun (1919) in den diplomati-
schen Dienst und nach München zurück. Er besucht in Wien ein
privates Realgymnasium, wohnt bei dem leichtlebigen, in der kurzen Prosaskizze *Mein Onkel Pepi* (vgl. kA XI, 160f.) liebevoll ironisch porträtierten Verwandten Josef Prehnal, und zwar dort, wo er
später einen Hauptschauplatz der *Geschichten aus dem Wiener Wald*
– die »Stille Straße im achten Bezirk« (kA IV, 11) – ansiedeln wird.
Nach der Ablegung der Matura in Wien beginnt Ödön in München, wo seine Eltern eine Wohnung besitzen, im Wintersemester
1919/20 unter anderem auch Germanistik und Theaterwissenschaften zu studieren. Er bleibt bis einschließlich WS 1921/22 an der
Universität der bayrischen Hauptstadt immatrikuliert, wo er ein betont konservatives, nationalistisches Klima kennenlernt.

In die Münchner Zeit fallen die ersten ernstzunehmenden literarischen Versuche Horváths. 1920/21 wird er von dem Komponisten
Siegfried Kallenberg eingeladen, eine Ballettpantomime, nämlich
Das Buch der Tänze, zu schreiben. Der Autor erklärt später im »Interview«, er sei sehr verwundert gewesen, dass der Komponist sich
an ihn gewandt hat, denn »ich war doch gar kein Schriftsteller und
hatte noch nie in meinem Leben irgend etwas geschrieben. Er muß
mich wohl verwechselt haben, dachte ich mir – und ursprünglich
wollte ich ihn auch aufklären, dann aber überlegte ich es mir doch
anders: warum sollte ich es nicht einmal probieren, eine Pantomine
zu schreiben. Ich sagte zu, setzte mich hin und schrieb die Pantomi-
me« (kA XI, 199). Es stimmt nicht ganz, dass Horváth bis dahin
nichts geschrieben hätte. Abgesehen davon, dass er bereits 1919 seiner späteren Schwägerin Gustl Emhardt das Gedicht »Glück« (vgl.
kA XI, 11–13) in ihr Poesiealbum schrieb, verfasste er schon 1920
für Kallenberg die von ihm selbst als »Hoffmaniade« bezeichnete
»Tanzgroteske« mit dem Titel *Abenteuer im lila Molch* (H.-Bl. 1, 94–
97; vgl. weiters Hinweise auf frühere vom Autor verworfene literarische Versuche kA I, 283). *Das Buch der Tänze* wird 1922 allerdings
Horváths erste Buch-Publikation. Eine konzertante Aufführung findet ebenfalls 1922, die Uraufführung erst 1926 im Osnabrücker
Theater statt. Horváth distanziert sich sehr bald von dieser Publikation und versucht, mit finanzieller Unterstützung seines Vaters die
gesamte Restauflage aufzukaufen beziehungsweise die verkauften

und verschenkten Bücher zurückzuerhalten. Mit Kallenberg gab es weitere Zusammenarbeit: Horváth schreibt ein nicht erhaltenes *Buch der frühen Weisen,* aus dem möglicherweise »die erste erhalten gebliebene Dialog-Szene« (kA I, 213) des Autors, *Ein Epilog,* stammt (vgl. Prokop 1971, unpag. Vorwort), der Komponist vertont die Gedichte »Schlaf meine kleine Braut«, »Sehnsucht« und »Ständchen«.

Im Jahr 1923 erreicht die Inflation in Deutschland ihren Höhepunkt. Walter Huder (1970, 173–179) hat nachdrücklich darauf hingewiesen, dass für Ödön von Horváth die Inflation nicht nur ein ökonomisches Phänomen, sondern eines der »Existenz«, eine »Lebensform« ist, ein Phänomen, mit dem er sich in seinem literarischen Werk vom *Sladek* bis zum *Don Juan* immer wieder auseinandersetzt. Mit dem Jahr 1923 beginnt Horváths intensive schriftstellerische Tätigkeit: Es entstehen das erste vollendete Schauspiel, *Mord in der Mohrengasse,* sowie die ersten *Sportmärchen,* außerdem arbeitet der Autor an dem Fragment gebliebenen »Schauspiel aus Ungarns Geschichte« *Dósa.* Ende 1923 hält er sich auch zum ersten Mal länger, ab 1924 bis zur Machtübernahme durch die Nationalsozialisten regelmäßig in Berlin auf, *dem* kulturellen Zentrum der Zwischenkriegszeit. In den beiden autobiographischen Texten *Flucht aus der Stille* (kA XI, 187f.) und *Unlängst traf ich einen Bekannten* (kA XI, 189-192) reflektiert Horváth über die Notwendigkeit eines Wechsels aus der Provinz, wo die Gefahr geistigen »Stillstands« (188) und die »Gefahr des Romantischwerdens« drohen, nach Berlin. Die Metropole biete einem jungen Schriftsteller die materielle Basis für seine Tätigkeit und erlaube vielfältigere Erfahrungsmöglichkeiten, das Miterleben eines grundlegenden gesellschaftlichen Bewusstseinswandels. Daher gipfelt der erstgenannte Text in einer abschließenden Liebeserklärung an Berlin.

1924 erwirbt die Familie Horváth ein Haus und ein Grundstück in der Provinz, nämlich in Murnau am Staffelsee »schräg vis-à-vis vom Hotel Schönblick« (Grieser 1974, 119), das möglicherweise Modell gestanden hat für das Hotel »Zur schönen Aussicht« in der 1926 entstandenen gleichnamigen Komödie (so auch Tworek-Müller 1989, 40; dagegen Ödöns Bruder Lajos, der darin das »Strandhotel« in Murnau wiedererkennt, vgl. kA I, 291). Horváth zieht sich in den folgenden Jahren immer wieder hierher zurück. Nicht nur in der Großstadt, sondern gerade auch in dem vermeintlichen bayrischen Idyll, vielmehr einer Hochburg der Nationalsozialisten (vgl. Schnitzler 1990, 230, Anm. 56), beobachtet der Autor mit zunehmender Besorgnis das Überhandnehmen eines radikalen und militanten Nationalismus. In Murnau wird er 1931 Zeuge einer Saalschlacht zwischen Nationalsozialisten und Sozialdemokraten.

Insbesondere in seinem *Sladek*-Stück, dem Volksstück *Italienische Nacht* sowie in seinen Romanen *Jugend ohne Gott* und *Ein Kind unserer Zeit* haben sich die Erfahrungen mit Deutschnationalismus, Nationalsozialismus und Rechtsradikalismus niedergeschlagen. Das *Sladek*-Stück beruht auf Dokumenten, die er im Büro der deutschen »Liga für Menschenrechte« in Berlin gefunden hat, die *Italienische Nacht* auf Erlebnissen in Bayern.

Wie heftig umstritten die Uraufführungen der *Bergbahn* und des *Sladek* im Jahr 1929 auch sind, Horváth gelingt mit ihnen der Durchbruch. Er wird außerdem (bis 1932) Ullstein-Autor und ist damit finanziell einigermaßen gesichert. Seine größten Erfolge erlebt er dann 1931/32. In Berlin werden im Frühjahr 1931 die *Italienische Nacht* und im Herbst die *Geschichten aus dem Wiener Wald* uraufgeführt. Ebenfalls im Herbst 1931 erhält er (auf Vorschlag Carl Zuckmayers) den renommierten Kleist-Preis. 1932 wird in Leipzig und Berlin gleichzeitig das Volksstück *Kasimir und Karoline* uraufgeführt. Für 1933 ist die Uraufführung von *Glaube Liebe Hoffnung* geplant gewesen, kann jedoch wegen der Machtübernahme durch die Nationalsozialisten nicht mehr gezeigt werden.

Horváth verlässt Deutschland im März 1933, nicht ohne zu versuchen, sich Aufführungs- und Veröffentlichungsmöglichkeiten auch unter der neuen Herrschaft zu sichern. Ein Autor allerdings, der sich als Kosmopolit fühlt und sich selbst als typisch österreichisch-ungarisches Gemisch bezeichnet und der – im »Interview« – behauptet hat, »daß die Produkte derartiger Rassenmischungen nicht unbedingt die schlechtesten sein müssen« und dass »solche Rassengemische« von »spätere[n] Zeiten dann – und mit Recht – als die echtesten und größten Repräsentanten deutschen Wesens bezeichnet« (kA XI, 197) werden, ein solcher Autor kann unter einem Regime, das vom Rassenwahn geleitet wird, nicht tragbar sein. Schon am 4. November 1931 lässt die *Deutsche Allgemeine Zeitung* den Verfasser der *Geschichten aus dem Wiener Wald* wissen, »daß ein geborener Ungar kein Recht hat, sich aktiv am deutschen Schrifttum zu beteiligen« (nach Krischke 1988, 77). Und der *Völkische Beobachter* vom 19. November 1931 beschimpft ihn als »Salonkulturbolschewisten«, der »deutschen Menschen nichts, aber auch gar nichts zu sagen hat« (nach ebd., 78). Die Nazis verzeihen ihm außerdem seine Aussage vor einem Weilheimer Gericht im Jahr 1931 nicht, mit der er eine SA-Schlägertruppe belastet, die eine SPD-Versammlung in Murnau gesprengt hat. Schließlich soll er sich, was er später abstreiten wird, über Hitlers erste Rede als Reichskanzler am 10. Februar 1933 öffentlich lustig gemacht haben – mit den entsprechenden Reaktionen (vgl. ebd., 89).

Horváth verhält sich widersprüchlich, offensichtlich bemüht, Konflikten mit den neuen Machthabern aus dem Weg zu gehen. So gibt es in der ersten Zeit der braunen Herrschaft gegen diese keine offizielle Stellungnahme des Autors, der in den Jahren zuvor nachdrücklich vor ihr gewarnt hat. Der Aufforderung Oskar Maria Grafs, ein Protestschreiben an den internationalen PEN-Club zu unterzeichnen, kommt er mit der fadenscheinigen Ausrede nicht nach, er wolle »nicht im Namen der österreichischen und geflüchteten Schriftsteller sprechen«, sei er doch weder »Österreicher noch geflüchtet« (nach ebd., 95). In der Wiener *Arbeiterzeitung* und in der Prager Emigranten-Zeitschrift *Der Gegen-Angriff* attackiert Graf, mit dem gemeinsam Horváth noch ein Jahr zuvor eine Resolution gegen die Münchner Volksbühne verfasst hat, den ehemaligen Mitstreiter und vermeintlichen Antifaschisten massiv:

Du willst Dir nach keiner Seite irgendein Geschäftchen verderben. Mit solchen Leuten, deren Gesinnung nicht weiter reicht als ihr Maul, und die bei einem so geringfügigen Ansinnen, das an ihren kollegialen Anstand gestellt wird (von einem Solidaritätsbewußtsein ganz zu schweigen!), die Flucht ergreifen, habe ich nichts zu schaffen. Ich teile Dir mit, daß ich von diesem Brief *den* Gebrauch machen werde, der mit gut scheint. (nach ebd.)
[...] ist's nicht zum Kotzen, wie nun die meisten Herren Dichter Tag und Nacht herumsitzen und nur nachdenken, mit welchem Pseudonym und durch welche Schreibweise sie wieder Eingang finden könnten ins schöne 3. Reich? Habt ihr nur halbwegs über das Benehmen des Herrn Stefan Zweig, des plötzlich sich als Ungarn fühlenden deutschen Kleist-Preisträgers Oedön Horváth anläßlich eines harmlosen Telegramms an den Penclubkongreß in Ragusa gehört? (nach ebd., 96).

Horváth lebt nach dem Weggang aus Deutschland die meiste Zeit in Österreich. Ende 1933 ehelicht er in Wien die jüdische Sängerin Maria Elsner, lässt sich aber bereits im Herbst 1934 wieder von ihr scheiden. Auch im austrofaschistischen Ständestaat gibt es für den Dramatiker Horváth Probleme. Auf die Ankündigung hin, dass seine Posse *Hin und her* im Dezember 1933 am Deutschen Volkstheater in Wien uraufgeführt werden solle, prophezeit die Wiener Presse »einen österreichischen Skandal« (nach ebd., 100). Man hat dem Autor die *Geschichten aus dem Wiener Wald* noch nicht verziehen, die man als ein »Pamphlet des österreichischen Wesens« und eine »beispiellose Unverschämtheit« verstanden hat. Im autoritären Ständestaat pflegt man sowohl ideologisch als auch ästhetisch durchaus nicht unähnliche Vorstellungen von denen im nationalsozialistischen Deutschland. Man gibt sich zwar österreichisch, identifiziert sich aber unausgesprochen durchaus auch mit den 1933 erlassenen »Richtlinien für eine lebendige deutsche Spielplangestaltung, aufgestellt vom dramaturgischen Büro des Kampfbundes für Deutsche Kultur«, in denen es unter anderem heißt:

Der Spielplan eines deutschen Theaters muß einem deutschen Publikum wesens- und artgemäß sein; d.h. die dargebotenen Werke müssen in ihrer geistigen Haltung, in ihren Menschen und deren Schicksalen deutschem Empfinden, deutschen Anschauungen, deutschem Wollen und Sehnen, deutschem Lebensernst und deutschem Humor entsprechen. Da das Werk nicht von seiner Persönlichkeit und seiner blutgebundenen Wesensart zu trennen ist, dürfen auf einer deutschen Bühne in erster Linie nur deutschblütige Dichter zu Worte kommen, die ihre deutsche Art nicht verleugnen. Das deutsche Theater darf nicht mehr wie bisher zum Tummelplatz artfremden oder in nationaler Beziehung charakterlosen Geistes sein. (nach Mat.ÖH, 73)

Horváths Verhalten ist, wie angesprochen, jedenfalls in der aller ersten Zeit nach der Machtübernahme durch die Nationalsozialisten in Deutschland irritierend widersprüchlich. Obwohl das Haus der Familie bereits im Februar 1933 von der SA durchsucht wird, obwohl am 10. Mai 1933 seine Bücher in München verbrannt werden und obwohl seine Stücke auch nicht mehr aufgeführt werden können, kehrt er Anfang 1934 mit der Absicht längeren Verweilens nach Berlin zurück, was für ihn als ungarischen Staatsbürger kein Risiko bedeutet (vgl. Brandt 1995, 129), und bittet auch seinen Bühnenverlag, für ihn beim Reichsministerium für Volksaufklärung und Propaganda zu intervenieren. Im selben Jahr stellt er den Antrag auf Aufnahme in den Reichsverband Deutscher Schriftsteller (RDS). Brandt untersucht fünf verschiedene Thesen, was Horváth zu diesem Schritt bewogen haben mag. Als »spontane Aktion« (ebd., 17ff.) ist er eher nicht einzuschätzen, wichtig ist zweifellos die Frage des »Broterwerb[s]« (ebd., 46ff.), vielleicht auch die erhoffte Möglichkeit, im NS-Staat Materialien für das literarische Werk zu sammeln (»künstlerische Gründe« – ebd., 116ff.); sehr fraglich ist hingegen, ob er dem Beispiel anderer Autoren folgt (ebd., 130ff.) beziehungsweise ob seinem Verhalten eine »Fehleinschätzung der politischen Situation« (ebd., 133ff.) zugrunde liegt. 1937 wird er aus dem RDS wieder ausgeschlossen, weil er – sich listig, aber nicht gerade sehr couragiert distanzierend – ab 1935, seit seinem endgültigen Weggang aus Nazideutschland, keine Mitgliedsbeiträge mehr bezahlt hat.

Horváths Verhalten erscheint heute politisch und moralisch fragwürdig. Über seine Beweggründe weiß man nichts Verlässliches. Jutta Wardetzky (nach Fuhrmann 1988, 38) spricht wenig überzeugend von der »Sehnsucht Horváths, künstlerisch und politisch von den Nazis angenommen zu werden«. Es sind wohl eher materielle

Überlegungen, die ihn zum Versuch bewogen haben, sich mit den Nationalsozialisten zu arrangieren. Bestärkt haben könnte ihn darin auch die in finanzieller und künstlerischer Hinsicht frustrierende Erfahrung der Ablehnung im austrofaschistischen Österreich, zu dem es übrigens ebenso wenig wie zum Dritten Reich eine Stellungnahme des Autors gibt. In Deutschland wird Horváth zwar nicht mehr verlegt und gespielt, kann aber unter dem Pseudonym H.W. Becker Filmpläne verfolgen (vgl. dazu auch GW IV, 41f.*), arbeitet unter anderem als Co-Autor am Drehbuch für eine Verfilmung von Johann Nestroys *Einen Jux will er sich machen* (1935) sowie für die Filme *Die Pompadour* (1935) und *Das Hermännchen* (1936) mit. Alleinverantwortlich für das Drehbuch ist er bei den Filmen *Buchhalter Schnabel* und *Rendezvous in Wien* (beide 1936) sowie *Peter im Schnee* (1937).

Insgesamt erleben Horváths Werke zwischen 1933 und 1938 nur sehr wenige Bühnenrealisationen. Wie gesagt, ist *Hin und her* in Wien angekündigt worden, die Uraufführung aber nicht hier, sondern am Zürcher Schauspielhaus zu sehen. Ebenfalls angekündigt und dann nicht realisiert wird in der österreichischen Hauptstadt die Uraufführung der *Unbekannten aus der Seine*. 1935 findet hier dann aber doch die österreichische Erstaufführung von *Kasimir und Karoline* mit durchaus positiver Resonanz statt, während die Uraufführung der Komödie *Mit dem Kopf durch die Wand* wenig überzeugend empfunden wird. 1936 bringt das Wiener »theater für 49« – bei Spielstätten bis zu 49 Zuschauern mussten im austrofaschistischen Ständestaat Texte der Zensurbehörde nicht vorgelegt werden – *Glaube Liebe Hoffnung* unter dem Titel *Liebe, Pflicht und Hoffnung* heraus. Diese Uraufführung findet kaum Beachtung. 1937 werden in Prag *Figaro läßt sich scheiden* und *Dorf ohne Männer* (nach dem Roman *Szelistye, das Dorf ohne Männer* von Kálmán Mikszáth) sowie *Der jüngste Tag* in Mährisch-Ostrau uraufgeführt. Die letzte Bühnenrealisation eines Horváth-Stückes in Wien vor dem Anschluss an Hitler-Deutschland ist die Uraufführung von *Himmelwärts* im Jahr 1937.

1937 distanziert sich Horváth auf einem nachgelassenen, mit dem Titel »Die KOMÖDIE DES MENSCHEN« versehenen Manuskriptblatt (Faks. in Krischke/Prokop 1972, 124) von seinen zwischen 1932 und 1936 verfassten Theaterstücken, die er als bloße »Versuche« abtut, insbesondere aber von der Komödie *Mit dem Kopf durch die Wand*, seinem »Sündenfall«, in dem er, »verdorben durch den neupreußischen Einfluß«, aus Geschäftsgründen »Kompromisse« gemacht habe und zurecht erfolglos geblieben sei (kA XI, 227). Er setzt sich nun zum Ziel, »frei von Verwirrung die Komödie des

Menschen zu schreiben«. Dem Entwurf zufolge sollen von den vor-
liegenden Dramen in diesen Zyklus nur *Ein Dorf ohne Männer* und
Pompeij aufgenommen werden (N 14b).

Horváths Romane *Jugend ohne Gott* (1938, Auslieferung schon
Ende 1937) und *Ein Kind unserer Zeit* (1938) erscheinen beim Amsterdamer Exilverlag Allert de Lange, beide werden von den Nazis
auf die »Liste des schädlichen und unerwünschten Schrifttums« gesetzt. Am 12. März 1938 marschieren Hitlers Truppen in Österreich
ein. Horváths Freundin Hertha Pauli berichtet von der Reaktion des
Schriftstellers: »Während draußen die Nationalsozialisten durch
Wien zogen und die Stadt in Besitz nahmen, trat er in mein Zimmer mit der Frage: ›San's net tierisch?‹ Es klang ruhig und gelassen
wie immer, aber ganz und gar nicht mehr vergnügt. So saßen wir
vier [Csokor und ein weiterer Freund waren dabei] bis in die Nacht
hinein [...] und besprachen die Möglichkeiten zur Flucht« (nach
Krischke 1988, 141). Am 13. März 1938 verlässt Horváth Wien in
Richtung Budapest, kommt über verschiedene Stationen im Mai
nach Amsterdam. Dort prophezeit ihm ein Wahrsager, er werde in
Paris die einschneidendste Erfahrung seines Lebens machen. Sein
Glaube an »Gespenster, Hellseher, Wahrträume, Halluzinationen,
Ahnungen, das Zweite Gesicht und andere spukhafte Phänomene«
(Mann 1970, 114) veranlasst ihn, sofort dorthin aufzubrechen. Allerdings will er ohnehin nach Paris reisen, um Armand Pierhal, der
seinen Roman *Jugend ohne Gott* ins Französische übersetzt, den Regisseur Robert Siodmak, der eben diesen Roman verfilmen will,
Hertha Pauli, Walter Mehring und andere Freunde zu treffen. Für
die Weiterreise in die USA hat er bereits ein Affidavit. Am 1. Juni
1938 wird er jedoch auf den Champs-Elysées, Ecke Avenue Marigny
von einem herabstürzenden Ast erschlagen. »Der Tod machte ihn le-
gendär, wie es sein Werk, da die deutschen Bühnen es nicht mehr
spielen konnten, nicht mehr vermochte.« (Hildebrandt 1975, 11)

Beim Toten findet sich zweierlei: Zum einen das zwei vierzeilige
Strophen umfassende Gedicht »Und die Leute werden sagen« (kA
XI, 21), das zwar ästhetisch wenig anspruchsvoll, aber doch sehr bezeichnend die Hoffnung des Exilanten auf politische Veränderung
zum Ausdruck bringt, zum anderen – wie wiederum seine Freundin
Hertha Pauli berichtet – »ein kleines Paket« mit Photos, »wie man
sie in den Buden am linken Seineufer überall zu kaufen bekommt;
nackte Mädchen in Liebesspielen aller Art, mit Männern und mit
ihresgleichen. Lajos versteckte die Bilder. ›Die Mutter soll's nicht sehen‹, flüsterte er mir zu. War es ein Lustspiel oder ein Trauerspiel
[...]« (nach Mat.ÖH, 124). Als wär's ein Stück von ihm. Auch das
»Nachspiel« entbehrt nicht eines kuriosen Moments: Vorerst wird

Ödön von Horváth am 7. Juni 1938 im Beisein zahlreicher prominenter Schriftstellerkollegen auf dem Friedhof St.Ouen in Paris bestattet, 1988 werden seine »sterblichen Reste« dann von seinem Übersetzer ins Französische in einem Koffer mit einem normalen Linienflug der Austrian Airlines nach Wien gebracht. Dort ist er nun in einem Ehrengrab der Stadt Wien auf dem Zentralfriedhof bestattet.

3. Das literarische Werk

Ödön von Horváths Oeuvre ist schmal, umfasst rund zwanzig abendfüllende Dramen, drei alles andere als umfangreiche Romane und einiges an Kurzprosa. Von Gelegenheitsgedichten (für den Bruder oder für das Stammbuch einer Freundin) abgesehen, stammen erste tastende literarische Versuche, darunter die Auftragsarbeit *Das Buch der Tänze* (1922), vom Beginn der zwanziger Jahre. Die ernstzunehmende literarische Produktion Horváths setzt mit den Sportmärchen und dem ersten vollendeten Schauspiel *Mord in der Mohrengasse* in den Jahren 1923/24 ein. Einen eigenen Ton findet der Autor jedoch erst im Volksstück *Revolte auf Côte 3018* und in der Komödie *Zur schönen Aussicht*, beide 1926 entstanden. Man kann also eine erste Zäsur im Werk Horváths in diesem Jahr beobachten. Eine zweite wird allgemein mit der Machtübernahme durch die Nationalsozialisten gesehen. Das Jahr 1933 markiert, um auf Urs Jennys bekannten Essay »Horváth realistisch, Horváth metaphysisch« (1971) anzuspielen, zweifellos eine Bruchlinie zwischen dem »realistischen«, gesellschaftskritischen Autor der Volksstücke und dem eher »metaphysisch« gestimmten Verfasser des Spätwerks, aber Horváths Oeuvre weist durchaus viele (»realistische« und »metaphysische«) Kontinuitäten über dieses geschichtliche Datum hinweg auf. Vor allem in wirkungsästhetischer Hinsicht und im Umgang mit dem Problemkreis Schuld lassen sich deutlich veränderte Einstellungen des Autors beobachten. Es wird daher im folgenden das literarische Werk in drei Phasen gegliedert, ohne dass die Grenzen allzu scharf zu ziehen sind:

- das Frühwerk bis etwa 1925,
- das literarische Schaffen zwischen 1926 und 1933 mit den berühmten Volksstücken und dem Roman *Der ewige Spießer* im Zentrum
- schließlich das Werk nach 1933, zu dem unter anderem Dramen wie *Die Unbekannte aus der Seine*, *Figaro läßt sich scheiden* oder *Der jüngste Tag* und die beiden Romane *Jugend ohne Gott* und *Ein Kind unserer Zeit* zählen.

3.1   Das frühe Werk (bis 1925)

3.1.1 Erste Versuche: Gedichte, *Ein Epilog, Das Buch der Tänze*

Die Selbstaussage Horváths im »Interview«, schriftstellerisch nicht
tätig gewesen zu sein (vgl. kA XI, 199), bevor ihn der Komponist
Siegfried Kallenberg aufgefordert habe, eine Ballettpantomime zu
schreiben, ist irreführend (vgl. die Hinweise auf frühe Texte in kA I,
283). Abgesehen von ersten Versuchen des etwa Zehnjährigen (vgl.
kA XI, 261) ist das nur im Anhang des 11. Bandes der *Kommentier-*
ten Werkausgabe abgedruckte, ästhetisch unbeholfene Gedicht »Luci
in Macbeth. Eine Zwerggeschichte von Ed. v. Horváth« (kA XI,
261f.), in dem sich der halbwüchsige angehende Schriftsteller über
die durch eine *Macbeth*-Aufführung ausgelöste Angst des zwölfjähri-
gen Bruder Lajos (Luci) in boshafter Weise lustig macht, wahrscheinlich 1916 (vielleicht auch schon 1915) entstanden. Die im
Poesiealbum der sechzehnjährigen Gustl Emhardt überlieferten
schwärmerischen Gedichte »Glück« (kA XI, 11-13) und »Du« (kA
XI, 14) wurden wohl 1919 verfasst. Aus den frühen zwanziger Jahren stammen die alles in allem wenig anspruchsvollen Gedichte »Li-
tanei der frommen spanisch Feuer Leut«, »Dienstbotenlied« und
»Die Flitterwochen«, letzteres immerhin auffallend durch die Ironisierung von Illustriertenliebeslyrik, weiters die bemerkenswerten
»Lieder zum Schlagzeug«, die ebenso wie das einzige *Sportmärchen*
in Gedichtform, »Regatta«, sich durch laut- und sprachspielerische
Ansätze auszeichnen und literarhistorisch im Kontext der kabarettistischen Münchner Nonsense-Lyrik gesehen werden können (vgl.
Baur 1989, 20f.), sowie schließlich das Gedicht »A-erotisches Bar-
mädchen« (kA XI, 20). Fast allen diesen Gedichten sind die Irrita-
tionen des pubertierenden Autors durch Sexualität, Geschlechts-
krankheiten und käufliche Liebe eingeschrieben.

Möglicherweise ist auch das verschollene *Buch der frühen Weisen*
noch vor dem 1922 veröffentlichten *Buch der Tänze* verfasst worden
(vgl. Gamper 1987, 42). Der einzige erhaltene Text, der aus dem
Buch der frühen Weisen stammen könnte und 1920 oder wenig später entstanden sein dürfte (vgl. Prokop 1971, unpag. Vorwort), ist
»die erste erhalten gebliebene Dialog-Szene« (kA I, 283) Horváths,
Ein Epilog, aufgefunden im Nachlass des Freundes Franz Theodor
Csokor. Die in der Musiksammlung des Komponisten Siegfried Kallenberg überlieferte, als »Hoffmanniade« bezeichnete »Tanzgroteske«
Abenteuer im lila Molch (H.-Bl. 1, 94) ist dort mit »ca 1920« datiert
(H.-Bl. 1, 93).

Eine Regie-Anweisung zur 1971 (bei Prokop 1971, unpag.) erstveröffentlichten Zwei-Personen-Szene *Ein Epilog* (kA I, 8-16) nennt
als »*Raum*«-Angabe »Die Dämmerung« (9). Mit »Dämmerung« ist
nicht nur eine Tageszeit angesprochen, sondern gleichermaßen der
Bewusstseinszustand der beiden »*Menschen*«, des Mädchens und des
jungen Mannes, im Grenzbereich zwischen wacher und traumhafter
Wahrnehmung bezeichnet. *Ein Epilog* ist ein typisches Jugendwerk,
das bei verschiedenen literarischen Mustern, etwa expressionistischen, Anleihen nimmt, sich in der Bildwahl überanstrengt und kitschig zeigt und zahlreiche Katachresen aufweist – »Mit Sonnenauf-
gang kam dein Schreiben und sah in meine Augen auf denen
tiefdunkle Schleier der Nacht rauschten« (11) oder: »Die schweren
dunklen Wolken zerfleischten sich am Himmel und heulten vor un-
stillbaren Schmerzen und ihr kaltes Blut schoß in meine Wangen«
(13). Was in dem vom jungen Mann und dem Mädchen abwech-
selnd erzählten Märchen für Prinz und Prinzessin, aber bezeichnenderweise auch nur im scheinbar grenzenlosen Raum einer »weite[n]
Wüste« (14) möglich scheint, bleibt dem jungen Paar versagt: herauszutreten aus dem sozialen Umfeld, das die Beziehung der beiden
und die Schwangerschaft des Mädchens nicht akzeptiert. Die Handlung spitzt sich mit der Ermordung des Mädchens durch den jungen
Mann melodramatisch zu. *Ein Epilog* und dann auch das 1922 entstandene *Buch der Tänze,* die Auftragsarbeit für den Komponisten
Siegfried Kallenberg, sind nur insofern interessant, als sie erkennen
lassen, dass der junge Horváth einen starken Hang zu eben dem hatte, was er in den späteren Werken zu entlarven sich zum Ziele setzt,
nämlich einen Hang zum Kitsch, zu verkitschtem Bewusstsein (vgl.
die »Randbemerkung« zu *Glaube Liebe Hoffnung* – kA VI, 12).

Das Buch der Tänze (kA XI, 23–37) zielt, einer Selbstaussage des
Komponisten und des Schriftstellers zufolge, auf »eine innigere Ver-
schmelzung von Dichtung und Musik, die durch die tänzerische
Darstellung zur Einheit erhoben werden sollte[n]« (kA XI, 181).
Die Reaktionen sowohl auf die konzertante Aufführung in München aus dem Jahr 1922, als auch auf die Inszenierung am Osnabrücker Theater von 1926 waren durchwegs ablehnend, das Gebote-
ne wurde als geschmacklos und kitschig abqualifiziert (vgl. kA XI,
264 sowie Krischke 1991, 14ff.). Tatsächlich sind die sieben der
Ballettpantomime zugrunde liegenden Texte Horváths mit ihrem
Stilgemisch von vorwiegend neuromantischen und jugendstilhaften,
aber auch expressionistischen und anderen Spuren, gleichermaßen
ästhetisch wie gedanklich unausgegoren. Herbert Gamper (1987,
34ff.) erkennt zwar in seinem Buch über *Horváths komplexe Textur*
in den Texten *Pestballade* und *Die Perle* Analogien zu späteren Wer-

ken des Autors, insbesondere zu *Don Juan kommt aus dem Krieg*, *Jugend ohne Gott* und *Ein Kind unserer Zeit*, verweist aber auch auf Widersprüchlichkeiten in der Nietzsche-Rezeption des jungen Autors (vgl. ebd., 35 und 42, sowie auch Fritz 1981, 87). Die von Gamper besprochenen Texte *Pestballade* und *Die Perle* verbindet die für Horváth so wichtige Kreisstruktur sowie die Gleichsetzung der Sehnsucht nach der Mutter mit Todessehnsucht, allerdings mit dem Unterschied, dass im letztgenannten Text Mutter und Verführerin eins, während in jenem Mutter und Bajadere einander entgegengesetzt sind (vgl. ebd., 36 bzw. 37). Die *Pestballade* folgt mithin der üblichen Dichotomisierung von Heilige/Mutter und Hure, wie sie am radikalsten Otto Weininger in seiner überaus vieldiskutierten und folgenreichen »prinzipiellen Untersuchung« über *Geschlecht und Charakter* (1903) vorgenommen hat, während *Die Perle* diese Auffassung – wenn auch nicht unproblematisch – unterläuft. An späteren Texten Horváths wird sich erweisen, dass er Geschlechter-Klischees in einer für seine Zeit beachtlichen Weise konterkariert.

Das Buch der Tänze ist das wichtigste Produkt der Zusammenarbeit Horváths mit dem Komponisten Kallenberg. In dessen Nachlass in der Musiksammlung der Bayerischen Staatsbibliothek in München fanden sich außer dem schon erwähnten *Abenteuer im lila Molch* auch noch die mit 1923 datierten Lieder »Schlaf meine kleine Braut« und »Sehnsucht« sowie das »Ständchen« von 1924, die in der *Kommentierten Werkausgabe* unter dem Herausgebertitel *Lieder für Siegfried Kallenberg* (kA XI, 39-43) zusammengefasst sind.

Wohl während oder kurz nach dem Aufenthalt Horváths in Paris im Herbst 1923 ist die unter dem Namen »Friedrich Antoine Piesecke (Zwickau)« firmierende Rollenprosa *Zwei Briefe aus Paris* (kA XI, 93f.) entstanden. Es ist der erste erhaltene Text Horváths, in dem er spießerhaftes Verhalten und einen Sprachgebrauch satirisch entlarvt, den er später, im »Interview« von 1932 »Bildungsjargon« nennen wird. Konkret wird der weltmännische Anspruch des im Titel genannten Piesecke, eines sächsischen Spießers ironisiert, der mit vermeintlich hohem Ton (»Göttlich zu atmen Luft fremder Rasse!« – 93) und einschlägigen historischen Anspielungen (etwa auf die Keuschheitsgürtel der Katharina von Medici und der Anna von Österreich) »verruchte« Erfahrungen andeutet, mit denen er dem Klischee von Paris als der Stadt der Laster zu entsprechen und sich selbst eben als Mann von Welt auszuweisen versucht. Schon die Zusammenstellung der nicht zueinander passenden Namen Friedrich und Antoine sowie die Nennung des alles andere als mondänen Herkunftsortes Zwickau signalisieren die Absicht des Autors, die Attitüde des spießerhaften Bildungsbürgers ironisch zu entlarven.

3.1.2 Die *Sportmärchen*

Deutlicher kritisch akzentuiert als die *Zwei Briefe aus Paris* sind die
neunzehn *Sportmärchen* und die acht *Weiteren Sportmärchen*, die seit
1923/24 entstanden und seit 1924 in verschiedenen Publikationsor-
ganen, in der Berliner *BZ*, der *Berliner Volkszeitung* und in der satirischen Münchner Zeitschrift *Simplicissimus* veröffentlicht wurden.
Der Autor selbst hat verschiedene Anordnungen der einzelnen Texte
erwogen, von einem zyklischen Konzept kann man allerdings nicht
sprechen (vgl. kA XI, 265f., H.-Bl. 2, 69f., vgl. auch Baur 1989,
14). Noch im Kontext des Romans *Jugend ohne Gott* findet sich ein
Notizblatt mit dem Konzept für eine Sammlung, die den Titel »77
Märchen aus unserer Zeit« trägt und in die die *Sportmärchen* integriert sein sollte (vgl. Fritz 1981, 90f.). Es ist beim Konzept geblieben. Die Märchenform allerdings hat Ödön von Horváth von Anfang an gereizt, in der Szene *Ein Epilog* und im *Buch der Tänze* als
Kitschkulisse, ab den *Sportmärchen* jedoch mit einer neuen, kritischer Entlarvung dienenden Funktion.

Mit Horváths *Sportmärchen*, insbesondere mit deren sozial- und
literarhistorischem Kontext hat sich am intensivsten Uwe Baur (vgl.
1976, 138–156; 1984, 75–97; 1989, 9–33) befasst. Der Sport gewinnt in den zwanziger Jahren allgemein an gesellschaftlichem Stel-
lenwert, wird gewissermaßen salonfähig und auch zum Thema der
Literatur. Am bekanntesten sind die einschlägigen Äußerungen Bertolt Brechts, mit denen er ein Theater fordert, von dem dieselbe faszinierende Wirkung ausstrahlt wie von einem Ring- oder Boxkampf.
Die strukturelle Verwandtschaft von Drama und Sport durch den
gemeinsamen agonalen Charakter erkennt nicht allein Brecht. Anders als er sieht Siegfried Kracauer (1971, 100) »die Ausbreitung des
Sports« keineswegs positiv, sondern als »eine Verdrängungserschei-
nung großen Stils« und als »ein Hauptmittel der Entpolitisierung«
des Mittelstands.

Baur (1989, 13) verweist sowohl auf die unterschiedlichen Aus-
richtungen des Sports, als auch auf die verschiedenen Erfahrungs-
weisen, das »subjektive Bewegungserlebnis«, die »reglementierte
Form« der Sportausführung und die »Sportideologie«. Horváth, der
selbst schon seit seiner Schulzeit (vgl. Krischke 1988, 17) sehr sport-
lich und seit 1918 Mitglied des Deutschen und Österreichischen Al-
penvereins und ein ebenso leidenschaftlicher wie ausgezeichneter
Bergsteiger (vgl. ebd., 23) war, zeichnet in seinen *Sportmärchen* satirisch die Entwicklung des Sports in seiner Zeit, weil er die ihm so
wichtige körperliche Selbsterfahrung und das mit der sportlichen
Betätigung verbundene Wohl- und Glücksempfinden verloren gehen

sieht, und zwar einerseits durch übertriebenes Leistungsdenken im professionellen Sportbetrieb und durch dessen Verkommerzialisierung sowie andererseits durch Dummheit und Selbstüberschätzung von Amateuren.

Beispielhaft für Horváths Sportauffassung kann das vielleicht bekannteste seiner *Sportmärchen* genommen werden, die *Legende vom Fußballplatz* (kA XI, 50–54). Der Titel erregt bereits Aufmerksamkeit, handeln Legenden doch üblicherweise von Heiligen, von Bekennern und Märtyrern, haben deren Lebensgeschichte so weit zum Inhalt, als Immanenz und Transzendenz in ihr in Beziehung zueinander treten. Uwe Baur (1989, 15) sieht, bezugnehmend auf den Märchenforscher Max Lüthi, in Horváths *Sportmärchen* das »Geschehnis eindeutig in einen dogmatischen Zusammenhang« eingebettet und »die religiöse Weihe der Legende« wirksam. Fußball ist üblicherweise jedoch etwas sehr Profanes. Der parodistische Bezug auf die Gattung Legende erlaubt Horváth nun sowohl die Satire auf den herkömmlichen katholischen Heiligenkult, den der Autor in Österreich und Bayern zur Genüge studieren konnte, sowie auf die Auswüchse des neuen »Heiligen«-Kults um den Sport in der Alltagsrealität. Dass es ihm nicht nur um letzteres geht, kann ein Blick auf das *Wintersportlegendchen* (kA XI, 63) beweisen. In diesem parodiert der Autor die Bekennerlegende, wenn er Franz von Assisi »einer Gruppe Schihaserln«, die »andächtig die Ohren« spitzen, »von unbefleckten Trockenkursen« oder »von den alleinseligmachenden Stemmbögen« predigen und ihn ein Bekenntnis »wider gewisse undogmatische Unterrichtsmethoden« ablegen lässt.

Der »Heilige« der *Legende vom Fußballplatz* ist ein siebenjähriger leidenschaftlicher »Fußballwettspielzuschauer« (53). Sein »Leiden« besteht darin, dass er Fußball »über alles« (50) liebt, sich aber keinen anderen Platz zum Zusehen leisten kann als die schmale Rasenfläche hinter dem Tor. Seine totale Hingabe führt zum Tod und zur angesprochenen Berührung von Immanenz und Transzendenz, aber eben nicht durch die Hingabe an ein transzendentes Wesen, sondern an den sehr profanen Fußball. Strukturell bleibt der Text der Gattung Legende jedoch verpflichtet. Begleitet von einem – wie man in modischem Jargon sagen würde – mit Fanartikeln ausstaffierten Engel geht der Verstorbene in die ewige Seligkeit ein, die darin besteht, dass ihm in einem ewigen Fußballwettspiel der »besten der seligen Fußballspieler« (53) ein Vorzugsplatz auf der Tribüne eingeräumt wird.

Horváths Kritik richtet sich nun einerseits dagegen, dass Sport zum neuen Kult geworden ist, insbesondere aber auf die damit einhergehende Borniertheit, die sich auch im (satirisch ausgestellten)

Sprachgebrauch niederschlägt (vgl. z. B. 50). Die totale Ausrichtung
auf den passiven Konsum von Sport, die Ausblendung des übrigen
Lebenszusammenhangs – »Alles war vergessen, versank unter ihm in
ewigen Tiefen« (52) – wird in satirischer Überzeichnung der Lächerlichkeit preisgegeben. Das endlose Spiel in der ewigen Seligkeit ist
auch sinnlos, weil ein Wettspiel immer nur auf sein Ende hin Sinn
machen kann, so wie ja auch Start und Ziel – man vergleiche das
gleichnamige *Sportmärchen* (kA XI, 48) – nur im dialektischen Bezug aufeinander existieren. Insofern ist Jens Tismar (1981, 37) zuzustimmen, dass »der Himmel dieser ›Legende‹ [...] aus einer Floskel
gemacht« sei. Die Behebung der »Mangelsituation« ist aber auch im
Jenseits nicht gegeben. Man wird also in der *Legende vom Fußballplatz*, auf die Horváth selbst übrigens in der Eingangssequenz des
»Märchen« genannten Stückes *Himmelwärts* (1933/34) sowie im
Roman *Jugend ohne Gott* zurückkommen wird, durchaus nicht mit
»eine[r] der wenigen rein positiven Sportschilderungen« (Fritz 1981,
90) konfrontiert.

Es ist nicht Sport an sich, dem die Kritik des Autors gilt, sondern der Verzicht auf eigene sportliche Betätigung und körperliche
Selbsterfahrung: »In Horváths Werk ist Sport nur an wenigen Stellen individuelles Erlebnis eigener Leiblichkeit, er ist hier vor allem
gesellschaftliches Phänomen. Daher schildert Horváth – anders als
Musil und Brecht – sportliche Bewegung nicht als seelisch beglük-
kendes Erlebnis, sondern *fast ausschließlich* als brutale, geistlos bornierte Körperlichkeit und als massenpsychotisches Phänomen. Horváths Ansatz, über das *Phänomen des Zuschauers* das Wesen des
Sports aufzuhellen, kann durch Stellungnahmen Musils bekräftigt
werden.« (Baur 1989, 15f.) Bei diesem werde sowohl »die Funktion
der Sportideologie als Rechtfertigungsstrategie des Zuschauers« wie
auch »die kommerzielle Bedingtheit des Sports« entlarvt (ebd., 16).

Dass die totale Ausrichtung auf den Sport bzw. auf eine Sportart
zu Reduktion und zu Verdinglichung des Menschen führt, stellt
Horváth auch in anderen *Sportmärchen* an zum Teil absurden Aus-
wüchsen dar. So ist die wintersportbesessene Titelfigur des Sportmärchens *Vom wunderlichen Herrn von Bindunghausen* (kA XI, 64–
66), deren »Lebensziel« (66) darin besteht, eine bestimmte Kurve
einer Schiabfahrt »befriedigend« zu bezwingen, auch im Sexualleben
»wintersportlich«, nämlich auf »weibliche Schneemänner« (65) ausgerichtet und frönt der »Gefrierfleischeslust« (66). Im Märchen *Aus
einem Rennradfahrerfamilienleben* (kA XI, 68) sind Frau und Kind
eines Radrennfahrers, der ein laufendes Sechstagerennen dominiert,
in ihrer Wahrnehmung der sie umgebenden Wirklichkeit total auf
diesen Sport eingeschränkt. Der Geist unterliegt dem durchtrainier-

ten Körper – nicht nur der »unartige Ringkämpfer« hat ein »kurzes
Köpfchen« auf seinem alles überragenden »Corpus« sitzen (kA XI,
57), Kunst wird von Sportereignissen verdrängt – so insbesondere
im Märchen *Der Faustkampf, das Harfenkonzert und die Meinung des
lieben Gottes* (kA XI, 47), das damit eine kulturpessimistische Diskussion der zwanziger Jahre thematisiert (vgl. Fritz 1981, 88f.).

Immer wieder lässt Horváth Sportler zum Objekt der Objekte,
nämlich zu Opfern ihrer Sportgeräte werden: Die Haltegriffe in einer Felswand (*Der sichere Stand* – kA XI, 49) oder der Fallschirm
(im gleichnamigen *Sportmärchen* – kA XI, 84) verweigern sich dem
Sportler und lassen ihn zu Tode stürzen. Herbert Gampers Feststellung, dass »der Tod [...] allgegenwärtig in Horváths Werken« (1976,
67) sei, gilt gewissermaßen auch schon für die *Sportmärchen*. Die totale Ausrichtung auf den Sport wird als »tödliche« Einschränkung
der Lebensmöglichkeiten gesehen.

Was für die Wahl der Gattungsbezeichnung »Legende« im besonderen festgestellt wurde, gilt ähnlich für die ungewöhnliche Genre-
bezeichnung *Sportmärchen*. Sie erregt Aufmerksamkeit durch den
Widerspruch von profaner Alltäglichkeit, für die der Sport steht,
und einer Gattung, die sich dem Wunderbaren öffnet, wobei das
Wunderbare im üblichen Gattungsschema die vermittelnde Funktion zwischen einem Zustand des Mangels, der Benachteiligung etc.
und einem Finale mit dessen Aufhebung innehat und eine allgemein
befriedigende Ordnung (wieder)herstellt. Mit Blick auf *Das Märchen in unserer Zeit* (kA XI, 172f.), das allerdings erst in den Jahren
1936/37 entstanden sein dürfte (vgl. kA XI, 268), stellt Jens Tismar
(1981, 34) fest: »Am Märchen als der Chiffre für Sehnsucht nach
einem anderen, besseren Zustand hält Horváth im Glauben an ihren
säkularisierten Sinn fest.« Dieser kurze Text thematisiert in »naiv
gehaltene[m], dem Märchenton nachempfundene[n] Erzählduktus«
(Horvát 1990, 30) den Zweifel, ob die Gattung des Märchens noch
zeitgemäß sei, mit der sich Horváth übrigens auch während seines
Studiums in München anlässlich einer Vorlesung von Friedrich von
der Leyen intensiv befasste. Auf der »vollends aufgeklärte[n] Erde«,
die bekanntlich »im Zeichen triumphalen Unheils strahlt« – wie es
Max Horkheimer und Theodor W. Adorno in der *Dialektik der Aufklärung* (1986, 9) sehen –, scheint durch Krieg, technische Entwicklung und die Forderungen der Leistungsgesellschaft das Märchen
außer Kraft gesetzt zu sein. Dennoch heißt es am Schluss: »Ja, es
war ein Märchen!« (kA XI, 173). Das Pferd, dem das kleine Mädchen Märchen erzählt, kann durch kein Märchen gerettet werden –
insofern haben die Bäume, die Tiere des Waldes etc., die sich in einem ganz unmärchenhaften Nützlichkeitszusammenhang sehen,

recht – aber das Mädchen ist – wie das alte Pferd meint – selbst das
Märchen. Wenn dessen Geschwister beim gemeinsamen familiären
Essen meinen, sie sei eine »Prinzessin«, dann ist das zwar ein »Kli-
schee der Umgangssprache« (Tismar 1981, 34), aber sie hat doch
auch ein wenig von Aschenputtel an sich. Und tatsächlich wird der
Märchenmechanismus bei dieser Gelegenheit wirksam. Durch ein
»Wunder« wird sie, ohne zu essen, satt. Das Mädchen ist, so gese-
hen, eine Allegorie des Märchens und Nutznießerin märchenhafter
Wunderwirkung zugleich.

Das *Märchen in unserer Zeit*, dessen Nähe zum »Antimärchen der
Großmutter in Georg Büchners ›Woyzeck‹« beobachtet wurde
(Goltschnigg 1975, 259), stellt die im Titel apostrophierte Gattung
schon mit dem ersten Satz in Frage: »In unserer Zeit lebte mal ein
kleines Mädchen [...]« (172). Mit dem konkreten, aktualisierenden
Zeitbezug wird die dem Genre eigene Verallgemeinerungstendenz
aufgehoben. Nur in der Illusion des Mädchens scheint das Märchen
noch möglich zu sein. Illusionslosigkeit, was die Möglichkeiten einer märchenhaften Wende in unserer Zeit betrifft, bestimmt auch
schon *Das Märchen vom Fräulein Pollinger* (kA XI, 124f.), das später
in den Roman *Der ewige Spießer* (1930) integriert wurde, aber wohl
schon Ende 1924, Anfang 1925 entstanden sein dürfte, spielt es
doch auf den 1. November 1924 an (vgl. kA XI, 280). Der Titel sowie die Eingangsformel (»Es war einmal ein Fräulein ...« – 124) und
der Schluss (»Wenn sie nicht gestorben ist, so lebt sie heute noch« –
125) signalisieren eben ein Märchen. Aber eine glückliche Lösung
ist in »unserer Zeit« nicht möglich. Beide Schlussformeln, die des
Märchens in unserer Zeit wie die des *Märchens vom Fräulein Pollinger,* ironisieren das gattungsübliche glückliche Ende. Im Abweichen
von Konventionen der Gattung wird ein kritischer Blick auf die
Zeit frei, die eben solches unmöglich erscheinen lässt und in der
sich daher Glücksversprechen als Ideologie entlarven.

Horváths Märchen sind – hierin durchaus im Einklang mit dem
literarhistorischen Kontext der Weimarer Republik – »Vehikel der
Satire« (Tismar 1981, 33). Und dies gilt auch schon für die *Sportmärchen*. Aber sind diese *Sportmärchen* überhaupt Märchen? Tismar
(ebd., 36) meint denn auch: »Den Vorstellungsbezirk ›Märchen‹ be-
rühren Horváths Sportmärchen beinah schamhaft, in salopper Bei-
läufigkeit versteckt und im Habitus kaltschnäuziger Desillusioniert-
heit«. Aber es gibt das »Wunderbare« in diesen Texten, »einmal in
der Tücke des Objekts«, in den vom Menschlichen abstrahierenden
Personifikationen, »zum anderen in fadenscheiniger Metaphysik«, in
abergläubischer Angst vor »Fremdbestimmung von Handlungen
durch unsichtbare Mächte«. Aber auch die »künstliche Welt der

Spielregeln«, zum Beispiel im Sportmärchen *Die Regel* (kA XI, 85) kann als »Märchenwelt« interpretiert werden (Baur 1989, 26f.). Diese Texte Horváths sind »Antimärchen« (ebd., 28), denn statt der (Wieder-)Herstellung von Ordnung herrscht Chaos. Die *Sportmärchen* nehmen eine absurde Wende und unterlaufen jegliches Happy-Ending ironisch.

Baur sieht den Autor mit seinen *Sportmärchen* »dem *literarischen Milieu Münchens*« verpflichtet (ebd., 20), dem satirischen Charakter der *Turngedichte* (1920) von Joachim Ringelnatz, bei dem Horváth sowohl sportspezifische Tode als auch die märchenhafte Personifikation, die im Märchen nie etwas besonderes war, vorgefunden hat, und der Personifikation sogar einer sportlichen Betätigung in Christian Morgensterns *Der Purzelbaum*. Des weiteren sieht Baur Horváth den »kabarettistischen Münchner Nonsense-Liedern« verpflichtet, und zwar im einzigen Gedicht innerhalb der *Sportmärchen*, nämlich in *Regatta*, in dem der Autor lautspielerisch verfährt. Es besteht kein Zweifel, dass Horváth die Gattung des Märchens als »Vehikel der Satire« dient. Und darin liegt der entscheidende Unterschied zu der Märchen-Erzählung, die in der Dialog-Szene *Ein Epilog* die melodramatische Finalisierung einleitet, und zum *Buch der Tänze,* in dem der Autor kitschiges orientalisches Märchenambiente beschworen hat, während in den späteren Texten das Märchenhafte »funktionalisiert« erscheint für eine kritische Sicht auf die Zeit. Zurecht meint Uwe Baur daher, dass mit den *Sportmärchen* Horváths »Weg zur *Neuen Sachlichkeit*« beginne (ebd., 29).

3.1.3 Frühe Dramenprojekte: *Dósa, Mord in der Mohrengasse*

1923/24 arbeitet Horváth an zwei Dramenprojekten, an einem Fragment gebliebenen »Schauspiel aus Ungarns Geschichte«, einer »Chronik aus dem Jahr 1495« (vgl. GW IV, 3*) mit dem Titel *Dósa* und am ersten vollendeten Bühnenwerk, dem Schauspiel in drei Akten *Mord in der Mohrengasse.* Das Studium der Theaterwissenschaften in München in den Jahren 1919-1921 dürfte den Ehrgeiz des jungen Autors geweckt haben, sich in der beim Bildungsbürgertum hoch angesehenen Gattung des historischen Dramas zu versuchen (vgl. Doppler 1976, 11). Die Wahl des Stoffes beweist Horváths Vertrautheit mit der ungarischen Geschichte, konkret mit den Bauernkriegen um 1500 (vgl. Krammer 1969, 24- 33). Im Nachlass des Autors finden sich Hinweise auf intensive historische Studien im Zusammenhang mit dem *Dósa*-Projekt. Möglicherweise hatte Horváths Auseinandersetzung mit ungarischer Geschichte auch mit ei-

nem persönlichen Versuch der »typisch alt-österreichisch-ungarische[n] Mischung« (kA XI, 184) zu tun, Antworten zu finden auf
die Frage nach dem »wer bin ich, woher komme ich«. Wie auch immer, das Interesse an ungarischer Geschichte wird für Jahre zurück-
gedrängt. Erst mit der Arbeit an dem späten Lustspiel *Ein Dorf ohne
Männer* (1937) kommt er darauf zurück.

   Von dem auf fünf Akte beziehungsweise auf neun Bilder konzipierten Dramenprojekt *Dósa* sind fünf Szenen in Typoskriptform
überliefert. Einer erhalten gebliebenen Disposition zufolge (vgl. GW
IV, 3*f.) war als dramatischer Höhepunkt die Bauernrevolution unter György Dósa, dessen Name in Ungarn als »zeitloses Synonym
für Revolution« (Kun 1988, 15) steht, und als Finale die Niederlage
des Bauernführers vorgesehen. Diese Szenen wurden nicht ausgeführt, sind jedenfalls nicht überliefert. Im *Dósa*-Projekt vermutete
schon Doppler (1976, 11) einen »Nachklang der gescheiterten Revolution von 1918/19«. Tatsächlich erweist sich in nachgelassenen
Notizen zu *Dósa* der Begriff der »Revolution« als zentral (N 20),
weshalb Eva Kun (1988, 17) zurecht annimmt, »daß Horváth die
revolutionären Ereignisse von 1918/19 nicht nur zur Kenntnis
nahm, sondern das aktuelle Geschehen in seinem historischen Stück
Dósa auch verarbeiten und vermitteln wollte«. Und darin, dass der
Autor eine gegenwärtige historische Erfahrung mit dem weit zu-
rückliegenden geschichtlichen Ereignis nicht auf einen Nenner bringen konnte, mag auch die Ursache zu finden sein für die Aufgabe
des Versuchs, ein historisches Drama zu schreiben. Dafür spricht
nämlich die Mitteilung Géza von Cziffras, Horváth habe nach an-
fänglicher Begeisterung für den Stoff resigniert festgestellt: »Ich
komme nicht weiter damit [...] Die Zeit liegt wohl doch zu weit zurück« (nach Krischke 1980, 40).

   Das erste vollständig erhaltene Theaterstück Horváths, *Mord in
der Mohrengasse*, 1923/24 entstanden, erst 1980 im Akademiethea-
ter in Wien uraufgeführt, ist von der Forschung die längste Zeit
eher weniger beachtet worden, obwohl Dieter Hildebrandt (1975,
30) in seiner Biographie schon vor der Uraufführung auf dieses als
den »aufregendste[n] unter den frühen Versuchen« Horváths hingewiesen hat: »während er [der *Mord in der Mohrengase*] Horváth einerseits in der Auseinandersetzung mit dem Expressionismus und in
der Emanzipation davon zeigt, führt es andererseits deutlich Horváths Eigenarten vor, ja, man kann es wie eine Ouvertüre zum ge-
samten Werk ansehen, in der alle Motive, viele Figuren, die ent-
scheidenden Schauplätze und die charakteristischen ›Sprünge‹
(Handke) der Dialoge schon da sind.« In der umfassenden Monographie über *Ödön von Horváth als Kritiker seiner Zeit* von Axel Fritz

(vgl. 1973, 274, Anm. 86) findet es jedoch beispielsweise nur eine marginale Erwähnung. Erst Herbert Gamper widmet dem *Mord in der Mohrengasse* in seiner Studie zu den frühen Stücken, *Horváths komplexe Textur*, größere Aufmerksamkeit. Er beobachtet in diesem Schauspiel zwar das noch ungebrochene Pathos des jungen Schriftstellers, lenkt aber – darin Hildebrandt bestätigend – das Augenmerk auch auf Bilder, Motive, Figurenmuster und Konstellationen in diesem Drama, »die für Horváth charakteristisch bleiben« (Gamper 1987, 13).

Glaube Liebe Hoffnung wollte Horváth, einer Nachlass-Notiz zufolge, als »*Kleinbürgerliche Komödie*« bezeichnen, obwohl die Protagonistin »*auf den Kothurnen des Trauerspiels daherschreitet*« (Mat.GLH, 54f.). Im »gigantischen Kampf zwischen Individuum und Gesellschaft« (kA VI, 12) wirke der Anspruch von »*dummen* [kleinbürgerlichen] *Menschen*« auf individualistisches Handeln und Glück lächerlich (Mat.GLH, 55). Zum Lachen gibt es im *Mord in der Mohrengasse* (kA I, 17-43) allerdings nichts, wenngleich er auch im kleinbürgerlichen Milieu angesiedelt ist. In Analogie zu Horváths angesprochener Charakterisierung von *Glaube Liebe Hoffnung* könnte man in diesem Fall von einem kleinbürgerlichen Trauerspiel sprechen. Der Autor zeigt in diesem zwar »Keime des Zerfalls« (GW IV, 646) in einer kleinbürgerlichen Familie, stellt aber noch nicht, wie später in den Volksstücken, die Frage nach der »Struktur der Realität« (Kracauer 1971, 109). Die Tragödie entwickelt sich vielmehr geradezu schicksalshaft.

Das dreiaktige Schauspiel handelt, wie der Titel vermuten lässt, von einem Verbrechen und »spielt innerhalb zwölf Stunden« (18) einer Märznacht. Der erste Akt ist im »Bürgerlichen Wohnzimmer« der Familie Klamuschke angesiedelt, bestehend aus der Mutter, dem Sohn Paul und dessen schwangerer Ehefrau Mathilde, in ihrem Selbstverständnis eine Art Aschenputtel der Familie, der Tochter Ilse, die von einem bezeichnenderweise über »das Ketzer- und Hexenwesen mit besonderer Berücksichtigung der Schwangerschaft« forschenden und an »Verbrecherische[m]« interessierten Herrn Müller umworben wird (20), und dem Sohn Wenzel, der – als Taugenichts abgestempelt – den »Frieden« der Familie bedroht. Diese versagt ihm Geld und Versorgung, vor allem aber liebevolle Zuneigung. Nichtsdestoweniger hängt er der Familie in der Erinnerung an seine Kindheit sehnsüchtig nach (vgl. 23, 30, 39).

Horváth zeichnet eine bedrohliche kleinbürgerliche Atmosphäre, eng, dämmrig, ja unheimlich, die Personen sehen im Zusammenleben mit den anderen die »Hölle« (22). Der zweite Akt spielt im halbseidenen Milieu der Mohrengasse, zeigt gewissermaßen das Ne-

gativ der dem Schein nach gutbürgerlichen Gesellschaft. Der verlorene Sohn der Familie Klamuschke, Mörder eines Juweliers, kann
der Polizei vorerst entkommen, weil diese der Verführung eines Jugendlichen durch die nach 22 Jahren Gefängnis eben entlassene
»Altmodische« mehr Aufmerksamkeit schenkt als dem Kapitalver-
brechen. Horváth übt hier am Rande erstmals Kritik an dem, was in
Glaube Liebe Hoffnung das zentrale Thema sein wird, nämlich an
der Existenzvernichtung auf Grund übertriebener Verfolgung von
kleinen Vergehen durch Polizei und Justiz, an der »bürokratisch-
verantwortungslose[n] Anwendung kleiner Paragraphen« (kA VI,
11). Der Verfolgung durch die Polizei kann Wenzel vorerst entge-
hen, nicht aber dem »Geist« des Ermordeten. Der dritte Akt spielt
wiederum im Wohnzimmer der Klamuschkes. Wenzel wird dort von
der Polizei gesucht. Tatsächlich von der Mutter versteckt, hat er sich
allerdings selbst gerichtet, hat sich im Wohnzimmer, aus dem er ausgeschlossen worden ist, erhängt. Im Tod hat der »verlorene Sohn«
gewissermaßen heim gefunden. Damit löst sich aber auch die Familie auf, die Mutter verfällt in eine Art Wahnsinnszustand, Ilse verlässt mit ihrem Freund das Haus, das Ehepaar bleibt in dumpfer
Angst vor der Zukunft zurück.

Mord in der Mohrengasse ist ein Kriminalstück, das Thema
Schuld steht im Zentrum. So wie es in diesem Schauspiel abgehan-
delt wird, kann es auf die Auseinandersetzung des Autors mit August Strindberg zurückgeführt werden, der Gamper zufolge (vgl.
1987, 13; vgl. auch Gamper 1988, 54ff.) von größter Bedeutung für
Horváth insgesamt war. Die schicksalshaften Schuldverstrickungen
der einzelnen Familienmitglieder lassen innerhalb der bürgerlichen
Familie die geradezu existentialistische Erfahrung des Hineingewor-
fenseins in einen Schuldzusammenhang beziehungsweise in die
»Hölle« (22) machen, die die anderen bedeuten. Das zentrale Problem dieses Dramas – und eines, das Horváth immer wieder be-
schäftigen wird – ist die fehlende Einsicht der Personen in ihre eigene Schuld: »Im Bann des Falschen ist jeder mit sich allein, sich
selber verkennend und unerkannt. Die Worte und die Taten mißlin-
gen zu etwas anderm als dem Gemeinten, oft genug zum Gegenteil.
Doch was und wie es herauskommt, läßt sich nicht ungeschehen
machen.« (Gamper 1987, 20f.). Am dramatischen Höhepunkt des
ersten Aktes, dem Zusammentreffen von Mutter und Sohn, wird
momenthaft deutlich, dass nur durch die Liebe der gordische Kno-
ten zu durchschlagen wäre. Aber sie gelingt nicht, die Personen haben geradezu Angst davor, sich in ihr zu entäußern. Nach dem Geständnis des Sohnes, »Ich wollte auch nie weh tun« (23), und der
Zuschreibung von Schuld auf andere, »Bin nämlich der verlorene

Sohn, nur möcht ich wissen wer mich verloren hat« (24), spitzt sich
der Dialog zu:

MUTTER	Wie gerne du dich reden hörst.
WENZEL	Ja: wenn man unverstanden bleibt.
MUTTER	Boshaft wie immer.
WENZEL	Nein: dumm.
MUTTER	*horcht auf.*
Stille.	
Leise. Wenzel –	
WENZEL	*unterbricht sie:* Jetzt geh ich.
MUTTER	*schlägt um:* So geh! Wir haben doch nichts miteinander gemein.
WENZEL	Glaubst Du?
Stille.	

In diesem kurzen Szenenausschnitt lässt sich erstmals beobachten,
was Horváth selbst später als das Besondere seiner Dramatik ansehen wird, nämlich ein Dialog, genauer: eine ganz kurze dialogische
Zuspitzung, in der sich (in Augenblicken der »Stille«) eine dramatische Wende abspielt. Momenthaft blitzt zwar die Möglichkeit eines
Verständnisses zwischen Mutter und Sohn auf, aber statt mit liebe-
vollem Aufeinanderzugehen endet das Drama in Mord, Selbstmord,
Wahnsinn und Angst. Die kleinbürgerliche Familie ist ein Kerker, in
dem sich auch die Lebendigen begraben fühlen, der Ausbruch aus
ihr eröffnet allerdings keinerlei Perspektiven. Es gibt im Text keine
Hinweise auf eine positive Wende auch nur für irgendeine der Personen, auch nicht für Ilse, für die der Ausbruch aus dem familiären
Verband gemeinsam mit Herrn Müller ebenso wenig einen Aufbruch in eine bessere Zukunft bedeutet. Der Beginn des dritten Aktes nämlich lässt keinen Zweifel an Müllers Absicht, die junge Frau
zu »vernaschen«: So wie der erste Akt mit dem verstohlenen Na-
schen dieses Mannes vom Keksteller beginnt, setzt dieser – in über-
deutlicher Parallelisierung – mit einem heimlichen nächtlichen Ver-
naschen-Wollen Ilses durch ihn ein.

Im bereits zitierten Wort des Wenzel, »Bin nämlich der verlorene
Sohn, nur möchte ich wissen wer mich verloren hat«, drückt sich
auch Sehnsucht nach einem anderen Zustand aus, nämlich nach
kindheitlicher Geborgenheit, die ihm in seiner Familie, insbesondere bei der Mutter versagt geblieben ist. Es ist auffällig, wie häufig in
Ödön von Horváths Werk das Fehlen eben solcher kindheitlicher
Geborgenheit, des paradiesischen Zustands, der die Kindheit – man
denke an den Schluss von Ernst Blochs *Prinzip Hoffnung* – sein
soll, das Fehlen der mütterlichen Liebe als »Ursache« erscheint für
die eisig empfundene Umwelt, mithin für Erstarrung und Tod. Die

»Rückkehr« zur Mutter ist für Wenzel nur möglich im Akt der
Selbstvernichtung – ähnliches wird im Schauspiel *Don Juan kommt
aus dem Krieg* und im Roman *Ein Kind unserer Zeit* zu beobachten
sein, wenn Don Juan und der Soldat, eben »Kinder der Zeit«, erfrie-
rend gewissermaßen in die Kindheit zurückkehren.

Zwischen der Exponierung des Verhältnisses von Wenzel zu seiner Mutter und seiner Selbsttötung steht im zweiten Akt die Begegnung mit der anderen Frau, dem traditionellen Gegenbild der Mutter, der Hure, die hier die »Altmodische« genannt wird. Diese wird
– nach einer 22-jährigen Gefängnisstrafe wegen »Aufforderung zum
Mord« (28) eben erst entlassen – rückfällig, indem sie sich auf Ge-
heiß von Wenzel und stellvertretend für ihn, mit einem Sechzehnjährigen ins Stundenhotel zurückzieht. Wenzel und die »Altmodische« scheinen schicksalhaft aneinandergekettet und sind sich ihrer
Zusammengehörigkeit auch bewusst (vgl. 29). Sein Aufschrei über
den Geist des ermordeten Juweliers, »verflucht sei das Weibsbild«
(31), deutet darauf hin, dass eine Wiederholung stattgefunden hat.
Am Beginn der menschheitlichen Schuldgeschichte und des Todes
steht nach biblischer Auffassung die Verführung des Mannes durch
die Frau. Wenn Wenzel hinter dem erleuchteten Hotelfenster die
von ihm blasphemisch als »Mysterium« bezeichnete Verführung des
Sechzehnjährigen durch die »Altmodische« erahnt, empfindet er
denn auch »alles [...] hohl und leer. Die Häuser riechen nach Leichen und Sauerkraut. Man sollte sich selber erbrechen können. –
Alles ist tot« (30). »Alles ist tot« und doch ist der, den er um einer
Schmuckimitation für das »Weibsbild« wegen ermordet hat, untot.
Es scheint die Wiederkehr des Immergleichen stattzufinden, eben
die Verführung des Mannes durch das Weib, Mord und Totschlag,
Selbstmord etc. Die Wiederkehr der Toten, die des ermordeten Juweliers und ebenso – prognostiziert von Mathilde – diejenige Wen-
zels (»Er kommt wieder, er kommt wieder [...] Du [zu Paul], ich
hab solche Angst: um das, das kommen wird«, 43), scheint schicksalhaft, denn, so kann man ergänzen, »das, das kommen wird«,
wird mit Verführung, Mord, Totschlag zu tun haben. Diese Prophezeiung hat besonderes Gewicht, da Mathilde schwanger ist und das
»Schicksal« dessen, »das kommen wird«, nämlich ihres Kindes, vor-
herbestimmt sieht. Zu durchbrechen wäre der Kreislauf von Schuld
und Gewalt, wie gesagt, nur durch die Liebe, aber von dieser ist
auch in der Beziehung zwischen Paul und Mathilde nichts zu be-
merken. Horváths Schauspiel *Mord in der Mohrengasse* lässt einen
Ausweg aus der »Hölle« nicht möglich erscheinen.

Mit dem Motiv des verlorenen Sohnes, aber auch mit der geradezu archetypischen Zeichnung der Figuren, der Mutter, der Hure

oder eben auch des verlorenen Sohns, ist Ödön von Horváth dem
Expressionismus sehr nahe, ohne allerdings das Aufbruchs- und Er-
neuerungspathos der Generation der 1910er Jahre noch zu teilen.
Das Stück ist 1923/24 entstanden, auf dem Höhepunkt der Inflation in Deutschland, die von Horváth explizit nicht nur als eine Ent-
wertung des Geldes, sondern auch der Werte verstanden wurde. Der
Autor reagiert auf die sozioökonomische Krise im Schauspiel *Mord
in der Mohrengasse* allerdings noch »nicht mit rationaler Analyse,
sondern assoziativ, metaphorisch, durch überlieferte Bilder und To-
poi« (Gamper 1987, 74). »Das Böse als Verlust der Menschlichkeit,
als geistiger Tod – mit den zugehörigen Metaphern der Kälte und
Maskenhaftigkeit [insbesondere der »Altmodischen«] –, kann konkret begriffen werden als das in der kapitalistischen Welt ihrem Wesen nach Herrschende.« Die Beziehungen sind denn auch »beherrscht« von Geld, sowohl die Beziehung zwischen Wenzel und der
Familie, für deren Unterhalt übrigens Paul als Bankangestellter
sorgt, der sich auch »sorgt«, dass Wenzel Geld von der Mutter erhält, wie auch die Beziehung zwischen Wenzel und der »Altmodischen«, die als Prostituierte für die »Liebe als Geschäft« steht. Sie ist
eine derjenigen Frauengestalten Horváths, die – wenn sie sich verkaufen (müssen) – das Gefühl haben, tot zu sein. Insgesamt aber ist
in diesem Stück die Analyse der gesellschaftlichen Situation eher
verdeckt durch den Zug zum Archetypischen und Modellhaften des
unausweichlichen Sündenfalls. Das wird sich, ohne dass Horváth
die Frage nach Schuld und Tod aufgeben sollte, in den folgenden literarischen Werken ändern.

3.2 Das literarische Werk 1926 – 1933

3.2.1 Der »treue Chronist«

Mit den *Sportmärchen* und – wenngleich auf den ersten Blick weniger deutlich – mit dem Schauspiel *Mord in der Mohrengasse* beginnt
der Autor Ödön von Horváth einen eigenen Weg einzuschlagen,
den er in den mittleren und späteren zwanziger Jahren mit dem
1926 entstandenen, 1927 unter dem Titel *Die Bergbahn* überarbeiteten ersten Volksstück *Revolte auf Côte 3018*, mit der Komödie *Zur
schönen Aussicht* (1926/27), mit den zwei *Sladek*-Fassungen (1927/8
sowie 1929), mit der »Posse« *Rund um den Kongreß* (1928) und
auch mit Kurzprosa und dem Roman *Der ewige Spießer* (1930) weiter beschreitet. In diesen Texten versteht er sich durchaus schon –
wie er es selbst später in der »Gebrauchsanweisung« zu seinem
Volksstück *Kasimir und Karoline* von 1932 nennt – »als treuer
Chronist« (kA XI, 219) und entwickelt jene Verfahrensweisen, die
die berühmten Volksstücke der frühen dreißiger Jahre, *Italienische
Nacht*, *Geschichten aus dem Wiener Wald*, *Kasimir und Karoline* sowie
Glaube Liebe Hoffnung auszeichnen werden, insbesondere den entlarvenden Blick auf den von ihm selbst mehrfach (vgl. kA XI, 201
oder 219) so bezeichneten »Bildungsjargon«.
  Horváth ist kein Theoretiker. Lediglich das »Interview« (kA XI,
196-206, Zusammenfassung: kA XI, 207–214; Variante: kA XI,
235–245), die genannte »Gebrauchsanweisung« zu *Kasimir und Karoline* (kA XI, 215–221; Entwürfe und Varianten: kA XI, 246–258)
sowie die »Randbemerkung« zu *Glaube Liebe Hoffnung* (kA VI, 11-
13), kurze Texte, die zudem alle 1932 entstanden sind und von denen einzig das »Interview« (im Frühjahr 1932 im Bayerischen
Rundfunk – vgl. kA XI, 270) zu Lebzeiten des Autors veröffentlicht
wurde, erlauben ein wenig Einblick in seine poetologischen Vorstellungen, die für die oben angeführten Volksstücke der beginnenden
dreißiger Jahre Gültigkeit haben. Sie gelten cum grano salis schon
für die Dramen seit den mittleren zwanziger Jahren. Nach 1933
lässt sich zwar in wirkungsästhetischer Hinsicht eine deutliche Wende beobachten, einige der Vorstellungen behalten jedoch durchaus
ihre Gültigkeit.
  Auch wenn Horváth im Gegensatz zu anderen zeitgenössischen
Autoren, insbesondere zu Bertolt Brecht, keine elaborierten theoretischen Schriften hinterlassen hat und auch wenn es aufgrund der angesprochenen Textsituation höchst problematisch ist, ein systemati-
sches Theoriegebäude zu rekonstruieren, wäre es doch ebenso
verfehlt, wie Urs Jenny (1971, 292) daran zu zweifeln, dass »er be-

wußt arbeitete«. Kurz nach dem Anschluss Österreichs an Hitler-Deutschland schreibt er an seinen Freund Franz Theodor Csokor (1992, 159): »Man müsste ein Nestroy sein, um all das definieren zu können, was einem undefiniert im Wege steht!« Dieses Ringen um eine literarische »Definition« der Wirklichkeit ist auch den genannten Äußerungen des Autors eingeschrieben, die, wie rudimentär auch immer, Reflexionen über poetologische und wirkungsästhetische Probleme, über die Volksstücktradition sowie über soziologische Fragen erkennen lassen. Dazu im folgenden einige knappe Anmerkungen unter den Stichworten »Kleinbürgertum«, »Demaskierung des Bewußtseins«, »Bildungsjargon«, »Erneuerer des Volksstücks«.

3.2.1.1 »Kleinbürgertum«

»Nun besteht aber Deutschland, wie alle übrigen europäischen Staaten zu neunzig Prozent aus vollendeten oder verhinderten Kleinbürgern, auf alle Fälle aus Kleinbürgern. Will ich also das Volk schildern, darf ich natürlich nicht nur die zehn Prozent schildern, sondern als treuer Chronist meiner Zeit, die große Masse« (219). Seine Absicht sei es, »die Welt so zu schildern, wie sie halt leider ist« (203). Dieser Formulierung ist ein realistischer und durchaus auch zeit- und gesellschaftskritischer Anspruch des Autors eingeschrieben, zugleich implizit auch die Distanzierung von utopischen und operativen Literaturkonzepten, wie sie etwa seine Zeitgenossen Erwin Piscator oder Bertolt Brecht vertraten. Wie auf einem Röntgenschirm erscheinen in Horváths Werk jene gesellschaftlichen und ökonomischen Phänomene, die die Massen, mithin das Kleinbürgertum seiner Zeit bedrohen, sprich: Inflation, Wirtschaftskrise, Arbeitslosigkeit, autoritär faschistisches, völkisches und militaristisches Denken, Demokratiefeindlichkeit, fragwürdige Jurisdiktion, Missbrauch der Religion durch Kirche und Staat, Unterdrückung der Frau etc.

Die wissenschaftliche Haltbarkeit der apodiktischen demographischen Behauptung aus der »Gebrauchsanweisung«, derzufolge »neunzig Prozent« der Bevölkerung um 1930 Kleinbürger gewesen seien, bleibe allerdings dahingestellt, wenngleich sie durchaus einen tatsächlichen Trend erfasst, dem denn auch in der Literatur der ersten Hälfte des 20. Jahrhunderts entsprechend Rechnung getragen wird. Dem Kleinbürgertum, den Lebensmustern und Verhaltensweisen, die diesem zugeschrieben werden, wird besondere Aufmerksamkeit gewidmet, zum Teil in polemischer Ridikülisierung der als brüchig erkannten kleinbürgerlichen Welt, wie zum Beispiel in *Des deutschen Spießers Wunderhorn*, einer 1913 erschienenen, Horváth zweifellos

bekannten Sammlung satirischer novellistischer Skizzen Gustav
Meyrinks, die ursprünglich im *Simplicissimus* veröffentlicht wurden,
oder in Bertolt Brechts 1919 entstandenem, späterhin *Die Kleinbürgerhochzeit* (1967/VII, 2715–2744) genannten Einakter. Brecht gibt
den Kleinbürger der Lächerlichkeit preis, man könnte auch sagen: er
schaut auf ihn herab. Demgegenüber zeichnet Horváth (wie etwa
auch Georg Kaiser) aus Einsicht in die soziale und politische Ge-
wichtigkeit des Kleinbürgertums seiner Zeit dessen Verfassung, wiewohl nicht weniger (kleinbürgerliche Illusionen) entlarvend als
Brecht, doch geradezu anteilnehmend, quasi von innen, jedenfalls
mit einem Anspruch auf Genauigkeit wie kaum ein anderer zeitge-
nössischer Autor.

Das eingangs dieses Abschnitts zitierte Statement Horváths aus
der »Gebrauchsanweisung« lässt vermuten, dass der Autor das Kleinbürgertum als ein soziales Sammelbecken versteht. In dem um 1930
entstandenen, rund viereinhalb Druckseiten umfassenden Exposé zu
einem Roman mit dem Titel *Der Mittelstand* (GW IV, 646–650)
werden seine Vorstellungen zwar nicht gerade präzise ausformuliert,
aber doch etwas deutlicher. Vorauszuschicken ist, dass der Begriff
»Mittelstand«, wie er in diesem Entwurf verwendet wird, nicht ganz
deckungsgleich zu setzen ist mit »Kleinbürgertum« (zur Begriffspro-
blematik vgl. Pichler 1979, 55f.) und dass der Begriff »Spießertum«
wiederum weder mit diesem noch jenem identisch ist, auch wenn
diese Begriffe gelegentlich synonym verwendet werden (vgl. Glaser
1983, 68ff.). Annäherungsweise könnte man »Mittelstand« als umfassenden Begriff verstehen, »Kleinbürgertum« als Begriff für die
Masse, deren ökonomischer und politischer, aber auch geistiger
Spielraum beschränkt ist, und »Spießer« als Bezeichnung für den
rücksichtslosen, moralisch fragwürdigen homo novus der Zeit.

Eingangs des Roman-Exposés behauptet der Autor, im Gegensatz
zu Karl Marx, der Mittelstand sei »eine Klasse, eine eigene zwischen
zwei anderen, heute (vgl. ähnlich Lederer/Marschak 1983, 197).
Seine Grenzen verwischen sich, aber es ist doch eine Klasse, kein
Übergang, eine Klasse mit eigener Ideologie«, um dann unter anderem wiederum festzustellen, er sei »Durchgangsstation für *wenige*
einzelne aus dem Proletariat ins Kapital« (646). Aber nicht diese
Widersprüchlichkeit, die ihre Ursache in der Fragmenthaftigkeit
und im Stichwortcharakter des Entwurfs haben mag, ist das Problem, sondern die Auffassung vom Mittelstand als einer »Klasse mit
eigener Ideologie«. Sowohl im Romanexposé als auch in diversen
dramatischen und erzählenden Werken Horváths erscheinen Mittelstand beziehungsweise Kleinbürgertum durchwegs als sozial hetero-
gen, ja diffus. Zusammengesetzt aus altem, »*durch die Gewalten:*

Krieg. Inflation« (648) niedergeworfenen Mittelstand (also kleinen Gewerbetreibenden, niederen Beamten etc.), aus depravierter Aristokratie und Bourgoisie (vgl. 649) sowie aus *dem* »neue[n] Mittelstand«, den »Angestellten« (648), und ökonomisch durch die Entwicklungen in der Folge des Ersten Weltkriegs von Pauperisierung bedroht wie das Proletariat (vgl. 650 und auch Kracauer 1971, 13, 59, 81 u.ö.), ergibt sich keineswegs eine klar konturierte soziale Klasse. Vielmehr »verwischen sich« die Grenzen der Klassen bis zur Nichtidentifizierbarkeit (vgl. dazu auch Schnitzler 1990, 96). Und genau dies scheint eine Ursache für die Unsicherheit des Kleinbürgertums zu sein: nicht zu wissen, wohin man gehört. Ideologisch – mit einer aus geborgten Versatzstücken zusammengesetzten und keineswegs »eigenen Ideologie« – ist das Kleinbürgertum wie beispielhaft Max, Karl und Strasser in der Komödie *Zur schönen Aussicht* oder die Witwe Perzl im Roman *Der ewige Spießer* an einem (vermeintlichen) Oben orientiert, von dem es jedoch aufgrund seiner ökonomischen Schwäche unüberbrückbar getrennt ist, und es ist peinlich bedacht auf Abgrenzung gegenüber einem (wiederum vermeintlichen) Unten, also gegenüber dem Proletariat, das seinerseits nach Ver(klein)bürgerlichung strebt (vgl. ebd., 94). Nichts ist daher in Horváths Texten so sehr bezeichnend für kleinbürgerliche Haltung wie die Sorge um Sozialprestige und das Vortäuschen eines höheren sozialen Status. So heißt es denn auch von den drei genannten Männern in der Komödie *Zur schönen Aussicht* durchaus in Übereinstimmung mit deren Selbstverständnis: »Das ist kein Kellner! Das ist kein Chauffeur! Das sind standesgemäße Personen! Die scheinen nur zum niederen Volke zu gehören, weil sie Unglück hatten. Das sind keine Arbeiter, keine Handwerker und so [...] Die zählen nicht zum Volke, zur Masse, zum Plebs! Die gehören [wie proletenhaft sie sich auch benehmen] in die Salons!« (kA I, 164). Jeder einzelne von ihnen ist – mit einem Wort Kracauers (1971, 35) – »ein depossedierter Kleinbürger«, beraubt nicht nur ökonomischer Sicherheit, sondern auch der eines verbindlichen Wertsystems.

Urs Jaeggi hat schon mit dem Titel seines Buches *Zwischen den Mühlsteinen. Der Kleinbürger oder die Angst vor der Geschichte* (1976) treffend die Situation eben des Kleinbürgers, seine Angst vor politischer Beweglichkeit und jeglicher Veränderung bestehender Ordnungen charakterisiert. Weil das Kleinbürgertum »Angst vor der Geschichte« hat, ist ihm alles Natur: der Krieg gilt ihm (wie zum Beispiel Sladek in der gleichnamigen »Historie« Horváths) ebenso als Naturgesetz wie die angebliche ökonomische Bedingtheit der Liebe oder die Seelenlosigkeit der Frau (vgl. etwa in den *Geschichten aus dem Wiener Wald* kA IV, 108 bzw. 142). Und weil der Kleinbür-

ger »Angst vor der Geschichte« hat, ist seine Position auch eine genuin apolitische: »Sein wahres Talent besteht [...] in der systematischen Ausgrenzung und Verdrängung des Politischen aus seiner
Welt« (Franke 1988, 214), um dann doch wieder unverhofft und
unvorbereitet ausgeliefert davon eingeholt zu werden.

Horváth ist, wie schon gesagt, kein Theoretiker, wenngleich er
manchmal diesen Anspruch zu erheben scheint – wie in dem am
Beginn dieses Kapitels angeführten Zitat aus der »Gebrauchsanweisung« oder in der Einleitung sowie am Anfang des Abschnittes I/4
des Romans *Der ewige Spießer* (vgl. kA XII, 129 und 140). Die literarische Verfahrensweise von Horváths Zeitgenossen Jura Soyfer
wurde zur Abgrenzung von einer soziologisch wissenschaftlichen
treffend als »teilnehmende Beobachtung« (Pfabigan 1991, 120) bezeichnet. So könnte man auch Horváths Methode charakterisieren.
Für die Genauigkeit seiner Beobachtungen spricht, dass an seinen
Volksstücken immer wieder – so von Rotermund (1972, 39ff.) und
Kurzenberger (1974, 131) – die Nähe zu Siegfried Kracauers 1930
erstmals erschienener Sozialreportage *Die Angestellten* konstatiert
wurde. Die Probleme der sogenannten »Mittelstandes« und die Auswirkungen des Rationalisierungsschubs in der Wirtschaft Mitte der
zwanziger Jahre auf diesen (vgl. Kracauer 1971, 12) wurden in politik- und wirtschaftswissenschaftlichen, soziologischen und kulturkritischen Studien der Zeit intensiv diskutiert (vgl. Krischkes Textzusammenstellung in Mat.GWW., 185–213).

Horváth waren die Diskussionen über den Mittelstand offensichtlich vertraut. Zurecht warnt aber bereits Kurzenberger (1974,
131) in Hinblick auf Parallelen zu Kracauers *Angestellten* vor einer
Gleichsetzung von Sozialreportage und fiktionalem Text: »Keine
weiterreichenden Folgerungen läßt der Vergleich der Volksstücke
mit der Kracauerschen Analyse [...] zu, als daß Kunstwerke einen
sehr genauen und direkten Erkenntniswert für eine ganz bestimmte
soziale Wirklichkeit und deren gesellschaftliches Bewußtsein haben
können«.

Es spricht zudem für die genaue Beobachtung, die Horváths Texten zugrunde liegt, dass sie die zitierte These von einer eigenen Klasse mit eigener Ideologie widerlegen und Kleinbürgertum eben nicht
als eine soziologisch oder sozialhistorisch klar abgrenzbare Klasse erscheinen lassen, dass sie vielmehr eine bestimmte Art der Wahrnehmung und Verarbeitung der politischen und gesellschaftlichen
Wirklichkeit als typisch kleinbürgerlich (vgl. ähnlich Balázs 1983,
188) und als gewissermaßen falsches, das heißt realitätsfremdes Bewusstsein ausstellen. So wird in der *Italienischen Nacht* und hier wiederum besonders an der Figur des Stadtrates beispielhaft die zuneh-

mende Verengung von Bewusstsein und politischem Handlungsspielraum vorgeführt.

Der genauen Beobachtung verdankt sich auch die Erkenntnis des
politischen Charakters der überhandnehmenden Verkleinbürgerlichung der Gesellschaft, die – verführbar und verfügbar – blind in
den Faschismus treibt. Hierin trifft Horváth sich mit so unterschiedlichen Autoren wie mit Hermann Broch, der in seinen Epo-
chenbilanzen, der zwischen 1928 und 1932 entstandenen, 1932
erstmals erschienenen Trilogie *Die Schlafwandler* und in seinem ent-
stehungsgeschichtlich in die 1910er Jahre zurückreichenden, 1950
erstveröffentlichten »Roman in elf Erzählungen« *Die Schuldlosen* die
Verkleinbürgerlichung an Aristokratie und Bourgeoisie wahrnimmt,
oder mit Jura Soyfer, der dieses Phänomen im Romanfragment *So
starb eine Partei* an der (Wiener) Sozialdemokratie beobachtet.

Im Romanprojekt *Der Mittelstand* wollte Horváth offensichtlich
nicht nur die genannte Expansion des Kleinbürgertums darstellen,
sondern auch die Möglichkeit einer politischen Lösung entwerfen.
Das letzte Kapitel des Romans sollte lauten: *Tragik und Überwindung des Mittelstandes* (GW IV, 650; im Orig. kursiv). Dazu finden
sich folgende Stichwörter:

(Tragik: die wertvollen Söhne verlassen den Mittelstand)
Die Lehrerin von Regensburg (Die Spitzel)
Die Bekehrung des Studenten Salm
Die Kommunisten
Die Entstehung des revolutionären Schriftstellers Kurt Albrecht.

Mag sein, dass Horváth das als autobiographischen Familienroman
geplante Projekt (vgl. GW IV, 42*f.) nicht weiter ausgeführt hat,
weil er an eine Lösung, wie sie hier am Schluss angedeutet wird,
nicht glauben kann. Er zweifelt an Sozialismus und Kommunismus
wie an allen Ideologien. Keineswegs aber hat er eine Art »Dämono-
logie des Kleinbürgertums« geschrieben, wie Franz Werfel (1970,
134) in Verkennung von Autor- und Figurenbewusstsein meint. Bedeutete dies doch, dass Horváth in derselben Weise wie seine Gestalten an die Schicksalshaftigkeit der gesellschaftlichen Verhältnisse
glaubte. Er deckt vielmehr die Bedrängung des eingeschränkten
kleinbürgerlichen Bewusstseins durch Irrationalismen auf und ist
selbst – um eine seiner typischen Formulierungen aufzugreifen –
»*fast fasziniert*« (kA IV, 118) von ihnen. Aber er überlässt sich ihnen
nicht, sondern analysiert die bedenkliche Bewusstseinsverfassung,
deren Überhandnehmen er als politische Bedrohung erkennt. Der
Kleinbürger ist bei ihm (wie übrigens auch bei Broch) derjenige, der
im Grunde nicht weiß, wohin er gehört, der nicht dazugehört, wo

er dazugehören möchte, und der dazugehört, wo er nicht dazugehören will. Daher verdrängt er seine wirkliche Situation aus dem Bewusstsein und füllt dieses mit geborgten Ideologemen auf. Und da
es ihm schlecht geht und er sich von Inflation (Höhepunkt 1923),
Weltwirtschaftskrise (1929–1932) und Arbeitslosigkeit (Höhepunkt
Anfang der dreißiger Jahre) sowohl ökonomisch als auch in seinem
Wertgefühl bedroht erlebt, ist er versucht, sich eine Ideologie zu
borgen, die ihm verspricht, wieder wer zu sein: und das ist in der
gegenständlichen Zeit der Faschismus.

Im Vorspann zu seinem Roman *Der ewige Spießer* (kA XII, 129)
rechnet sich Horváth beziehungsweise der Erzähler einer Übergangszeit »zwischen zwei Zeitaltern« zu und beobachtet die Ablöse des
»alte[n] Typ[s] des Spießers« durch einen »neue[n] Typ«, zu dessen
»Biologie« er beizutragen beabsichtige. Abgesehen von der Problematik des wohl ironisch zu verstehenden biologistischen Anspruchs,
bleibt auch die Definition des »neuen« Spießertyps recht vage. Dieser »neue Typ« soll ja zugleich ein »ewiger« sein, wie der Titel suggeriert, oder vielleicht doch nur – und insofern »ewig« – eine Fortführung des »alten«. Er sei »ein hypochondrischer Egoist«, der versuche,
»sich überall feige anzupassen und jede neue Formulierung der Idee
zu verfälschen, indem er sie sich aneignet«. Das lässt sich aber alles
auch vom Kleinbürger sagen. Schwierig ist es jedoch, von diesem
den Spießer abzugrenzen. Die Liste der Negativeigenschaften, die
man wohl beiden zuschreiben kann und wie sie etwa Meyrink in der
genannten Sammlung *Des deutschen Spießers Wunderhorn* aufs Korn
genommen hat, ließe sich leicht fortsetzen: sie sind borniert, selbstmitleidig, chamäleonhaft, ohne sich wirklich zu wandeln, weil ihnen
»halt alles relativ« (kA III, 95) ist, sie sind frauenfeindlich, paranoid,
meist völkisch und militaristisch eingestellt. Die Differenz liegt in
der Skrupel- und Rücksichtslosigkeit, in der Brutalität seiner (meist
betrügerischen) Geschäftemacherei, der Ausnutzung von Frauen und
seiner politischen Ansichten. Aber die Grenzen sind wohl fließend.

3.2.1.2 Die »Demaskierung des Bewußtseins«

In der »Gebrauchsanweisung« betont Horváth, er »habe kein anderes Ziel, als wie dies: die Demaskierung des Bewußtseins« (216).
Das zielt gemäß seinem in der »Randbemerkung« formulierten Anspruch, »möglichst rücksichtslos gegen Dummheit und Lüge zu
sein« (12) und das Publikum zu Selbsterkenntnis anzuleiten (vgl.
13), auf die Entlarvung eines »falschen Bewußtseins« (Kracauer,
1971, 81) ihrer sozialen Situation oder eines fragwürdigen, für den
Faschismus anfälligen oder pseudosozialistischen politischen Be-

wusstseins, aber darüber hinaus auch auf Grundsätzlicheres. Rotermund (1972, 30) erkennt, dass »in der »Gebrauchsanweisung«
Grundzüge einer Katharsis-Theorie mit deutlich freudianischen Zü-
gen« entworfen werden, wenn Horváth meint, dass das Theater dem
»Besucher zugleich das Ventil wie auch Befriedigung (durch das Erlebnis) seiner asozialen Triebe« (217) biete. Der Autor schreibt dem
»Miterleben« krimineller Handlungen kathartische Wirkung zu, so
dass »die Leute [...] aus dem Theater mit weniger asozialen Regun-
gen heraus[-], wie hinein«-gingen. Deshalb wird in seinen Dramen
zum Miterleben gewissermaßen eingeladen, durch die »Demaskierung des Bewußtseins« allerdings bewusst »eine Störung der Mord-
gefühle« (218), mithin des Miterlebens der Zusehenden hervorgeru-
fen und bei diesen ein Prozess der Selbsterkenntnis provoziert. In
der »Randbemerkung« fordert er dementsprechend das alte delphi-
sche »Erkenne dich bitte selbst!« (VI, 13) ein. Es geht Horváth um
die Einsicht, wie es wiederum in der »Randbemerkung« (12) heißt,
»daß ihre [der Menschen] Gefühlsäußerungen verkitscht sind, das
heißt: verfälscht, verniedlicht und nach masochistischer Manier geil
auf Mitleid«. Wirkungsästhetisch hat das Folgen, weil das Wiedererkennen auf der Bühne bei einem Teil des Publikums »Wider-
wille[n]« (kA, XI, 203) erzeugt. Horváth schreibt, so gesehen, »Stük-
ke über das Volk, wie es sich selbst nicht sieht und sehen will«
(Doppler 1976, 19). In der Prosa vor 1933 wird der Selbsterkennt-
nisprozess zwar meist auch den Lesenden überlassen, aber doch gelegentlich von der Erzählinstanz geleistet. Vergleichbares bewirken bei
der Lektüre manche (kaum eins zu eins auf der Bühne umzusetzen-
de) Regieanweisungen – wie zum Beispiel diejenige, dass Marianne
beim ersten Anblick Alfreds »*fast fasziniert*« (kA IV, 118) sei. Im
dramatischen Spätwerk gilt dann allgemein, dass Erkenntnisprozesse
sich im Bewusstsein der Werkfiguren (etwa im Sinne der Einsicht in
personale Schuld) vollziehen (vgl. Hell 1983, 58).
   »Horváths Bild des Menschen richtet sich weniger nach der gesellschaftlichen als nach der individuellen Perspektive aus, wo die
Bestialität, die Triebnatur im Mittelpunkt steht« (Walder 1974, 77),
auf welcher der in der »Randbemerkung« angesprochene »aussichtslose Kampf des Individuums« gegen die Gesellschaft »basiert« (12).
So sieht es auch Rotermund (1972, 44): »Wie Zuckmayer« im *Fröhlichen Weinberg* gehe Horváth »vom Vorrang der Triebschichten aus;
er verwendet zum Teil ähnliche Stilmittel, um diese anthropologi-
sche Prämisse auszuformulieren. Allerdings konzipiert er das Verhältnis von ›Bewußtsein‹ und ›Unterbewußtsein‹ als ein inadäqua-
tes«, und zwar insofern, als die Personen ständig bedacht sind,
»irrationalem triebgesteuertem Handeln den Schein des Vernünfti-

gen im Sinne des sozial Akzeptablen zu geben«, also im Sinne
Freuds »Rationalisierung« zu betreiben (ebd. 35f. und Fußn. 49).
Mit Ingrid Haag (1983, 138) kann das als Vorgang der Maskierung
»dessen, was nicht gezeigt (gesagt) werden darf«, verstanden werden.
Sie sieht Analogien zum »Grundmechanismus des Freudschen
Traummodells«: »Die Bilder des Traums zeigen, indem sie verstel-
len.« Daher gehe es auch »nicht in erster Linie« um die »Demaskie-
rung (falscher) Bewußtseinsinhalte«, sondern um »die prätendierte
Autonomie des Bewußten« (ebd., 139). Zweifellos zielt der »treue
Chronist« auf beides, auf die Bewusstmachung des Maskierungs-
vorgangs (vgl. dazu auch Wertheimer 1983, 157) ebenso wie auf In-
halte.

Das »uneigentliche Bewußtsein«, wie es Walder nennt, hat seinen
Ursprung in der Triebsphäre, aber es ist auch ein gesellschaftlich ver-
mitteltes; psychische und soziale Bedingungen stehen in einem en-
gen Wechselverhältnis (vgl. Walder 1974, 80). Rotermund, der »das
defiziente Bewußtsein als ein produziertes in den Blick zu rücken«
(1972, 42) versucht, und Kurzenberger erkennen beide im Anschluss an Kracauer und mit Hinweisen auf parallele Erkenntnisse
von Horváth und der »Kritischen Theorie« den manipulierenden
Einfluss der Unterhaltungsindustrie (Heuriger, Oktoberfest, Unter-
haltungsmusik ...) auf das Bewusstsein der kleinbürgerlichen
Massen: »Die Repetition des ›Immergleichen‹ [der Musik in den *Geschichten aus dem Wiener Wald*] produziert ›unkritisches Einverständ-
nis‹, ›Anpassung‹ tritt an die Stelle von Bewusstseinsentwicklung.
Die ›Ich-Schwäche‹ erscheint bei den dargestellten Figuren künstlich
befördert« (ebd., 40), nach dem im Hörspiel *Stunde der Liebe* formulierten Prinzip, dass »das Volk« von Aufklärung ferngehalten und
»auf einem niedrigeren Niveau« (GW IV, 95), also dumm gehalten
werden sollte. Illusionen schieben sich vor die Realität und bewirken »falsches« oder »uneigentliches Bewußtsein«, indem die Wirklichkeit und die »synthetisch hergestellten Traumwelten« sich für die
Dramengestalten bis zur Ununterscheidbarkeit vermischen (Kurzenberger 1974, 130).

Ingrid Haag (vgl. 1976, 152ff.) verweist auf das Trügerische von
Idylle und Fest, in die sich die Dramengestalten Horváths aus der
bedrückenden Realität zu flüchten versuchen. Insbesondere in den
Volksstücken werden die verschiedensten Arten von Festen, Feiern
und Musik zum Anlass genommen, realitätsfremdes, »verkitschtes«
Bewusstsein durch »Uminstrumentierung« dieser »vertrauten Volks-
stückelemente« zu entlarven (Doppler 1976, 17; vgl. dazu auch
Klotz 1976, 181 oder Baumgartner 1988, 159f.). Die Idylle erweist
sich als »monströse« und wird »zur Grundsituation einer präfaschi-

stischen Gesellschaft auf der Schwelle zu Verbrechen und Gewalt«
(Haag 1976, 154). Die Feste sind »verpatzte« (Schmidt-Dengler
1989, 321), lassen der Kleinbürger »Unfähigkeit zu feiern« erkennen, weil sie in ihnen »den Alltag reproduzieren« und »durchwegs
Eigeninteressen« (ebd., 322) verfolgen. Diese Feste stellen durch den
unvermittelten Aufeinanderprall von Illusion und Realität nachdrücklich auch die Unmöglichkeit heraus, der Wirklichkeit zu entrinnen, gleichzeitig aber die Unfähigkeit der Personen, ihre Situation zu durchschauen und zu verändern.

Ein wesentlicher Aspekt der »Uneigentlichkeit des Bewußtseins«
ist das Bestreben der Horváthschen Figuren, die Realität zu überhö-
hen, teilzuhaben »an Höherem, das ebenso undefiniert wie nebulös
bleibt« (Haag 1976, 158). Ihr »Versuch, irrationalem triebgesteuertem Handeln den Schein des Vernünftigen im Sinne eines sozial Akzeptablen zu geben« (Rotermund 1972, 35, Anm. 49), hat damit
ebenso zu tun wie ihre Prätention auf einen höheren als ihren tatsächlichen, zudem durch die wirtschaftlichen Verhältnisse bedrohten
sozialen Status, ihre chamäleonhafte Anpassung an wechselnde Situationen, durch die sie sich unverfroren in haarsträubende Widersprüche verstricken, und ihre Identitäts-Schwäche. Das Bekenntnis
Adas in der Komödie *Zur schönen Aussicht*, »Ich bin nämlich eigentlich ganz anders, aber ich komme nur so selten dazu« (kA I, 200),
fast wortgleich von Luise Gift in der Posse *Rund um den Kongreß*
formuliert (kA I, 223f.), könnte fast allen Figuren Horváths in den
Mund gelegt sein. Walter Huder (1970, 173) hat in Analogie zur
bewusstseinsprägenden, existentiell bedrohlichen ökonomischen Erscheinung der Inflation sehr treffend von der »Inflation als Phänomen der Existenz« der Horváthschen Kleinbürger- und Spießer-Fi-
guren, von der »Aushöhlung der Werte und Vorstellungen, eben des
Bewußtseins« und »existentielle[r] Hochstapelei« (ebd., 174) gesprochen und dieses Phänomen vom frühen *Dósa*-Fragment bis in die
letzten Werke der Autors verfolgt.

Mit dieser inflationären »Aushöhlung«, damit, dass sich die Horváthschen Figuren »ihren Trieben und unreflektierten Ersatzgefühlen
überlassen« und »ihr sentimentales Bedürfnis nach unverbindlicher
Stimmung« befriedigen wollen (Jarka 1972, 558), hängt, der »Randbemerkung« (12) zufolge, zusammen, »daß ihre Gefühlsäußerung
verkitscht sind«. Kitsch, mit Hermann Broch (1975, 158) »eine
bestimmte Lebenshaltung«, die mit »Lüge« zu tun hat, beruht in
Horváths Werk eben auf verlogenen Reaktionen der Personen (vgl.
auch Hell 1983, 22). Aber anders als etwa Zuckmayer zerstört er
beim Publikum »die ›Einsfühlung‹ im Kitscherleben« (Kurzenberger
1974, 117).

Die »Gebrauchsanweisung« stellte Horváth unter das Motto:
»Das dramatische Grundmotiv aller meiner Stücke ist der ewige
Kampf zwischen Bewußtsein und Unterbewußtsein« (kA XI, 215),
das heißt, die Spannung zwischen der als »Fassade« nach außen erhobenen Prätention und der »Wahrheit« (218) des »Unterbewußt-
seins«. Der Begriff »Fassade« wird in der Horváth-Forschung häufig
angewandt, und zwar weniger im Sinne Kracauers (1971, 96) als
Vortäuschung einer nicht gegebenen »Tiefe« oder im Sinne Glasers
(1983, 78) als Verbergen einer Leere, als vielmehr im Sinne Freuds.
Walder (1974, 16), Hell (vgl. 1983, 75) und insbesondere Ingrid
Haag (seit ihrer 1987 in Lyon eingereichten Dissertation, dt. 1995)
gebrauchen den Begriff als treffenden Ausdruck für die »Diskrepanz
von Eigenverständnis und Wahrheit der seelischen Wirklichkeit«
(Walder) der Horváthschen Figuren. Haag (1995, 6) operiert mit
der Bezeichnung »Fassaden-Dramaturgie« für Horváths »Spiel von
Zeigen und Verbergen«. Die Fassade wird für die Zusehenden durch
das durchbrochen, was der Autor im »Interview« und in der »Gebrauchsanweisung« als »Synthese von Ernst und Ironie« (201) beziehungsweise »Synthese zwischen Ironie und Realismus« (215) bezeichnet, wobei die Ironie schon durch den »Gegensatz des
Bildungsbürgers und des Nichtanderskönnens in puncto Trieb (in-
folge unseres Erdendaseins)« (249) entstehe. Durch das »Spiel von
Zeigen und Verbergen«, durch die »Synthese zwischen Ironie und
Realismus« leistet Horváth die »Demaskierung des Bewußtseins«
und verhindert beim Publikum »Erlebnis und Einfühlung zugunsten
von Erkenntnis« (Rotermund 1972, 30). Im Widerspruch zur Ansicht Strelkas (1962, 83), dass man »im Gegensatz zu der Episierung
bei Brecht geradezu von einer Lyrisierung der Stücke bei Horváth
sprechen« könne, verweisen die meisten Interpreten auf den gesti-
schen, meint epischen Charakter von dessen Dramen (vgl. u.a. Rotermund 1972, 30; Schneider 1972, 60, der von »Vielfachbelich-
tung« spricht; Kurzenberger 1974, 47; Melzer 1976, 151; Hiebel
1994, 34), insbesondere auch auf die episierende Funktion der Musikeinlagen (vgl. Hummel 1970, 93; Lindken 1976, 36; Baumgartner 1988, 173). Horváth bedient sich allerdings anderer Kunstgriffe
als Brecht, vor allem verzichtet er auf eine Kommentatorgestalt. So
wird »die Zeigefunktion eines epischen Spielleiters« durch das be-
wusstseinsentlarvende Szenen- und Dialogarrangement »gleichsam«
ersetzt (Kurzenberger 1974, 47).

3.2.1.3 Der »Bildungsjargon«

In der »Gebrauchsanweisung« (215) bedauert Horváth, dass das Publikum »sich leider entwöhnt« habe »auf das Wort im Drama zu achten«. In seinen »ganzen Stücken« ereigne sich – wie der Regisseur Hans Hollmann kaum überspitzt meint (1972, 97) – »nichts anderes als Sprache«. Horváths Dramaturgie ist recht treffend als »entlarvende Sprachkunst« (Boelke 1970) bezeichnet worden. Sprache ist ihm Medium und Objekt zugleich, er thematisiert das Sprechen (vgl. u.a. Hein 1991, 509) und lässt seine Dramen-, aber auch – siehe *Der ewige Spießer* – seine Romanfiguren sich durch ihren Sprachgebrauch verraten, ihr Bewusstsein demaskieren: »Es hat sich nun durch das Kleinbürgertum eine Zersetzung der eigentlichen Dialekte gebildet, nämlich durch den Bildungsjargon. Um einen heutigen Menschen realistisch schildern zu können, muss ich also den Bildungsjargon sprechen lassen. Der Bildungsjargon (und seine Ursachen) fordert aber natürlich zur Kritik heraus« (219). Man könnte den Bildungsjargon als ungedeckten Scheck bezeichnen, denn durch ihn wird etwas versprochen, was die Sprecher nicht zu halten gewillt sind oder vermögen. Er klingt gut und suggeriert Bedeutung, Einsicht in Allgemeingültiges, höheren Status, moralische Überlegenheit etc., wobei nicht immer genau unterscheidbar ist, wieweit Personen sich selbst täuschen oder bewusst lügen (vgl. Gamper 1971, 74). Jedenfalls sind sie unfähig zu individuellem Sprechen, geradezu alles wird ihnen zur Phrase, zum »totalen Jargon« (Nolting 1976).

Es gehört zu den Gemeinplätzen der Horváth-Forschung und -Kritik, dass dieser Autor viel zitiert. Dieter Hildebrandts Beobachtung, »Alles ist Zitat« (1972, 240), lässt sich annähernd auf beinahe das gesamte Oeuvre Horváths übertragen. Authentisch einen nichtauthentischen Sprachgebrauch zitierend (vgl. Hiebel 1991, 33), leistet er die bereits mehrfach angesprochene »Demaskierung des Bewußtseins«. Horváth zitiert die Alltagsrede des Kleinbürgertums, wie er sie (insbesondere im süddeutschen Sprachraum) kennengelernt hat. Und diese Rede ist, seiner Meinung zufolge, nicht nur durchsetzt von Bildungsjargon, sondern von diesem »zersetzt«. Es ist eine geborgte Sprache, eine Sprache aus zweiter Hand, aufbereitet mit vorgefertigtem Sprachmaterial, mit Klischees verschiedenster Provenienz (vgl. dazu ausführlich Goltschnigg 1975a, 181ff., und 1976, 55ff.). Durch (bewusste oder unbewusste) Zitate von Redensarten, von »Sprüch« (kA I, 61 u.ö.) oder von (vermeintlich) wissenschaftlichen Aussagen und Allgemeingültigkeit beanspruchenden politischen »Erkenntnissen« etc. (vgl. dazu auch Brecht 1994, 311f.), durch Gebrauch von Klassikerzitaten und Fremdwörtern –

egal, ob richtig oder falsch (vgl. Goltschnigg 1975a, 181f.) – kann sich der Kleinbürger sozial erhöht (vgl. Kracauer 1971, 59, 67) und aufgerichtet fühlen, er glaubt durch ihn imponieren und sich das Nachdenken ersparen (vgl. auch Meier 1972, 36), mithin kaschieren zu können, dass er »geistig obdachlos« (Kracauer 1971, 91) ist, das heißt, dass er kein verbindliches Sinnzentrum kennt. Es ist eine sprachliche Maske, hinter der sich der Kleinbürger versteckt, um anders, bedeutender, moralisch erhaben etc. zu erscheinen.

Oberflächlich betrachtet funktioniert die Kommunikation unter den Horváthschen Figuren ausgezeichnet, aber »Unbehagen« stellt sich nicht nur ein, »weil sie Punkt für Punkt stereotyp abläuft« (Goltschnigg 1976, 182), sondern auch, weil der Autor selbst in jenen dramatischen Szenen oder Erzählpassagen, in denen die Personen die Sprache geradezu virtuos handhaben, sehr deutlich die »Uneigentlichkeit« (Hildebrandt 1972) von deren Jargon erkennen lässt, die der Uneigentlichkeit ihres Bewusstseins korrespondiert. Sprachlich wird eben vorgetäuscht, was in der Realität so nicht gegeben ist. Man denke beispielhaft an den Dialog zwischen Alfred und Marianne in der Szene »An der schönen blauen Donau« aus den *Geschichten aus dem Wiener Wald* (kA IV, 135ff.), in der die junge Frau der Rede Alfreds verfällt, ohne die Signale wahrzunehmen, die seinen schäbigen Charakter erkennen lassen. Er aber, so eloquent er auftritt, beherrscht die Sprache ebenso wenig wie sie. Vielmehr werden beide Personen von ihren Trieben beherrscht. Ähnliches gilt für die Titelgestalt der Erzählung *Das Fräulein wird bekehrt*. Allgemein lässt sich sagen: Zwischen der Intention der Sprechenden (Triebanspruch) und ihrem sprachlichen Ausdruck (verfälschter Gefühlsausdruck), zwischen verbaler und nichtverbaler Dialogebene tun sich Widersprüche auf, die Figuren rationalisieren (vgl. Rotermund 1972, 35, Anm. 49). Das lässt sich konkret in verschiedensten Gesprächssituationen vor allem in Horváths Dramen beobachten.

3.2.1.4 »Erneuerer des Volksstücks«

Horváth wird im »Interview« von seinem Gesprächspartner Willy Cronauer als »Erneuerer des Volksstücks« (200) eingeschätzt und stellt sich auch explizit in Traditionen des Volkstheaters. Nun ist der Begriff »Volksstück« unscharf, werden unter ihn doch von der Altwiener Volkskomödie über Ferdinand Raimund, Johann Nestroy, Ludwig Anzengruber, Ludwig Thoma, Carl Zuckmayer, Marieluise Fleißer bis hin zu Martin Sperr, Franz Xaver Kroetz, Peter Turrini, Felix Mitterer und anderen alle möglichen Formen, auch Passionsspiele, Bauernschwänke etc. subsumiert. Jürgen Hein (1973, 9) sieht die »Vieldeutigkeit des Begriffs« einerseits in der Heterogenität der »unter ihm gefaßten Formen (zum Beispiel: Posse, Schwank, Lokalstück, städtisches/bäuerliches Volksschauspiel, Bauernkomödie)«, andererseits in der Unterschiedlichkeit der mit ihnen befassten »Institutionen (Volkstheater, Vorstadttheater, Bauerntheater)« begründet und fordert, »jeweils, d.h. historisch« festzustellen, was unter »Volk« gemeint ist.

Horváth lässt zwar keinen Zweifel daran, was er unter »Volk« versteht, nämlich das »Kleinbürgertum« seiner Zeit, er lässt aber nicht erkennen, an welche Ausprägungen des Genres er denkt, wenn er von seiner Absicht der »Fortsetzung des alten Volksstückes« (200) spricht und sich gleichzeitig von diesem distanziert. Zwar stammt sein Ausspruch, »Man müsste ein Nestroy sein, um all das definieren zu können, was einem undefiniert im Wege steht« (Csokor 1992, 159), erst aus der Zeit unmittelbar nach dem Anschluss Österreichs an Hitler-Deutschland im März 1938, doch dürfte der bedeutendste Wiener Volksstück-Autor des 19. Jahrhunderts, dessen dramatisches Werk sich durch entlarvenden Sprachwitz auszeichnet, schon frühzeitig zu den positiven Vorbildern gehört haben, während Horváth Ludwig Anzengruber explizit ablehnt (vgl. 249). An dessen Stücken störte ihn zweifellos die pathetisch sentimentale Note und der Mangel an Sensibilität und Authentizität in der Sprachgestaltung. Horváth hebt sich aber insbesondere von jenen beiden Genres ab, die in mehr oder weniger enger, hier nicht näher zu erörternder Beziehung zum Volkstheater stehen und von der zweiten Hälfte des 19. Jahrhunderts bis in die dreißiger Jahre des 20. Jahrhunderts dominieren, nämlich vom Schwank und von der Operette (vgl. Klotz 1980, 151ff.). Neben vielem anderen Sentimentalen und Seichten sowie »Nebenprodukten« bekannter Autoren (wie der vorerst als Volksstück konzipierten *Liebelei* Arthur Schnitzlers) hat die Gattung Volksstück um die Jahrhundertwende durchaus auch Beispiele hervorgebracht, die sich weder in billigem Amüsement noch in tragischem Kitsch erschöpfen. Zu denken wäre an das von Julius von Gans-Ludassys 1901 uraufgeführte Stück *Der letzte Knopf,* das in Wien durch die schon auf Horváth vorausweisende Entlarvung der Bestialität des scheinbar zivilisierten Menschen einen Skandal provozierte (vgl. Himmel 1981, 47), oder an Franz Molnars vielgespielten, im vorstädtischen beziehungsweise Schaugeschäft-Milieu angesiedelten *Liliom* von 1909 (vgl. ebd., 49).

Volkstheater ist seit seinen Anfängen ein Theater des Lachens der jeweils sozial weniger privilegierten Schichten, des »Volkes«, über die privilegierten und deren Institutionen, verbindet also Unterhaltung mit Kritik, wobei in der Geschichte des Volkstheaters nicht sel-

ten diese zugunsten jener hintangestellt wird. Horváth lehnt bloß
unterhaltende Volksstücke offensichtlich ebenso ab wie den Anzen-
gruberischen Versuch eines ernsten, gleichwohl sentimental kitschigen Volkstheaters und strebt eine Neubelebung des Genres an. Damit steht er nicht allein da, und er ist auch nicht der erste. Wenn
von der »Erneuerung des Volksstücks« in den zwanziger und dreißiger Jahren gesprochen wird, dann ist allen voran Georg Kaiser
(1971) mit *Nebeneinander. Volksstück 1923* zu nennen. Die Jahres-
zahl des Untertitels verweist nicht nur auf das Entstehungsjahr des
Dramas, sondern insbesondere auf einen bestimmten historischen
Moment, der vom Höhepunkt der Inflation und von der zunehmenden Radikalisierung der Aktivitäten nationalistischer und antidemokratischer Kreise (Münchner Hitler-Putsch) in Deutschland
gekennzeichnet ist. Kaisers kritisch analytisches, geradezu soziologisch verfahrendes Stück, angesiedelt in kleinbürgerlichem Milieu,
übt scharfe Kritik an der Verfassung und den Verkehrsformen (»Nebeneinander«) der Gesellschaft der Zeit sowie am Spießerverhalten
und am faschistischen Männlichkeitsideal des homo novus. In der
dem Thema gemäßen Dramaturgie des Nebeneinander wird die
Brüchigkeit der Gesellschaft sinnfällig, mithin in einer aus der
Volkstheatertradition seit dem Barock, unter anderem auch bei Johann Nestroy nicht unbekannten Dramaturgie, die 1928 von Ferdinand Bruckner (1990) in seinem erfolgreichen Drama *Die Verbrecher* und 1930 von Karl Schönherr (1967) in seinem Schauspiel
Herr Doktor, haben Sie zu essen?, aufgegriffen wird. Während dieser
seine Kritik an den sozialen und ökonomischen Zuständen der Zeit
durch falsche Harmonisierung von materialistischer und idealisti-
scher Haltung, so als ob es nur auf das Durchsetzungs- und Durch-
haltevermögen des einzelnen ankomme, um in wirtschaftlichen
Notzeiten zu bestehen, selbst desavouiert, schließt jener mit seiner
kritisch analytischen Zeichnung der Verkleinbürgerlichung der Gesellschaft und insbesondere der Jurisdiktion der Zeit an Kaiser an.

In thematischer Hinsicht (ökonomische und moralische Auswirkungen der Inflation auf das Kleinbürgertum, Spießerverhalten, Kritik an den kleinen Paragraphen) ist Horváths Nähe zu Kaiser und
Bruckner (vgl. zu diesem auch Doppler 1976, 15) augenfällig, häufig wird er mit Marieluise Fleißer in einem Atemzug genannt (vgl.
ebd. und vor allem Kroetz 1972, 91). Sowohl im Schauspiel *Fegefeuer in Ingolstadt* von 1926 (Fleißer 1972, 61–125) als auch in der
Komödie *Pioniere in Ingolstadt* von 1929 (ebd., 127–222) thematisiert sie die Brüchigkeit einer Ordnung, die vom engstirnigen, repressiven Katholizismus und von pervertierten religiösen Idealen geprägt wird. Der spröden Sprache des *Fegefeuer*-Stücks sind die

gestörten Verkehrsformen in der alles andere als idyllisch gezeichneten bayrischen Provinz sowie das Martyrium und die Hilflosigkeit,
aber auch die Brutalität der Personen eingeschrieben. Die Komödie
Pioniere in Ingolstadt, in die schon Fleißers früher Förderer Brecht in
der ihm eigenen dominierenden Art hineinregiert hat, stellt dann
vor allem die brutale und ausbeuterische Haltung der Männer gegenüber Frauen ungeschminkt und radikaler als zeitüblich dar. In
der Dialogführung und im Szenenarrangement hat bereits Herbert
Ihering (nach Krischke 1991, 102) in seiner Rezension der Uraufführung der *Italienischen Nacht* die Nähe Horváths zu Fleißers *Pio-
nieren* beobachtet.

Anders als bei Kaiser, Bruckner und Fleißer sind durchaus vor-
handene satirische, kritische Ansätze, etwa die Kritik am deutschnationalen Korpswesen, an Militarismus, Antisemitismus und korrup-
tem Bürokratismus (vgl. Rotermund 1972, 26) im erfolgreichsten
Volksstück der zwanziger Jahre, im 1925 uraufgeführten *Der fröhliche Weinberg* des Horváth-Freundes Carl Zuckmayer (1960) überlagert von der »rauschhafte[n] Bejahung der puren Vitalität, die zu einer totalen Affirmation des Daseins« (Rotermund 1972, 25) führt,
von Fruchtbarkeitsrausch (vgl. Zuckmayer 1960, 137) sowie von all-
gemeinem Kopulieren und Feiern bis zur Bewusstlosigkeit. Demgemäß ist auch die Finalisierung des Stücks fragwürdig, nicht wegen
der gattungskonformen Mehrfacheheschließung, sondern wegen des
typisch antidemokratischen Zuges der Ablehnung von politischen
Parteiungen und der Leugnung ökonomischer Probleme. Im Vergleich mit Horváths *Geschichten aus dem Wiener Wald* mit dem
Fröhlichen Weinberg, der Brecht (1967/XVII, 1162) zur Bemerkung,
das Volksstück sei »für gewöhnlich krudes und anspruchsloses Theater«, und zur Entwicklung eines Gegenkonzepts mit seinem Drama
Herr Puntila und sein Knecht Matti von 1940 (Brecht 1967/IV,
1609–1717) herausforderte, erkennt Rotermund (1972, 33) die entscheidende Differenz. Bei beiden Autoren beobachtet er zwar »eine
weitreichende Reduktion des Menschlichen auf das Animalisch-
Triebhafte«, aber: »Einunddasselbe Phänomen wird von dem einen
Autor als Positivum angesehen, von dem anderen als Negativum,
das man jedoch um der ›Wahrheit‹ willen von allen ideologischen
Verdeckungen zu befreien habe.« Horváth selbst grenzt sich bewusst
von Zuckmayer ab, den er im Hinblick auf die *Italienische Nacht*
1929 wissen ließ, dass sein Volksstück »böser, bissiger, satirischer«
sein werde als *Der fröhliche Weinberg* (nach kA III, 141).

Kaiser, Bruckner, Fleißer und Zuckmayer waren mit ihren Werken für Horváth in Berlin präsent. Sie haben in den zwanziger und
frühen dreißiger Jahren Volksstücke geschaffen, die bei allen Beson-

derheiten in den Verfahrensweisen der kritisch analytische, entlarvende Blick auf die zeitgenössische Gesellschaft, auf die Nöte und
Gefährdungen des »Volkes«, der Masse des Kleinbürgertums verbindet. Neben ihnen wären auch noch einige andere Autoren zu nennen, von denen nicht gesagt werden kann, dass Horváth sie beziehungsweise ihr Werk kannte: Ernst Krenek mit seinem »Wiener
Volksstück« *Kehraus von St. Stephan* von 1930 (vgl. Hein 1991,
504f.), Elias Canetti mit der 1931/32 entstandenen *Hochzeit*, einer
»Art Volksstück« (ebd., 505), Fritz von Herzmanovsky-Orlando mit
der 1934 verfassten Komödie *Kaiser Joseph II. und die Bahnwärters-
tocher* (vgl. ebd., 506f.), Jura Soyfer, der »Nestroy im Keller« (Jarka
1978, 191ff.), dessen Nähe zu Horváth immer wieder konstatiert
wurde (vgl. Jarka 1988, 84ff.), und selbstverständlich Bertolt Brecht
mit seinem allerdings deutlich später, nämlich 1940 entstandenen
Volksstück *Herr Puntila und sein Knecht Matti*.

3.2.2 Dramen und Hörspielversuche bis 1933

3.2.2.1 Das Volksstück *Revolte auf Côte 3018, Die Bergbahn*

1926 entstand Horváths erstes Volksstück, *Revolte auf Côte 3018*
(kA I, 45–88). Die Uraufführung 1927 in Hamburg konnte den
Autor selbst ebenso wenig begeistern wie die Kritiker (vgl. Krischke
1991, 21ff.). In der überarbeiteten Fassung mit dem Titel *Bergbahn*
(kA I, 89–132) wurde es Anfang 1929 in Berlin uraufgeführt, fand
zwar breite, allerdings keineswegs begeisterte Beachtung (vgl.
Krischke 1991, 32ff.). Die dem rechten politischen Spektrum zuzu-
rechnende Presse lehnte es einheitlich ab, als »proletarisches Rühr-
stück« (ebd., 36) eines Schriftstellers fragwürdiger Herkunft
(»Mischling altösterreichischer Rassen« – ebd., 35), der »politische
Propaganda« betreibe, »die zum Klassenhaß« führe (ebd., 46). Aber
auch Kritiker in »linken« Blättern schlugen kritisch distanzierte
Töne an (vgl. ebd., 58f.). Die Überarbeitung sollte einerseits, durch
Zusammenziehen des ersten und zweiten Aktes, der dramatischen
Zuspitzung dienen, andererseits, insbesondere durch eine Änderung
am Ende des dritten beziehungsweise zweiten Aktes sowie durch
eine modifizierte Finalisierung, der schärferen Akzentuierung des
von Horváth im »Interview« so benannten »Kampf[es] zwischen Kapital und Arbeitskraft« sowie der »Stellung der sogenannten Intelligenz im Produktionsprozeß«, einer Position »zwischen den beiden
Parteien« (kA XI, 200). Tatsächlich weist die überarbeitete Fassung
jedoch, wie Gamper (vgl. 1987, 203) zurecht vermerkt, zahlreiche

Flüchtigkeitsfehler und »Ungereimtheiten« (ebd., 206) auf und erscheint auch nur oberflächlich gestrafft (vgl. ebd., 201ff.). Die *Bergbahn* muss daher in dramaturgischer Hinsicht als noch weniger gelungen angesehen werden als die *Revolte*. Insgesamt zeigt sich Horváth in beiden Fassungen tastend unsicher, einerseits orientiert am neusachlichen politischen Zeitstück, aber auch nicht unbeeinflusst von expressionistischen und neonaturalistischen Tendenzen (vgl. ebd., 88).

Die Handlung nimmt, ohne den für das Theater der Zeit, man denke an die Piscator-Bühne, durchaus typischen dokumentarischen Anspruch, Bezug auf Vorkommnisse beim Bau der Tiroler Zugspitzenbahn von 1925/26 (vgl. kA I, 295) und spielt sich, konzentriert auf 24 Stunden (vgl. 46, 90) und begleitet von dramatischen Naturvorgängen, vor einer hochalpinen Kulisse ab, und zwar zum Wintereinbruch im Oktober 1925, vor dem noch ein wichtiger Arbeitsschritt, nämlich die Verlegung eines Kabels bis Côte 3018, vollzogen werden sollte. Acht Arbeiter haben unter schlechtesten Bedingungen – es ist bereits erster Schnee gefallen – das Problem zu meistern. Sie wissen um die Gefährlichkeit des Unternehmens, können jedoch die Arbeit aufgrund drohender Arbeitslosigkeit nicht verweigern. Dem Volksstückschema entsprechend, dass ein Fremder in eine geschlossene Gemeinschaft eindringt und in dieser Unruhe stiftet, stößt zu diesen von der Bergbahn A.G. rücksichtslos ausgebeuteten Proletariern mit dem körperlich schwachen, als Stettiner naturgemäß mit den Bedingungen des Hochgebirges nicht vertrauten Friseur Schulz ein Vertreter des klassischen Kleinbürgertums, das – hier geradezu beispielhaft vorgeführt – durch Pauperisierung dem Proletariat völlig angeglichen ist. Für Hillach (1974, 229) ist er ein typischer »Repräsentant des enteigneten Kleinbürgertums der Inflationsjahre«, der sich in seiner Rede momenthaft über seine Situation hinwegzutäuschen versucht, von der Realität gleichwohl brutal eingeholt wird. Er sucht Arbeit und muss unter den gegebenen wirtschaftlichen Verhältnissen in Deutschland wie in Österreich jede Beschäftigung annehmen, die sich anbietet, auch wenn er ihr physisch nicht gewachsen ist.

Zum Personal des Stücks gehören außer dem nur als Stichwortlieferant fungierenden Landarbeiter Karl und der einzigen Frau, Veronika, die nicht nur für die Verpflegung der Arbeiter, sondern auch für Unruhe unter ihnen sorgt, der Aufsichtsrat der Bergbahn A.G., die Karikatur eines kapitalistischen Ausbeuters, sowie der »zwischen den beiden Parteien« (kA XI, 200) stehende Ingenieur. Dessen Illusion, selbständig entscheiden zu können und im Gegensatz zu den Arbeitern nicht vom Kapital abhängig und von Arbeitslosigkeit be-

droht zu sein, wird vom Aufsichtsrat unmissverständlich zerstört.
Als Büttel des Kapitals stellt er dessen Interessen und seine eigenen
vor die Gesundheit der Arbeiter und engagiert den Friseur wider
besseres Wissen. Dieser stürzt erwartungsgemäß ab, die daraufhin
revoltierenden Arbeiter bedroht der Techniker mit seinem Revolver.
Er erschießt ausgerechnet den pazifistisch und auf Ausgleich eingestellten älteren Arbeiter Oberle und verletzt Moser, einen ursprünglich hitzköpfig gewalttätigen, durch die Begegnung mit Schulz ge-
wandelten Arbeiter, so schwer, dass dieser im Schneesturm
zurückgelassen werden muss. Der Ingenieur selbst wird von den übrigen Arbeitern in den Abgrund gedrängt.

Mit *Revolte auf Côte 3018* beziehungsweise der *Bergbahn* hat
Horváth ein Volksstück geschaffen, das, oberflächlich betrachtet, das
zu sein scheint, wofür die Gattung gemeinhin gilt, nämlich – mit
der bekannten Charakterisierung Bertolt Brechts (1967/XVII, 1162)
– »krudes und anspruchsloses Theater«. Horváths Vorstellungen der
überwältigend bedrohlichen alpinen Naturkulisse und der dramaturgischen Funktion des Windes in verschiedenen Stärken von »*wind-
still*« (47) bis zum orkanhaften »*Schneesturm*« (86) sind nicht ohne
Hang zum Kitsch. So etwa deutlich in der Regieanweisung zum
Höhepunkt der dramatischen Auseinandersetzung zwischen dem Ingenieur und den Arbeitern: »*Es blitzt ohne zu donnern; der Wind
zirpt; durch den graugelben Nebel bricht ein Sonnenstrahl und fällt
fahl auf die Gruppe; alles verstummt; in weiter Ferne erklingen drei
Harfenakkorde; Stille; dann ein gewaltiger Donnerschlag; Verfinsterung;
der Sturm winselt und heult.*« (82). Die Funktionalisierung der Natur,
um »Schicksalsschläge« oder auch das Wetterwendische des Kapitalismus zu veranschaulichen, überzeugt ästhetisch zwar nicht, anders
aber als Carl Zuckmayer beispielsweise in seinem *Fröhlichen Weinberg* (1925), den Brecht als Negativbeispiel der »kruden und an-
spruchslosen« Ausprägung des Volksstück-Genres vor Augen hatte,
unterliegt Horváth nicht einem unkritischen Naturkult. Die Natur
ist nicht die heile Welt, in die der Mensch zu seinem Glück zurück-
zufinden hätte, sie ist kein Refugium, sie wird vielmehr – wie problematisch auch immer – »als entfremdete, unter Kategorien des
wirtschaftlichen Systems, das die Bedingungen der Arbeit diktiert,
erlebt« (Hillach 1974, 238). Die Natur wird als nichts weniger denn
erhaben erfahren, vielmehr als bedrohlich: Klischeehafte Naturerfah-
rung entlarvt Horváth, da er die Arbeiter, die selbstvergessen ein kitschig sentimentales Lied singen – »Denn auf den Bergen / Da
wohnt die Freiheit / Ja, auf den Bergen / Da, ist es scheen« (58,
100) – brutal die Realität von Naturgewalten erfahren lässt. Sie fühlen sich daher durch das Erlebnis der Natur auch nicht erhoben,

sondern dieser ungeschützt ausgesetzt: Sie gibt die (aufdringliche) Kulisse für die Bedrohung durch den Kapitalismus ab, dessen strukturelle Gewalt sich Arbeiter, Kleinbürger und der Vertreter der »Intelligenz« gleichermaßen ungeschützt ausgeliefert erfahren.

Wie weit Horváth in seinem ersten Volksstück »krudes und anspruchsloses Theater« vom Schlag eines *Fröhlichen Weinbergs* hinter sich lässt, erweist sich schon in der Eingangsszene, wenn Karl beim Versuch, Veronika »von hinten« (47, 91) zu besteigen, »ausgrutscht« ist, wie die Frau höhnt. Er sieht in ihr eine teuflische Versucherin: »Du bringst bloß Unglück [...] Wie die lacht! Herrgottsakra! Das Fleisch! Du bist scho des best Fleisch im Land, auf und nieder. Di hat net unser Herrgott gformt, den Arsch hat der Satan baut! – Adies, Höllenbrut!« (48, vgl. auch 92). Dieser drastische (im landläufigen Sinne wohl volkstümliche) Einsatz des Stücks könnte nun ohne weiteres von einem Zuckmayer oder auch einem Karl Schönherr stammen. Aber Horváth zitiert gewissermaßen das animalisch triebhafte Verhalten des Karl als Versatzstück des »kruden« Theaters, um es sofort als Klischee zu unterlaufen. Noch in derselben Szene, in der Karl sich durch das verführerische »Fleisch« der Veronika aufgestachelt fühlt, kommt es zwischen der Schnitzel zubereitenden Frau und Schulz zu einem kurzen Dialog, in dem sich eine semantische Verschiebung vollzieht, »Fleisch« zwar sexuell konnotiert bleibt, zugleich aber zu einem Symbol sozialer Differenz wird:

SCHULZ Eßt ihr hier alle Tage Fleisch?
VERONIKA Ah! Die Schnitzl da san fü an hohn Herrn, an Direktor aus Linz.
Der is d'Bergluft nit gwohnt, drum muß er fest essn – was schauns mi denn so an?
SCHULZ Ich dacht nur nach, wann ich das letztemal Fleisch –
VERONIKA Was für Fleisch?
SCHULZ Fleisch –
VERONIKA Aso! (49 f., 93).

Es ist anzunehmen, dass Schulz, der sich im weiteren Verlauf dieses Gesprächs noch als seinerzeitiger »Intimus der Damenwelt« (51, 94) brüstet, seit längerem ebenso wenig intime Kontakte zum anderen Geschlecht wie kräftige Ernährung gehabt haben dürfte. Horváth inszeniert – wiederum etwa im Vergleich zum *Fröhlichen Weinberg* – kein feuchtfröhliches allgemeines Kopulieren, um das Klischee von einem naturnah unentfremdeten Leben zu bestätigen, vielmehr thematisiert er die existentielle Not eines Menschen, der aus seinem gewohnten Lebensraum (geographischen, beruflichen, privaten) herausgeworfen ist. Und es ist die allgemeine soziale Not angesprochen.

Der Kuss, den Schulz Veronika gibt, von Herbert Gamper
(1987, 157) als »Sündenfall« interpretiert, durch den »der Tod in
die Welt« komme, provoziert einen Gewaltausbruch des Arbeiters
Moser, der sich auf das vermeintlich naturgesetzliche Recht des
Stärkeren beruft. Auch dieses im Denken der Zeit stark verankerte
sozialdarwinistische Klischee, das in allen Volksstücken und
insbesondere auch im *Sladek* von verschiedenen Horváthschen Dramengestalten vertreten wird, unterläuft der Autor, denn der Stärkere
überlebt den Schwächeren nicht nur nicht, er solidarisiert sich sogar
vor seinem Tod mit diesem. Mit diesem Wandel zu einer menschlichen und sozialen Verhaltensweise wird auch sein Bekenntnis zu
animalischer Triebhaftigkeit, »Vieher san wir alle. I, er und du a«
(54, 97), zurückgenommen.

In Horváths erstem Volksstück werden immer wieder klassen-
kämpferische Töne angeschlagen. Zweifellos zeugt es von der Auseinandersetzung des Autors mit marxistischen Ideen in den zwanziger Jahren, von einer offensichtlich jedoch nicht systematischen
Beschäftigung und jedenfalls von einer eher skeptischen Haltung.
Hillach (vgl. 1974, 240) sieht den Autor, wenig überzeugend, in der
Nähe der »Luxemburgschen Position«. Vor allem kann aus dem *Re-
volte/Bergbahn*-Stück kaum Horváths zu dieser Zeit nicht »grundsätzliche Ablehnung der Gewalt als Mittel der Revolution und der
Überwindung des Kapitalismus« (ebd., 241) abgelesen werden, vielmehr »scheidet« für den Autor, der »diesbezüglich mit Landauer
überein«-stimmt, Gewalttätigkeit »als wünschenswerte Perspektive«
(Gamper 1987, 187) eindeutig aus. Der Wandel Mosers zur Haltung Oberles spricht eben dafür, auch wenn es eine ohnmächtige
Position ist und beide zu Opfern der strukturellen Gewalt des Kapitalismus werden. Der Aufruhr der übrigen Arbeiter richtet sich
nicht gegen den Ingenieur als Vertreter des Systems, sondern wider
dessen Pietätlosigkeit gegenüber dem toten Schulz. Und auch die
Schluss-Prophezeiung Simons in der *Bergbahn*, »Einmal schlagt jeds
Wetter um«, die sich gegen die vom Aufsichtrat vertretene »Ordnung« (132) richtet, ist nicht mehr als eine vage Hoffnung auf veränderte Zustände, auf eine »Revolution als eine Art Naturkatastro-
phe« (Gamper 1987, 113).

Mitte des zweiten beziehungsweise ersten Aktes unterhalten sich
die Arbeiter über Ausbeutung und darüber, dass die Öffentlichkeit
nur die Ausbeuter und deren Helfershelfer (Ingenieure) ob herausra-
gender Errungenschaften feiert, nicht aber diejenigen, die diese zum
Teil unter Einsatz von Leben und Gesundheit erst ermöglichen (vgl.
60, 102). Das Leben der Arbeiter gilt angesichts des Ziels, Kapital
zu akkumulieren nichts (vgl. 71, 116), Geld ist – mit einem auch

für Horváth gültigen Wort Johann Nestroys (1930, 227) – der »kategorische Imperativ« der Zeit. Der Arbeiter Hannes vertritt noch eine Auffassung, wie sie etwa in einem Volksstück Schönherrs möglich gewesen wäre, nämlich dass der Teufel das Geld geweiht habe (60, 103). Dagegen hält Maurer seine (trivial-)marxistische Analyse, dass das »Grundübel [...] die kapitalistische Produktionsweise« (60f., 103) sei. Seiner Hoffnung auf »die Befreiung der Arbeiterklasse« begegnet wiederum Simon mit der Bemerkung: »Des san Sprüch!« (61, 103). Das heißt, dieser Arbeiter beobachtet eine Differenz zwischen marxistischer Rede (Ideologie) und tatsächlichem Handeln und Fühlen, die im Handlungsverlauf auch schon durch die klassenkämpferischen Bemerkungen der Arbeiter kontrastierendes »sentimentales« (58, 100), mithin verkitschtes Gefühl entlarvt hat. Gamper (1987, 191) rechnet diese »Sprüch«, weil »sie als solche auf der Ebene des Diskurses zurückgewiesen werden«, »nur bedingt« zur »Kategorie« des »Bildungsjargons«. Das ist aber keine Frage der Zuordnung zu einem Jargon, sondern eine des analytischen Verfahrens, das Horváth im ersten Volksstück erst ansatzweise entwickelt hat. Dies zeigt sich an der Demaskierung anderer »Sprüch«, nämlich der vaterländischen des Aufsichtsrats, die sich als ideologische, kapitalistischen Interessen dienende, die tatsächlichen Verhältnisse jedoch verschleiernde gewissermaßen selbst entlarven (vgl. 69f., 115), sowie an der Rede des depravierten Kleinbürgers Schulz (50–52, 95f.). Durch diese gaukelt er nicht nur Veronika einen höheren sozialen Status vor, sondern steigert sich vor allem in Selbstvergessenheit mit fatalen Folgen. Hier findet erstmals in Horváths Werk statt, was der Autor selbst als »Demaskierung des Bewußtseins« (kA XI, 216) bezeichnen wird, aber nur in Ansätzen. Der Autor ist seiner selbst noch nicht sicher, sympathisiert ein wenig mit marxistischen Ideen, misstraut allerdings deren Versprechungen zugleich, findet kein überzeugendes dramaturgisches Konzept, neigt zu Kitschkulisse und melodramatischer Zuspitzung und hängt (im Verständnis des »Dialekt[s] als Charaktereigenschaft der Umwelt, des Individuums, oder auch nur einer Situation« – 46, 90) einer verworrenen Sprachauffassung an.

3.2.2.2 Die Komödie *Zur schönen Aussicht*

1926, möglicherweise Anfang 1927 (vgl. kA I, 290) ist die erst 1969 in Graz uraufgeführte Komödie *Zur schönen Aussicht* (kA I, 133–207) entstanden. Gamper (1987, 211) hat überzeugend nachgewiesen, dass dieses Drama, »obenhin eine Schieber- und Gaunerkomödie, konventionell in der dreiaktigen, geschlossenen Form [...]

Horváths komplexestes und schwierigstes Stück« ist. Die Handlung spielt sich an einem 15. März offenbar der mittleren zwanziger Jahre zwischen »drei Uhr Nachmittag« (135) und etwa halb sieben am nächsten Morgen (vgl. 207) ab, also in etwas mehr als »ungefähr zwölf Stunden« (134), wie Horváth eingangs angibt. Schauplatz der Komödie ist das Hotel zur schönen Aussicht, in dessen Halle, Speisesaal und Korridor die drei Akte angesiedelt sind. »*Dies Hotel zur schönen Aussicht liegt am Rande eines mitteleuropäischen Dorfes, das Dank seiner geographischen Lage einigen Fremdenverkehr hat. Saison Juli-August, Zimmer mit voller Verpflegung sechs Mark. Die übrige Zeit sieht nur durch Zufall einen Gast.*« (135) Nach einer kurzen Zeitangabe und einer Beschreibung der Hotelhalle heißt es weiter: »*In der Ecke eine vergilbte Palme. Eine mächtige alte Karte von Europa hängt an der Wand. Alles verstaubt und verwahrlost.*« Von vornherein wird das Hotel als ein heruntergekommenes ausgewiesen, das zwar eine schöne Aussicht in die Landschaft haben mag, jedoch keine schöne Aussicht in die Zukunft hat. Es lebt von der Vergangenheit (»alte Karte«) und täuscht Exotik vor (»vergilbte Palme«). Mit einem Wort: Es verspricht mit seinem Namen mehr, als es hält. Es ist ein Ort der Hoffnungslosigkeit und insofern eine Art Hölle für die Personen, die in diesem Ambiente irgendwie dahinexistieren.

Der Autor hat den Schauplatz offenbar nach einem Murnauer Vorbild gestaltet: Dietmar Grieser meint »Hotel und Pension Schönblick«, Lajos von Horváth das »Strandhotel« erkennen zu können (vgl. kA I, 291). Nach Tworek-Müller (1989, 40) spricht alles für das Hotel Schönblick, in dem sich die Familie Horváth 1920 und 1921 zur Sommerfrische aufhielt. Wie auch immer, Murnau, wo die Familie Horváth 1924 ein Haus erwarb und das dem jungen Autor als »Modell« (ebd., 38) der Provinzgesellschaft fungierte, war zu dieser Zeit, so Dieter Hildebrandt (1975, 45) »kein stilles, ländliches Refugium, sondern [...] eine Art Geheimtip, ein Stillhaltepunkt für verkrachte Existenzen, eine Sommerfrische für Leute, die aus nicht ganz durchsichtigen Gründen überwintern müssen, eine Tauchstation mit Gebirgspanorama. Ganoven aus dem Rheinland spielen hier, bis zu ihrer Entlarvung, Biedermänner. Eine überkandidelte Halbwelt mimt hier Idylle.« Damit wären im wesentlichen Ambiente, Spielraum und gesellschaftliche Zuordnung des Komödienpersonals, für das es ebenso wie für den Schauplatz »reale Vorbilder« (Tworek-Müller 1989, 40) gegeben hat, bereits kurz umrissen.

Der Hotelbesitzer Strasser, ein abgedankter Offizier und abgehalfterter Leinwandstar, und sein Kellner Max, ein ehemaliger Designer, die sich als Autoschieber erfolglos aus ihrer finanziellen Misere zu retten versucht haben, bilden mit dem Hotel-Chauffeur Karl, der durch eine Totschlagaffäre und einen Zuchthausaufenthalt aus der Bahn geworfen worden ist, ein zwielichtiges, jedenfalls bankrottes und korruptes Kleeblatt, das bis zur Selbstverleugnung abhängig ist vom einzigen zahlenden (Stamm-)Gast des Hotels, Ada von Stetten. Sie wird in einer Regieanweisung eingeführt als »*ein aufgebügeltes, verdorrtes weibliches Wesen mit Torschlußpanik*« (141), ist jedoch eine vermögende Frau, die mit ihrem Geld die drei Männer verführt, das heißt erkauft, und die in diesen Beziehungen ihre erotische Befriedigung und – mehr noch – ihre Machtgelüste auszutoben und ihre Angst vor dem Altern zu verdrängen versucht. Das »normale« Alltagsleben dieser Gruppe erfährt durch drei weitere Personen eine sukzessive gesteigerte Störung: zuerst durch den borniert militaristischen und nationalistischen Sektvertreter Müller, der alte Schulden Strassers eintreiben soll, weiters durch Adas Zwillingsbruder Emmanuel, der zur Begleichung einer Spielschuld von seiner Schwester Geld eintreiben will, und schließlich durch Christine, die ein uneheliches Kind von Strasser geboren hat und von der man daher vermutet, dass sie ebenfalls Geld eintreiben wolle.

Schon in dieser frühen Komödie wird deutlich, dass Horváth im Kleinbürgertum seiner Zeit weniger eine Art Zwischenklasse oder Übergangsschicht sieht, wie er im Roman-Exposé *Der Mittelstand* (GW IV, 646) suggeriert, als vielmehr ein soziales Sammelbecken, in dem sich das herkömmliche Kleinbürgertum, aber auch deklassierter Adel und heruntergekommenes Bürgertum finden. Emanuel und Ada, wenngleich diese in ökonomischer Hinsicht noch nicht, wohl aber durch ihre enge persönliche Beziehung zu den Kleinbürgern und Spießern zählen, gehören ebenso dazu wie Strasser, Max, Karl und Müller. Alle Personen sind aus ihrem Stand, ihrer Rolle und/oder aus ihrem Beruf herausgeworfen. Ada sagt in ihrem einzigen Gespräch mit Christine den auf fast alle zutreffenden Satz: »Ich bin nämlich eigentlich ganz anders, aber ich komme nur so selten dazu« (200). Nicht zufällig wird in der Komödie *Zur schönen Aussicht* immer wieder die Brüchigkeit der Identität der Personen thematisiert. So schon in den Eingangsszenen: Max wehrt eine Festlegung in einer kleinbürgerlichen Berufsrolle ab mit den Worten »Erstens: will ich ja gar nicht Kellner, und zweitens: eigentlich bin ich ja -!« (139), Strasser beharrt auf einer angeblichen vergangenen Bedeutung (vgl. ebd.). Besonders bezeichnend ist schon der erste Auftritt Emanuels, der als »*ein zierlicher Lebegreis mit Trauerflor*« (141) eingeführt wird. Er »*betupft sich mit einem Spitzentaschentuch nervös die Stirne*: Bin ich hier richtig? Bin ich hier richtig?« Auf diese doppeldeutige Frage stellt Max dreimal die ebenfalls mehrdeutige Frage: »Wer ist denn?«, die sich auf die Identität Emanuels beziehen, aber auch als Ausdruck

von Skepsis verstehen lässt, jemand könnte richtig im Kopf sein,
und die schließlich als allgemeiner Existenzzweifel interpretierbar
ist.

Von den Männern scheint nur Müller von gesicherter Identität
zu sein. Seine Forschheit und Selbstsicherheit übertünchen Minder-
wertigkeitsgefühl in einer für Männer mit völkischem Überlegenheitsbewusstsein typischen Weise. Die Brüchigkeit seiner Existenz
erweist sich denn auch in der seine soldatische Mannhaftigkeit kari-
kierenden wehleidigen Reaktion auf eine harmlose körperliche Verletzung, in seinem lächerlichen militaristischen (sprachlichen) Gehabe und in seiner ökonomischen Gefährdung. Es ist eine
Kettenreaktion: Müller ist bankrott, weil Strasser bankrott ist, und
Strasser ist bankrott, weil ganz Europa bankrott ist ...

Die fünf Männer stehen daher – mit einem schon zitierten Wort
Johann Nestroys (1930, 227) – unter dem Diktat des »kategorischen
Imperativ[s] des Geldes«: Das von ihnen zur Abwehr der erwarteten
Alimentationsforderungen Christines inszenierte niederträchtige In-
trigenspiel erweist sich als Bumerang, weil diese eben nicht Geld,
sondern die Liebe Strassers sucht, der ihr allerdings, entgegen seiner
mehrfachen Versicherung, ein »goldenes Herz« (166 passim) zu haben, herzlos begegnet. Die Kehrtwendung der Männer und deren
lächerlicher Konkurrenzkampf um sie auf die Mitteilung hin, dass
ihr »der Liebe Gott geholfen« (186) habe, sprich: dass sie durch eine
Erbschaft zu Geld gekommen sei, lässt sie unbeeindruckt. Sie stößt
die Männer in die Abhängigkeit von Ada zurück und reist ab. Ihre
Sehnsucht nach Liebe und Zuwendung jedoch bleibt bestehen.

Gamper (1987, 214) erkennt in Horváths früher Komödie »drei
Bedeutungsebenen«. Auf einer ersten Ebene sind die einzelnen Personen psychologisch und soziologisch sehr genau gezeichnet. Auf
dieser ersten Ebene findet ein Kampf jede(r) gegen jede(n) statt, an
dem sich nur Christine nicht als Täterin beteiligt. Wirtschaftliche
Notzeiten lassen die Prinzipien der kapitalistischen Gesellschaft und
die Angstreaktionen des depravierten Kleinbürgertums wie auf einem Röntgenschirm deutlich erkennen: Weder Brüderlichkeit noch
Freundschaft und schon gar nicht Liebe (außer käuflicher) haben
Platz in dieser Gesellschaft. Jede(r) versucht die anderen für sich
auszunutzen, ohne selbst von sich etwas zu geben. *Zur schönen Aussicht* führt an Ada geradezu ein Lehrstück vor, wie diejenigen, aus
denen man – tatsächlich oder vermeintlich – keinen oder nur mehr
verminderten Nutzen ziehen kann, auf die Seite geschoben werden,
gerade an Ada, die selbst die Prinzipien dieser Gesellschaft bewusst
und konsequent für sich auszunützen versteht. Üblicherweise sind es
bei Horváth Männer, die Frauen skrupellos ausnutzen. Aber Ada ist

ein männlich besetzter Charakter, sie schämt sich ihrer Gefühle (158) und behauptet von sich bezeichnenderweise, sie hätte »ein Mann werden sollen«, »ein Cäsar« oder »ein Nero« (162). Der Spieß ist in dieser Komödie umgedreht, die Männer prostituieren sich vor Ada, dann auch vor Christine, die sie allerdings nicht an sich heranlässt. Durch die Vertauschung der Geschlechterrollen (auch darin, dass sich Ada jüngere Männer hält, um sich über ihr Alter hinwegzutäuschen) verdeutlicht Horváth die Perversion menschlicher Beziehungen, die auf Versklavung und Austauschbarkeit der Lustobjekte basieren. Das heißt allerdings nicht, dass die Männer nicht darauf zielten, in ihre vermeintlich angestammte Rolle zurückzukehren. Im kurzen Dialog zwischen Max und Strasser bei Eintreffen Christines wird die Frau in der üblichen Weise taxiert, ja der Mann Strasser tut so, als könnte er (bezeichnenderweise im Stil eines Viehhändlers) auswählen. Aber er hat keine Wahl, denn wie alle Männergestalten der Horváthschen Komödie ist er aus wirtschaftlicher Not in den Objektstatus gedrängt, muss sich, wie gesagt, prostituieren.

Das (männliche) Lebensmuster Adas, die als Herrin über die Leben anderer erscheint, mit deren Tod (konkret dem ihres Zwillingsbruders) gewissermaßen spielt, entpuppt sich ebenfalls als ein dem Tod geweihtes. Ihr äußeres Erscheinungsbild korreliert dem des heruntergekommenen Hotels, sie verschläft – der Schlaf ist bekanntlich der Bruder des Todes – ihre Entmachtung. Sie, die nicht weiß, was das heißt, dass »der Liebe Gott geholfen« (200) hat, bleibt im verfallenden Hotel, Christine geht.

Christine besteht, wie verkitscht auch immer, auf ihrem Gefühl. Gefühle sind – wie Horváthsche Männergestalten Frauen immer wieder aus Kalkül versichern – nicht einträglich, daher unbrauchbar und unvernünftig; Gefühle zu zeigen heißt, im gesellschaftlichen Kampf Schwäche zu zeigen. Das aber, was Horváths Figuren unter »vernünftig« verstehen, führt zu Selbstentfremdung und Selbstverlust. Sie fühlen sich, ob sie sich nun selbst die »Vernunft« auferlegen oder ob ihnen diese auferlegt worden ist, abgetötet. Christines Beharren auf dem Gefühlsmäßigen erscheint als Widerstand gegen die eingeforderte Vernunft, gegen die gesellschaftlichen Prinzipien des Jede(r)-gegen-jede(n) und gegen die reine Kosten-Nutzen-Rechnung. Wie die Fräulein-Gestalt in der *Geschichte einer kleinen Liebe* akzeptiert sie die Opferrolle nicht, sondern verweigert sich. *Zur schönen Aussicht* ist das erste von Horváths »Fräulein-Stück[en]« (Gamper 1987, 212) und deutet in vielem, insbesondere durch das schäbige, zerstörerische Spießerverhalten der vor Selbstmitleid triefenden Männer, auf spätere Texte des Autors voraus, konkret auf die *Italienische Nacht* etwa durch ihren Traum »von der Erlösung durch

das Weib« (kA III, 47f.), das heißt durch eine Frau finanziell ausge-
halten zu werden, oder auf die *Geschichten aus dem Wiener Wald* mit
seiner Kreisstruktur, der unerfüllten Sehnsucht der Fräuleingestalt
nach Liebe. Im Vergleich zur Mehrzahl der anderen Fräulein-Gestalten bei Horváth kann sie es sich allerdings aufgrund der Hilfe des
»lieben Gottes« leisten, einen anderen Weg zu gehen als den in die
Ehe (wie Marianne in den *Geschichten aus dem Wiener Wald*) oder in
den Freitod (wie Elisabeth in *Glaube Liebe Hoffnung*).

Auf der »zweiten Bedeutungsschicht« sind »die Vorgänge als geschichtliche zu verstehen, so nur möglich unter den deformierenden
Bedingungen des siegreichen Kapitalismus, der Zerstörung europäi-
scher Kultur, die das Werk kapitalistischen Geistes ist, der in den
Materialschlachten des Weltkriegs sein wahres Gesicht enthüllte«
(Gamper 1987, 214). Die Bankrotterklärung der bürgerlichen Gesellschaft, ihrer Politik, Wirtschaft und Wertewelt, findet im Zustand des Hotels einen sinnbildlichen Ausdruck. Geblieben sind von
alter Pracht nur »eine mächtige alte Karte von Europa« in der
»verstaubt[en] und verwahrlost[en]« Hotelhalle (135) und als bezeichnenderweise einziger Extraservice, den das Hotel zu bieten hat,
ein paar Krücken, die Hinterlassenschaft eines verstorbenen Kriegs-
versehrten (vgl. 160). Hier bricht alles zusammen, die Einzelexisten-
zen ebenso wie die alte Kultur und ein Gesellschaftsmodell. So wie
Müller mitgeteilt wird, dass ihm Krücken (bei seiner vermeintlichen, aber nur eingebildeten oder vorgetäuschten Verletzung) auch
nichts mehr helfen würden (vgl. 159f.), so scheint dieser Welt angesichts des totalen Bankrotts nichts mehr zu helfen. Sie ist in jeder
Hinsicht – siehe auch die Verschiebung der Jahreszeiten (vgl. 149) –
aus den Fugen geraten. »Die Erdachse soll sich ja verschoben haben«
(140), wie Max pseudowissenschaftlich erklärt.

Gamper (1987, 214) beobachtet neben der psychologisch-sozio-
logischen und der historischen Bedeutungsebene in der Komödie
Zur schönen Aussicht noch »eine dritte, nie eindeutig dingfest zu ma-
chende (d.h. nie zur Allegorie verhärtete): der zögernde, fortgesetzt
ironisierte Versuch einer metaphysischen Deutung der heillosen Zustände, zugleich Andeutung eines Auswegs, nach dem es in verschiedener Weise und mit abgestufter Intensität alle Figuren verlangt,
den sie aber in ihrer Selbstvergessenheit, Verstocktheit und Blindheit
zu spät oder gar nicht wahrnehmen, als er sich (in der Gestalt Christines) auftut. Die Sehnsucht ist erlahmt oder irregeleitet.« Es tun
sich Bezüge zum Mysterienspiel auf, die Komödie lässt sich als Negativ eines Erlösungsdramas verstehen. Von Anfang an dominieren
die Themen Schuld und Tod. Im einleitenden Gespräch zwischen
Max und Karl wird nicht nur auf deren beider dunkle Vergangen-

heit angespielt, sondern auch auf einen Mord oder Totschlag, den dieser in Portugal begangen habe (vgl. 136f.). Und in diesen Dialog platzt der Vertreter Müller mit der Aufforderung, Schulden zu begleichen: »Wann denkt man denn hier, die Rechnung zu begleichen? Oder wird hier geglaubt, die Schulden werden erlassen, wie?« (137). Vordergründig bezieht sich das selbstverständlich auf die nicht beglichene Rechnung für eine Sektlieferung, aber es verweist auch auf eine andere Ebene: Die gesamte Hotelgesellschaft (mit Ausnahme Adas) hat nicht nur finanzielle Schulden, sondern (Ada eingeschlossen) moralisch Schuld auf sich geladen. Folgerichtig kreist auch der Schluss des Stücks um Schuld.

In ihrem Wettstreit um Christine schwärzen sich die Männer gegenseitig an, ein unwürdiges Schauspiel der Schuldabrechnung, das Christine mit einem energischen »Kusch!« (205) beendet. Der darauffolgenden »Stille«, die bei Horváth immer auf einen inneren »Kampf zwischen Bewußtsein und Unterbewußtsein« (kA I, 253) der Personen deutet, folgt ein weiteres unwürdiges Schauspiel der Männer, diesmal eines der Selbstbezichtigung, das Christine jedoch wiederum durchschaut. Zumindest erfasst sie intuitiv, dass diese Art von Generalbeichte nur eine andere Strategie ist, um die Huld des »lieben Gottes« zu erlangen, sprich: an ihr Geld heranzukommen. Auf ihre Fangfrage scheint nur Strasser ehrlich zu antworten, dass er sie nun liebe, weil sie 10.000 Mark besitzt (vgl. 206). Aber dem Hinweis auf seine finanzielle Verpflichtung gegenüber dem Kind begegnet er wiederum mit einem die Ehrlichkeit seines Bekenntnisses als zweifelhaft entlarvenden Spruch: »Wo nichts ist, hat der Kaiser sein Recht verloren!« (207). Da es ja nicht um den »Kaiser« oder den Staat geht, sondern um die moralische Verpflichtung des Zeugers gegenüber dem Kind, kann sein Spruch nur als Versuch gewertet werden, über sein moralisches Defizit hinwegzutäuschen, seine Situation zu retten. Aber der Spruch trifft eben die Realität nicht. Nach einer neuerlichen »Stille« stellt Christine immerhin die Forderung nach einem »anderen Gesetzbuch«, mithin nach einer Änderung der bürgerlichen Gesellschaft. Diese Forderung ist in den Augen des Nationalisten und des deklassierten Adeligen »das Ende der Familie« beziehungsweise »das Ende des Staates«, das Ende ihrer (angeblichen) Ordnung und Wertewelt, in dem sie das Ende von Ordnung überhaupt sehen, weil es das Ende der Herrschaft der ständischen und der (herkömmlichen) bürgerlichen Ordnung bedeutete. Christines zweimaliges »Wenn schon« kratzt an der Fassade, die ja nur eine Ordnung vortäuscht, eine Ordnung, die in der Rede der Personen eben fassadenhaft (in Sprüchen wie dem zuletzt zitierten) aufgebaut wird, der aber die Wirklichkeit nicht entspricht.

Als Objekt der Komödie in der Komödie – wobei in beiden Fällen mit Thomas Bernhard (1970, 38) zu fragen wäre *Ist es eine Komödie? Ist es eine Tragödie?*, denn die endgültige Katastrophe ist nur eine aufgeschobene – macht Christine eine Leidensgeschichte durch mit einem symbolischen Tod, als sie beim Anblick des »riesigen Kunstchrysanthemenstrauß[es]« (177), mit dem ihr Max begegnet, um sie an eine angebliche frühere intime Beziehung zu erinnern, ohnmächtig zusammenbricht. Dank der Hilfe des »lieben Gottes« wird sie für die Komödianten jedoch zu einer Lichtgestalt, von der sie die Erlösung, eben Geld erwarten. Die messianische Erwartung, die sie auf sie projizieren, kann und will sie nicht erfüllen. Und insofern ist die Komödie *Zur schönen Aussicht* tatsächlich das Negativ eines Erlösungsdramas oder Mysterienspiels, wie es Gamper sieht. Christine erlöst nicht, weil sie selbst keine Erlöste ist, sie geht, sie verweigert sich diesen Männern – hierin das übliche Komödienschema ebenso demonstrativ unterlaufend und als unmöglich thematisierend wie das Mysterienspiel umwertend – mit einem dreifachen »Nein« (207), auch wenn sie weiterhin Sehnsucht nach Liebe verspürt und glaubt, Strasser zu lieben. Aber diese Liebe ist im Drama schon als verkitscht entlarvt worden und insofern als Lüge, als falsches Bewusstsein. Dieses Thema der verkitschten, daher unheilvollen Liebe wird ein zentrales Thema Horváths bleiben. Auch insofern deutet *Zur schönen Aussicht* nachdrücklich auf das weitere Werk voraus.

3.2.2.3 Die »Historie« *Sladek oder Die schwarze Armee / Sladek, der schwarze Reichswehrmann*

Mit seinem *Sladek*-Drama hat Horváth ein Zeitstück verfasst, das seine Zeitgenossen aus vorwiegend politischen, zum geringsten aus künstlerischen Gründen fast einhellig ablehnten (vgl. Krischke 1991, 64ff.). Der Autor wurde als »Zierde des deutschen Kommunistenlagers« (ebd., 82) beschimpft, seinem Stück selbst von wohlwollenden Kritikern wie Alfred Kerr oder Kurt Pinthus Skizzenhaftigkeit (vgl. ebd., 74, 79) vorgeworfen. Aus der historischen Distanz erweist es sich allerdings als recht genaues »Zeitbild« (Fritz 1973, 86), das zudem durch die politischen Ereignisse im Europa der 1990er Jahre traurige Aktualität erlangt hat. Es liegt in zwei Fassungen vor. Die erste, die »Historie« *Sladek oder Die schwarze Armee* (kA II, 9–92), entstanden 1927/28, uraufgeführt 1972 in München, besteht aus elf über drei Akte verteilten Szenen, die zweite, die »Historie aus dem Zeitalter der Inflation« *Sladek, der schwarze Reichs-*

wehrmann (kA II, 93–141), aus drei nicht weiter unterteilten Akten. Die Überarbeitung wurde wohl im Hinblick auf die Uraufführung im Herbst 1929 in Berlin vorgenommen, die Zahl der Schauplätze ist ebenso reduziert wie die der dramatis personae, die Handlung ist stark gerafft, allerdings nicht ohne Fehler. So wird dem Journalisten Schminke ein vaterlandsverräterischer Enthüllungsartikel vorgeworfen (139f.), den er vom Zeitablauf der zweiten Fassung her nicht geschrieben haben kann. Für beide Fassungen gilt, dass Horváth, offensichtlich unter dem Einfluss von Theatererlebnissen im Berlin der zwanziger Jahre, das Geschehen panoramahaft und revueartig präsentiert (vgl. Doppler 1976, 14). (Zitiert wird im folgenden nach der zweiten Fassung, die Parallelstellen der ersten Fassung sind angegeben, wobei geringfügige textliche Veränderungen nicht eigens verzeichnet werden.)

Die erste Fassung lässt deutlich das Vorhaben Horváths erkennen, in seinem »historischen Drama« (zit. nach Krischke 1991, 63) aufgrund nicht nur genauer Beobachtung, sondern genauester Recherchen (vgl. die Anmerkungen in: kA II, 145ff.) das Phänomen illegaler, gegen die Versailler Verträge verstoßender »Vaterländischer Verbände« (so der Titel einer Artikelserie in der *Weltbühne* von 1925, vgl. 145) zu dokumentieren. Dabei zitiert er zum Teil aus aktuellem politischen Schrifttum und gestaltet einzelne Dramenfiguren nach realen Persönlichkeiten (vgl. 145ff.). In der zweiten Fassung wird der Anspruch umfassender Dokumentation (unter Einschluss des Verhaltens der Justiz etwa) zugunsten der stärkeren Konzentration auf das orientierungslose Individuum Sladek aufgegeben. Aus Anlass der Uraufführung wurde in der Berliner Zeitung *Tempo* ein »Gespräch« mit Horváth unter dem Titel *Typ 1902* veröffentlicht, der auf Ernst Glaesers Roman *Jahrgang 1902* anspielt. Darin charakterisiert Horváth die Titelfigur als »ausgesprochenen Vertreter jener Jugend, jenes ›Jahrgangs 1902‹, der in seiner Pubertät die große Zeit, Krieg und Inflation, mitgemacht hat« und der nun jener »Typus des Traditionslosen, Entwurzelten« ist, »dem jedes feste Fundament fehlt und der so zum Prototyp des Mitläufers wird. Ohne eigentlich Mörder zu sein, begeht er einen Mord« (zit. nach Krischke 1991, 63). Sladek ist eine schon vom Autor selbst (ebd.), aber auch in der Kritik (vgl. Strauß 1967, 53) und Literaturwissenschaft (vgl. Goltschnigg 1975, 253) immer wieder mit Georg Büchners Woyzeck verglichene geschundene Kreatur, die ihre Prägung eben durch Gewaltgeschichte erfahren hat. Mord und Krieg erscheinen ihm als Naturgesetzlichkeiten, die »bereits von Robespierre und Saint Just aus Büchners ›Dantons Tod‹ bekannt sind und die auch Hitler den Rassentheorien seines ›Kampfes‹ zugrundegelegt hat«

(ebd.). So verkündet Horváths Titelgestalt, also durchaus eine weit-
verbreitete Ansicht vertretend, bereits in der Eingangsszene der ersten Fassung dreimal, insgesamt in beiden Fassungen je elfmal for-
melhaft: »In der Natur wird gemordet, das ändert sich nicht« (16,
99 passim).

Da Sladek sozial und wirtschaftlich nicht Fuß fassen kann, lässt
er sich von seiner 15 Jahre älteren Vermieterin Anna, die ihn liebt
und zu verlieren fürchtet, aushalten und strebt aus dieser von ihm
entwürdigend erfahrenen Beziehung zur geheimen, deswegen
»schwarz« genannten Reichswehr, die sich als »Armee der nationalen
Revolution« (61, 135) versteht und die für die Rückeroberung der
»Weltmachtstellung« (59) Deutschlands sowie gegen die republikanische Verfassung kämpft. Dirigiert wird diese Armee von einer
»maßgebenden Stelle«, die »offiziell [...] republikanisch tun« muss,
um »inoffiziell die Republik unterhöhlen zu können« (43, 106). Sladek hat ein offenes Ohr für die in den Kreisen der schwarzen
Reichswehr kursierende nationalistische Propaganda von der Dolch-
stoßlegende, der sogenannten Schande von Versailles, der Überfrem-
dung Deutschlands oder für antisemitische und antikommunistische
Hasstiraden sowie antirepublikanische Agitation. Er operiert mit
Phrasen eben dieser agitatorischen Propaganda und »mit Trivial-
Axiomen« (Strauß 1967, 53), die er als Ausdruck eigener Erkenntnisleistung auszugeben pflegt: »Man muß nur selbständig denken«
(vgl. 15, 99 passim). Sladek ist entgegen seiner Selbsteinschätzung
aufgrund seines eingeschränkten geistigen Horizonts ein »Gedan-
kensklave politischer Phraseologie« (Boelke 1970, 53), er ist ein typischer verführbarer Kleinbürger, dessen Bewusstsein sich als politisch gefährlich entlarvt, insofern es sich aus geborgten, zunehmend
radikalen ideologischen Versatzstücken zusammensetzt und auch in
einem entsprechenden, nämlich vorgefertigten und unreflektierten
Sprachmaterial ausdrückt.

Sein Gegenspieler, der linksorientierte Journalist namens Franz
beziehungsweise Schminke meint, Sladek gehöre »verboten« (18,
101). Er ist allerdings, so Reinhardt (vgl. 1975, 346), selbst nur ein
Kritiker von eingeschränkter Kompetenz, der »eine lockere Kombi-
nation heterogener Theoreme« (ebd., 352) zum Teil (in der Ablehnung der Versailler Verträge und der real existierenden Republik) so
verworren und undifferenziert vertritt, dass sie die »seiner rechtsra-
dikalen Widersacher punktweise« (Fritz 1973, 68) tangieren. Horváth demaskiert daher nicht nur am Jargon Sladeks den Widerspruch von Ideologie und Realität, sondern auch an dem von Franz/
Schminke, der die militaristischen Aktivitäten nationalistischer Kreise aufdecken will, jedoch mit pazifistischen und sozialistischen, of-

fensichtlich die politische und gesellschaftliche Wirklichkeit verfeh-
lenden Phrasen argumentiert, wie der auch vom sozialdemokratischen Stadtrat in der *Italienischen Nacht* nachgeplapperten (vgl. kA
III, 40): »Der Friedenswille der Massen ist stärker als alle Bajonette
der internationalen Reaktion! [...] Der Militarismus wird an der sitt-
lichen Kraft der schaffenden Arbeit zerschellen ohne Gewehre, ohne
Generäle, ohne Blut!« (12, 96). Während das (im Gegensatz zum
Selbstverständnis) enteignete, politischer Phraseologie verfallene Bewusstsein des Kleinbürgertums individuell und kollektiv tödliche
Folgen hat, vermag das ebenfalls unreflektierte des anderen die ge-
fährliche Entwicklung nicht zu verhindern.

Horváth führt vor, wie gesellschaftliche Strukturen und kollekti-
ves Bewusstsein auf private und intimste Beziehungen durchschlagen. Sladek empfindet, durchaus zeittypisch für den militärischen
Mann, die Liebe Annas als Bedrohung (vgl. Theweleits umfassende
Studie über *Männerphantasien*, 1986, zu Horváth konkret auch Fritz
1973, 56). Seit Friedrich Nietzsche wird die wirtschaftliche und rechtliche Selbständigkeit der Frau als Schreckgespenst beschworen, das einerseits den »militärischen und aristokratischen Geist« bedrohe, andererseits zur »Entweiblichung« der Frau führe (Nietzsche 1966, 702).
Diese wird allerdings als minderwertiges, ja – im Sinne Otto Weiningers (vgl. 1980, 241 passim) – seelenloses, daher dem Mann naturgemäß untergeordnetes Wesen angesehen (vgl. 39, 127). Da als opinio
communis gilt, dass die Frau durch ihre sexuellen Ansprüche dem
Mann seine Kraft raube (vgl. 27, 116), erscheint Sladek die Liebe folgerichtig als »etwas Hinterlistiges«, als »der große Betrug« (16, 99).
Statt Anna zärtlich zu begegnen, wehrt er ihre sinnlichen Ansprüche
brutal (25f., 114) ab, ähnlich wie Oskar in den *Geschichten aus dem
Wiener Wald* (kA IV, 116f., 129). Nur als Soldat könne der Mann sein
»besseres Ich« (27, 116) verwirklichen. Annas Drohung, die »schwarze
Armee« zu verraten, um den geliebten Mann nicht an sie zu verlieren,
führt zum tödlichen Verrat Sladeks, der sie dem Femegericht der Armee ausliefert und diesen »Mord« als Hinrichtung im übergeordne-
ten nationalen Interesse beziehungsweise als Erfüllung eines Natur-
gesetzes und vaterländische Verpflichtung rechtfertigt. Tatsächlich ist
es aber auch ein Mord an den weiblichen Ansprüchen auf Liebe,
Sinnlichkeit und Sexualität, die in seinen Alltag zu integrieren der
soldatische Mann nicht bereit ist, in der zweiten Fassung zeichen-
haft auch dadurch zum Ausdruck gebracht, dass während der Ermordung Annas als handlungskontrastierende Musik die *Träumerei*
von Robert Schumann vom Grammophon ertönt.

In der Finalisierung stimmen die beiden Fassungen darin überein, dass Sladek irritiert ist, weil die »maßgebende Stelle« nach-

drücklich, schließlich mit Waffengewalt die Auflösung der offiziell
nie existenten, nunmehr politisch, daher auch geheim nicht länger
opportunen Armee fordert, mit der er sich identifiziert. Sein Selbstverständnis, dass es auf ihn als einzelnen nicht ankomme, dass – so
die verbreitete Ansicht der Zeit (vgl. kA II, 167) – im Namen des
Vaterlandes, mit dem sich Sladek »verwechselt« (54, 131), auch
morden gerechtfertigt sei, gerät ins Wanken: »Es wird zwar immer
gemordet, weil man ja nicht anders kann, aber das darf der Einzelne
nur als Teil, obwohl ja ganz zu guter Letzt alles für den Einzelnen
ist. Es ist aber komisch, dass, wenn man sich als Teil selbständig
macht, zum Beispiel beim Morden, man das Gefühl hat, als sollt
man doch anders tun, obwohl man muß« (54, 132). Da es die
»schwarze Armee« für die Justiz nicht gegeben haben darf, sondern
»lediglich den lächerlichen Putschversuch einer winzigen Gruppe
Ultrarechtsradikaler, eine Wahnsinnstat nationalkommunistischer
Haufen« (68), wird Sladek in der ersten Fassung allein schuldig gesprochen am Tod Annas und zu einer lebenslänglichen Zuchthaus-
strafe verurteilt, jedoch bald amnestiert, während Franz als verurteil-
ter Landesverräter nicht mit Gnade rechnen darf. Horváth
entspricht damit sehr genau der Praxis der Rechtssprechung in der
Weimarer Republik, in der allein Mitte der zwanziger Jahre »über
10 000 Anzeigen wegen Hoch- und Landesverrats behandelt und
1071 Personen verurteilt« wurden (Fritz 1973, 84).

In der zweiten Fassung stirbt Sladek beim Angriff der regulären
Truppen der Republik auf die »schwarze Reichswehr«. An ihm führt
Horváth wie dann auch am Soldaten im Roman *Ein Kind unserer
Zeit* die unentrinnbare Tödlichkeit des militaristischen, auf Gewalt
aufbauenden Lebensmusters vor. Sladek stirbt mit dem Wunsch auf
den Lippen, »Ich bitte mich als Menschen zu betrachten und nicht
als Zeit« (141). Sein Testament hat keine Aussicht auf Erfüllung,
steht es doch im Kontrast zum völkischen Pathos der Rede des Bun-
dessekretärs der »maßgebenden Stelle« und zum Gesang der dritten
Strophe des Deutschlandlieds, die den Ton der Zeit angeben. Horváths *Sladek* ist die Erkenntnis des genauen Beobachters und »treu-
en Chronisten« (kA XI, 219) der Zeit eingeschrieben, dass das ökonomisch und bewusstseinsmäßig enteignete Kleinbürgertum zum
Opfer der politischen und sozialen Wirren der Zeit und der
»Deutschland, Deutschland über alles«-Ideologie wird.

3.2.2.4 Die »Posse« *Rund um den Kongreß*

In seiner Münchner Studienzeit hat Horváth eine Vorlesung über »Die Bekämpfung der Prostitution« (vgl. kA I, 292) gehört. Er greift dieses vieldiskutierte Thema der Zeit (vgl. dazu die Erläuterungen kA I, 317ff., 323) in der um 1928 entstandenen, 1959 in Wien in einer Bearbeitung, 1970 in Wiesbaden in der Originalfassung (vgl. kA I, 292) uraufgeführten »Posse« *Rund um den Kongreß* mithin wohlinformiert auf. Im Nachlass finden sich Vorstufen unter verschiedenen Titeln wie »Anna Weber wird zur Dirne« (erster Entwurf), »Von Kongreß zu Kongreß« oder »Die Mädchenhändler« und mit verschiedenen Gattungszuordnungen (Komödie, Volksstück). In den *Gesammelten Werken* ist eine zwei Bilder umfassende Vorstufe schon mit dem endgültigen Titel und mit dem Subtitel *Ein Fräulein wird verkauft* (GW IV, 125) abgedruckt. Von dieser ist einiges nicht nur in die Endfassung der »Posse«, sondern auch in die *Geschichten aus dem Wiener Wald* eingeflossen. In der *Kommentierten Werkausgabe* sollten die Vorstufen im Band 15 erscheinen.

»Man müsste ein Nestroy sein, um all das definieren zu können, was einem undefiniert im Wege steht!« (Csokor 1992, 159) – diesen Wunsch hat Horváth zwar erst im März 1938 nach dem Anschluss Österreichs an Hitler-Deutschland in einem Brief an seinen Freund Franz Theodor Csokor formuliert, der Autor hat sich aber – wie gesagt – zweifellos schon bei seinem Vorhaben, »eine neue Form des Volksstückes« (kA XI, 241) in »Fortsetzung des alten« (240) zu entwickeln, in den späten zwanziger und beginnenden dreißiger Jahren an dem großen Vorbild orientiert. Mit der Zuordnung von *Rund um den Kongreß* zum Genre der Posse stellt er sich offensichtlich in eine Nestroysche Tradition. Die Posse führt für gewöhnlich in derb-komischer Weise die Störung eines harmonischen, konsensuellen Zustandes und eingefahrener Verhaltensweisen vor, um satirisch gesellschaftliche Missstände aufzudecken. Es wird noch zu fragen sein, wie sich Horváth zum Gattungsüblichen verhält.

Rund um den Kongreß (kA I, 209–280) demonstriert, dass Prostitution nicht nur für den skrupellosen Mädchenhändler Alfred »das Normale« (222) ist, sondern auch für die Delegierten aus Politik, Wirtschaft, Industrie, Pädagogik und Militär, die sich eben zu einem (in der Einsetzung von Subausschüssen leerlaufenden) Kongress zusammengefunden haben, um Strategien zur Bekämpfung von Prostitution und Mädchenhandel zu entwickeln. Ein Widerspruch tut sich auf, wenn man dieses zu verfolgen vorgibt und zugleich die Meinung vertritt, »die käufliche Liebe« sei »ein wesentlicher Bestandteil des Menschlichen schlechthin« (240) und nur eine

Art nicht verhinderbarer »Degeneration« (263). Daher, und weil er
kapitalistischen Interessen zuarbeitet, sieht der Kongress in Alfred
nicht den kleinen Gauner, der er ist und den sie ihrem Programm
zufolge aus dem Verkehr ziehen müsste, sondern einen sachverstän-
digen »Stellenvermittler« (ebd.).

Drastisch reagiert die Gesellschaft hingegen auf Geschäftsstö-
rung. Dies bewusst zu machen, lässt Horváth den Kongress die (im
Grunde unerhebliche) Störung des angesprochenen Zusammenspiels
von Staat und Wirtschaft mit dem Verbrechen durch den marxistischen Journalisten Schminke, der die kapitalistischen Produktions-
verhältnisse für die Prostitution verantwortlich macht, unangemessen ahnden. Der Journalist wird (symbolisch) erschossen. Die
Tradition der Komödie kennt die Figur des Störenfrieds, von dem
sich ein Kollektiv irritiert und bedroht fühlt (vgl. Klotz 1980, 18f.).
Schminke ist der Störenfried in *Rund um den Kongreß*, er ist aber –
anders als in herkömmlichen Komödien, insbesondere auch Possen
– keine komische Figur. Und obwohl er als Auslöser der angesprochenen Überreaktion der Gesellschaft die Einsicht in deren Verlogenheit ermöglicht, ist er alles andere als ein positiv gezeichneter
Charakter. So wie sich die Kongressteilnehmer nur soweit für den
konkreten Fall des Fräuleins interessieren, das nach Südamerika verkauft werden soll, als die eigenen Ansichten bestätigt werden, so
verweigert Schminke das »Eingehen auf Einzelschicksale« (236), um
seine festgefahrene, in Politphrasen (vgl. 239, 277 passim) vorgetra-
gene ideologische Position nicht überprüfen zu müssen. Das Fräulein wird also nicht nur von ihrem ehemaligen Schwager Alfred und
von dessen Bruder, ihrem Exmann Ferdinand, »verkauft«, sondern
auch vom Kongress und von Schminke. Im Widerspruch von (marxistischer) Phrase und tatsächlichem (kapitalistischen) Verhalten –
Ausbeutung von Prostituierten als Informantinnen (vgl. 214), Interesse an Börsenkursen statt am Fall des Fräuleins (vgl. 280) – stellt
sich dessen Anspruch, uneigennützig einer höheren »Idee« (244 passim) zu dienen, als Lüge heraus.

Die Kongressteilnehmer setzen das »*Fressen und Saufen*« (259)
vor die Moral (vgl. 259ff.), sie wollen sich die Moral nicht leisten
(vgl. 278), das Fräulein kann sie sich nicht leisten. Während sie einen Bewusstseinswandel durchmacht, sich illusionslos ehrlich zur
Prostitution bekennt (vgl. 270, 279) und folgerichtig Ferdinands
Angebot, sie »zu retten« (277) ausschlägt, weil sie »nicht mehr zurück« könne (279), entlarven sich die selbstgerechten Repräsentanten der gutbürgerlichen Gesellschaft im Verein mit dem Gauner Alfred und dem letztlich nur vermeintlichen Gegenspieler Schminke
durch ihre Empörung über die mögliche, ihren je unterschiedlichen

Interessen zuwiderlaufende Rettung des Fräuleins (vgl. 277f.) als
verlogen. Ihr Verhalten widerspricht ihrem wohlklingenden, präten-
tiösen Reden.

Indem Horváth die Schwächen, Verlogenheiten, obsoleten Mo-
ralvorstellungen, Illusionen etc. von Spießer- und Kleinbürgertum
entlarvt, wird er zum »treuen Chronisten« (kA XI, 219). Er erkennt
die ethisch problematische gesellschaftliche Triebkraft des Geldes,
wenn er seine Figuren wie schon in der Komödie *Zur schönen Aussicht* in ihm den »lieben Gott« (269) sehen lässt, hierin eben der Nestroyschen Erkenntnis vom Geld als dem »kategorischen Imperativ«
(1930, 227) der Ethik seiner Zeit folgend. Problematisch hingegen
ist ihm die traditionell harmonisierende Finalisierung. Er thematisiert diese Problematik, indem er einen »Vertreter des Publikums«
das gattungsgemäße happy ending einklagen lässt: »Ich will meine
Posse! Ich schlage vor: das Fräulein fährt nicht nach Südamerika,
heiratet ihren Ferdinand, und beide leben glücklich, gesund und zufrieden in ihrem gemeinsamen Zigarettenladen!« (279). Durch das
gewaltsam erzwungene Schlusstableau mit unvermeidlicher Ehe-
schließung werden sowohl die Erwartungshaltung des Publikums als
auch die Gattungstradition ironisch thematisiert. Dieser folgend,
führt Horváth zwar in durchaus derb-komischer, gelegentlich beinahe absurder Weise (vgl. beispielsweise die Fähnenchenszene, 252)
die Störung des gesellschaftlichen Konsenses über Prostitution und
Mädchenhandel vor, um satirisch die Verlogenheit des zeitgenössischen (Klein)Bürgertums zu demaskieren, der versöhnliche Schluss
würde dieses Anliegen aber unterlaufen, ist daher nur mehr ironisiert möglich.

3.2.2.5 Hörspielversuche

1924 wurde in Deutschland das erste Hörspiel gesendet. Wichtige
Autoren wie Walter Benjamin, Bertolt Brecht, Alfred Döblin oder
Erich Kästner fühlten sich durch die Möglichkeiten des neuen Mediums Hörfunk herausgefordert und leisteten nicht nur wichtige
theoretische Beiträge zur Diskussion des neuen Genres, sondern ver-
suchten sich auch selbst in diesem. Horváth verfolgte offensichtlich
die Debatten um den Rundfunk beziehungsweise um das Hörspiel
sowie dessen Entwicklung sehr genau. 1928/29 verfasste der Autor
sendereife »Sieben Szenen für den Rundfunk« unter dem Titel *Stunde der Liebe* (GW IV, 78-85). Es war hörspielgeschichtlich ein Moment, in dem intensive Diskussionen über Fragen einer eigenständi-
gen Ästhetik der radiophonen literarischen Gattung und der
politischen Wirkungsmöglichkeiten des neuen Genres stattfanden,

und zwar bei der ersten Programmratstagung der deutschen Rund-
funkgesellschaften in Wiesbaden (1928) oder der skandalisierten Ta-
gung der Preußischen Akademie der Künste über »Dichtung und
Rundfunk« in Kassel (1929). Außerdem wurden 1929 herausragende Funkstücke wie Brechts *Der Flug der Lindberghs*, Ernst Johann-
sens *Brigadevermittlung*, Friedrich Wolfs *S.O.S. ... Rao Rao ... Foyn* –
›*Kressin*‹ *rettet* ›*Italia*‹ oder Walter Erich Schäfers *Malmgreen* urgesendet. Sowohl *Stunde der Liebe* als auch das Hörspielfragment *Der
Tag eines jungen Mannes von 1930* (GW IV, 78–85) dürfte Horváth
keiner Rundfunkanstalt vorgelegt haben (vgl. Döhl 1992, 20f.). Beide wurden erst 1973 vom Bayrischen und Süddeutschen Rundfunk
(mit Franz Xaver Kroetz als Co-Regisseur) produziert und urgesendet. *Stunde der Liebe* ist – wiewohl ein abgeschlossenes Hörspiel und
zu den »literarisch anspruchsvolleren Arbeiten« für den Funk in seiner Zeit gehörend (ebd., 204/Anm. 141; vgl. auch Schröder, 1988,
123) – im Band 4 der Ausgabe von 1970/71 mit dem genannten
Fragment und mit einigen Vorstufen und Szenenentwürfen (GW
IV, 12*-16*) ohne Angabe von Gründen unter fragmentarischen
Werken und Varianten und in der kommentierten Ausgabe überhaupt nicht abgedruckt. Auf weitere unveröffentlichte Szenen und
Entwürfe verweisen Fritz (1973, 129 und 206), Krischke (1980,
74–77) und Balme (1987). Der von den Herausgebern gewählte
»Obertitel« *Stunde der Liebe* für das abgeschlossene Hörspiel sowie
für das Fragment ist fragwürdig (vgl. Schröder, 1988, 123).

   Der Tag eines jungen Mannes von 1930 ist als Reportage über eine
Enquete zur Frage der »Misere der heutigen Jugend« (78) gestaltet.
Der Behauptung von deren Seelenlosigkeit und »unendliche[r] Ver-
rohung« (79) begegnet ein junger Angestellter mit der Erzählung
von seinem Versuch, eine nähere Beziehung zu einer Arbeitskollegin
aufzubauen, und von den Schwierigkeiten aufgrund der ökonomischen Situation kleiner Angestellter. Das Thema (drohende) Arbeitslosigkeit ist ein zentrales in der Hörspielliteratur der Weimarer Republik. Horváth thematisiert die Abhängigkeit am Arbeitsplatz, die
insbesondere die Frau zu unentgeltlichen, mit den »traurigen vaterländischen Zeiten« (82) begründeten Überstunden in ihrer Freizeit
zwingt. Thematisch und sprachlich nicht besonders auffällig innerhalb des Horváthschen Oeuvres, zeichnet sich das fragmentarisch
gebliebene Hörspiel durch die überraschend souveräne Handhabung
der Möglichkeiten des Mediums, des Überblendens von einer Ebene
(der gegenwärtigen der Enquete) zu der anderen (das Erlebnis mit
der Frau am vergangenen Tag), zum Teil musikalisch gleitend (vgl.
80), zum Teil unvermittelt hart gefügt (vgl. 83). In der Dazwischen-
schaltung der Reflexion der Sendung aus der Rundfunkanstalt fin-

den sich Ansätze einer Reflexion des Mediums, die dann das ausgeführte Hörspiel vom ersten Moment an begleitet.

In *Stunde der Liebe* wird ebenfalls die Reportage, das heimliche Mithören bei Dialogen von (vermeintlichen) Liebespaaren, zum Hörspiel. Wie im *Tag eines jungen Mannes um 1930* geht es – thematisch in der Nähe der Volksstücke und der *Spießer*-Prosa (vgl. auch Steets 1975, 73) – um Fragen der Sachlichkeit in Sachen Liebe, um Zusammenhänge von Ökonomie und Liebe, um die ökonomische und auch sexuelle Ausbeutung der Frau, insgesamt um Hindernisse der Liebe (in einer Vorstufe etwa auch durch die totale, nationalistisch begründete Hingabe eines Profifußballers an seinen Sport; vgl. Balme 1987, 39). Wichtiger jedoch ist, dass beginnend mit der ersten Szene Kritik geübt wird am Medium, konkret am technisch möglichen Lauschangriff (vgl. 85), damit aber auch am Technik- und Fortschrittsglauben der Zeit und der Unterwerfung unter diesen (vgl. 86) und weiters an der neusachlichen literarischen Mode des Dokumentarismus. Bemerkenswert auch, dass Horváth die in der Neuen Sachlichkeit so beliebte Form der Reportage als Transportmittel zur Kritik an eben dieser Form verwendet (vgl. Balme 1987, 26f., vgl. auch Schröder 1988, 126) und damit wie in den *Sportmärchen* oder in den Volksstücken immanent die Gattung reflektiert (vgl. dazu auch die umfassende Studie von Balme 1985). Horváth bewegt sich mit seinem Hörspiel »im Trend der Zeit« (Schröder, 1988, 124), leistet aber auch »ironische Brechung typischer Merkmale des Weimarer Hörspiels« (ebd., 125). Als interessant und geradezu zukunftsweisend für das literarische Rundfunkgenre kann neben der Entzauberung des Dokumentarismus die Ironisierung der naturalistischen Abbildästhetik gelten, die für die Frühzeit des Hörspiels charakteristisch ist. Man kann Schröder (ebd., 127) demnach in seiner Bewertung von Horváths Hörspielversuch durchaus zustimmen: »Der Rundfunk selber und seine zeitgenössischen Reportage- und Hörspielmöglichkeiten werden von Horváths ›Synthese zwischen Realismus und Ironie‹ ereilt und kritisch bloßgestellt. Das ist eine Leistung, die kaum ein anderer Hörspielautor der Weimarer Republik für sich beanspruchen kann.«

3.2.2.6 Die Lehrerin von Regensburg

In den *Gesammelten Werken* von 1970/71 ist unter dem Herausgebertitel *Der Fall E.* ein zwar weitgediehenes, aber nicht abgeschlossenes dramatisches Werk von sieben Bildern (GW IV, 21–48), ergänzt um eine »Variante des Ersten Bildes« (GW IV, 48–52) veröffentlicht und auf 1927 als wahrscheinliches Entstehungsjahr datiert (vgl. GW

IV, 5*). Tübinger Studenten, die den *Fall E.* im Wintersemester
1978/79 aufführen wollten, erkannten, dass Horváths Werk auf einem tatsächlichen, in der Presse dokumentierten Ereignis des Jahres
1930 basiert und konnten als terminus post quem für die Entstehung den 20. Juli eben dieses Jahres, das Todesdatum der Regensburger Lehrerin Elly Maldaque, ausmachen (vgl. Schröder 1982,
11). Diese war die erste protestantische Volksschullehrerin in Regensburg, litt unter der Erziehung eines fanatisch religiösen, autoritären Vaters und wandte sich – wie ihrem Tagebuch und Briefen
entnommen werden kann – in einer mehr als zweijährigen Krise zunehmend von alten ideologischen Positionen, religiösen und konser-
vativen politischen, ab und unter dem Einfluss einer Freundin dem
Kommunismus als einer neuen (von ihr quasireligiös verstandenen)
Heilsbotschaft zu. Sie wurde das Opfer politischer, jeder Rechts-
staatlichkeit Hohn sprechender Willkür: ihr Haus wurde ohne rich-
terlichen Beschluss durchsucht, sie wurde wegen angeblicher Mit-
gliedschaft in der Kommunistischen Partei aus dem Schuldienst
entlassen, was zwar mit bayrischem Recht, aber nicht mit der Weimarer Verfassung vereinbar war, man verweigerte ihr widergesetzlich
die Einsichtnahme in ihren Personalakt und lieferte sie schließlich
in eine Irrenanstalt ein, in der man sie medizinisch nur unzureichend versorgte. Und noch postum wurde sie trotz kurzzeitiger
Skandalisierung des Falles durch die liberale und linke Presse ein
Opfer der Vertuschung seitens Ärzteschaft und Politik sowie schließlich des Vergessens.

Jürgen Schröder hat 1982 die im Nachlass aufgefundenen 53
Blätter bis auf zwei kurze, unbedeutende Textzeugen (vgl. ebd., 74)
unter dem – durch das Roman-Exposé *Der Mittelstand* nahegelegten
(GW IV, 650) – Titel *Die Lehrerin von Regensburg* kritisch ediert.
Ein »Erster Gesamtplan« (Schröder 1982, 19–21) von neun Szenen
oder Bildern lässt ursprünglich dokumentarische Absichten vermuten, bewegt er sich doch unter der Devise »Rekonstruieren wir den
Fall!« (19) im vorgesehenen Handlungsverlauf und bis in die Na-
mensgebung nahe an den Tatsachen. Die »Fassung in sieben Bildern« (ebd., 22–54), die schon in den *Gesammelten Werken*, dort allerdings nicht kritisch, das heißt, insbesondere verkürzt um einige
wichtige handschriftliche Einfügungen, ediert wurde, ist »die einzige, vom Anfang bis zum Ende durchgeschriebene und sogar spielba-
re«, gleichwohl »als provisorisch« anzusehende, lückenhafte, mit
handschriftlichen Ergänzungen versehene Fassung (ebd., 73). In dieser weicht Horváth, der eine sehr genaue Kenntnis des Falls hatte
(vgl. ebd., 157, im Detail zum Beispiel auch 98, 115 oder 132),
doch zum Teil erheblich von den Tatsachen ab. Zum ersten Bild

gibt es eine »Neufassung« (ebd., 55–60), zu dieser wiederum fünf
relevante »Vorstufen und Varianten« (ebd., 61–99). Die Edition, die
sehr übersichtlich und typographisch der Vorlage entsprechend
sämtliche Korrekturen, Streichungen und Ergänzungen wiedergibt,
bietet durch Kommentare, eine Rekonstruktion des historischen
Falls und die Darstellung des »kulturpolitische[n] und disziplinar-
rechtliche[n] Hintergrund[es]«, eine kritische Auseinandersetzung
mit dem Verhältnis von Authentizität und Fiktionalität in Horváths
Text, ergänzt durch eine Auswahl von Stellen aus dem Tagebuch
und den Briefen Elly Maldaques, aus deren Personalakten und
Krankengeschichte sowie von Ausschnitten aus Zeitungsartikeln
zum Fall und schließlich durch eine Dokumentation »weitere[r]
literarische[r] Nachwirkungen« (unter anderem der *Ballade der Lehrerin Elly Maldaques* von Horváths Freund Walther Mehring).

Horváth wollte nach Ausweis der »Randbemerkung« zu *Glaube
Liebe Hoffnung* in seinen Stücken um 1930 – und in den Kontext
der 1930/31 entstandenen Volksstücke *Italienische Nacht* und *Geschichten aus dem Wiener Wald* gehört *Die Lehrerin von Regensburg*
(vgl. Schröder 1982, 11) – »den gigantischen Kampf zwischen Individuum und Gesellschaft zeigen« (kA VI, 12). Der Fall der Elly
Maldaque schien ihm dafür offensichtlich ein geeigneter Stoff. Im
Exposé für einen Roman *Der Mittelstand* (GW IV, 646–650) ist die
Geschichte der »Lehrerin von Regensburg« im Abschnitt über »*Tragik und Überwindung des Mittelstandes*« (650) eingeplant, einer
»Klasse, die »die Keime des Zerfalls in sich« (646) trage, wobei die
Tragik darin bestehe, dass »die wertvollen Söhne«, wohl auch Töch-
ter (vgl. Schröder 1982, 176), diese »verlassen« (650). Horváth
spitzt das Geschehen auf einen religiösen beziehungsweise auf einen
damit vermittelten Vater-Tochter-Konflikt zu (vgl. Schröder 1982,
161ff.). Entgegen den überlieferten Tatsachen ist die Familie katholisch, angesiedelt in einem dem Autor von Bayern und Österreich
wohlvertrauten rückständigen und repressiven katholischen Milieu –
»hier ist das Mittelalter«, sagt Elly über das Elternhaus (ebd., 44).
Das Zusammenspiel von Staat, Justiz, Ärzteschaft und Kirche, die
vor allem in Bayern ihren weltlichen Herrschaftsanspruch nicht nur
nicht aufgegeben, sondern durch das Konkordat von 1924 gestärkt
hat, empfindet die von Berufsverbot (vgl. auch die entsprechende
Erzählung eines Lehrers im Roman *Der ewige Spießer* – kA XII,
162) und schließlich Internierung bedrohte Elly des Stücks zwangsläufig als unentrinnbares »Netz« (ebd., 46). Horváth lässt sie aus der
Kirche austreten – tatsächlich ist lediglich bekannt, dass sie in der
Schule von ihrem Recht, das Morgengebet zu verweigern, Gebrauch
gemacht hat – und er lässt sie, am Höhepunkt der dramatischen

Handlung (4. Bild), zu ihrem von einem religiösen Wahn besesse-
nen Vater zurückkehren. Gemeinsam mit dem als Gehilfen des Todes gezeichneten, von Elly sarkastisch »Leichenbitter« genannten Sa-
nitäter und Bestattungsangestellten, der sie bespitzelt und angezeigt
hat, angeblich, »um ihre Seele zu retten« (ebd., 41), gibt der Vater
sie der Zerstörung durch die Gesellschaft bis hin zur Einlieferung
ins Irrenhaus preis, in diesem Fall, um ihren Pensionsanspruch zu
retten.
   Am 30. Juli 1930 berichtete die Regensburger *Neue Zeitung* unter dem Titel »Wie Elly Maldaque gestorben wurde« (ebd., 283)
ausführlichst über den »Mord an der Lehrerin« und die Vertuschung
durch Politiker und Ärzteschaft (vgl. ebd., 283–287). Eben dieses
als »Netz« bezeichnete Zusammenwirken von Staat und Kirche als
mörderisch zu demaskieren, war zweifellos Horváths Anliegen, darüber hinaus aber auch den ebenso tödlichen religiösen Fanatismus
des Vaters und Leichenbitters (vgl. ebd., 167). Dazu hat er, wie
Schröder nachweist, genauestens recherchiert. Stellt sich die Frage,
warum der Autor dieses Stück nicht vollendet hat. Der Herausgeber
sieht eine mögliche Ursache darin, »daß das Tragische der Hauptfigur und ihrer Geschichte in seinem Sinne [im Sinne von Horváths
»Gebrauchsanweisung«, derzufolge alle seine Stücke »Tragödien« sei-
en und »nur komisch« wirkten, »weil sie unheimlich sind« (kA XI,
220)] nicht komödienhaft war« (Schröder 1982, 175). Ein anderer
Grund mag sein, dass er den Stoff für den geplanten Roman *Der
Mittelstand* verwenden wollte (vgl. GW IV, 650). Aber das sind nur
Vermutungen.

3.2.2.7 Das Volksstück *Italienische Nacht*

Im Frühjahr 1931 wurde Horváths Volksstück *Italienische Nacht* (kA
III, 61–124) im Berliner Theater am Schiffbauerdamm mit großem
Erfolg uraufgeführt. Ebensolche Resonanz fand die österreichische
Erstaufführung in Wien zu Sommerbeginn desselben Jahres – aller-
dings mit einer »entpolitisierte[n]« Fassung (Krischke 1991, 118).
Erwartungsgemäß lehnte die dem rechten politischen Spektrum zu-
zurechnende Presse (vgl. ebd., 109f., 112f., 116) das Stück ab, zum
Teil auch die linke (vgl. ebd., 108), der überwiegende Teil der Kritik
jedoch verstand sehr wohl Horváths Absicht, Volksstück-Kitsch zu
unterlaufen und die »phrasenhafte Politisierung unseres ganzen Lebens« (nach ebd., 92) sowie das Überhandnehmen des (politischen)
Spießertums anzuprangern (vgl. ebd., 94f., 103f., 105. 121, 124,
127, 134). Man war allgemein recht angetan von der *Italienischen
Nacht*, wenngleich die Komposition des Dramas von vielen als »zu

locker« (ebd., 92; vgl. auch 97, 100, 102, 105, 107) empfunden wurde. Jedenfalls erlebte das Stück sowohl in Berlin als auch in Wien unerwartet viele Aufführungen. Umso erstaunlicher, dass es dann 35 Jahre lang keine weitere Inszenierung erfuhr und erst 1966 als Fernsehspiel beziehungsweise 1967 in Konstanz wieder für die Bühne realisiert wurde.

Die Entstehung des Stückes lässt sich aufgrund der Quellenlage, die in der kritischen Ausgabe dokumentiert ist, gut verfolgen. Der ursprüngliche Plan sah ein im Eishockeymilieu angesiedeltes dreiaktiges »Lustspiel« unter den Titeln »Wochenend am Staffelsee« (kA III, 141f.) beziehungsweise »Das Propagandaspiel« (kA II, 143) vor. In der Folge verlagert sich Horváths Interesse zunehmend auf aktuelle Auseinandersetzungen verschiedener politischer Gruppierungen, wie sie sich rund um Sportverbände, konkret den Arbeiterradfahrerbund in dem Murnau nahe gelegenen Penzberg, einem Klub mit 670 Mitgliedern (vgl. kA III, 144), abspielten. Dafür finden sich im Nachlass mehrere Entwürfe unter dem Titel »Ein Wochenendspiel« (vgl. kA III, 144–154). Mit eben diesem Titel wurde Ende 1930 vom Ullstein-Verlag das Manuskript einer Vorstufe der *Italienischen Nacht* angenommen (vgl. H.-Bl. 2, 123), die der Endfassung schon sehr nahe kommt. Dieser (kA III, 9–59) folgte als Zwischenstufe eine erste unter dem Titel *Italienische Nacht* firmierende Fassung als nicht für den Handel vorgesehene »hektographierte Ausgabe« des Ullstein-Verlages (kA III, 154). Die endgültige Fassung schließlich erschien am Tag der Wiener Erstaufführung in Buchform.

Der Titel des Volksstücks weckt die Erwartung eines operettenhaften Ambientes und Geschehens. Tatsächlich entwickelt sich um die als »Italienische Nacht« bezeichnete Feier des sozialdemokratischen republikanischen Schutzverbandes einer »süddeutsche[n] Kleinstadt« im Jahr 1930 (62) so etwas wie eine Farce. Das Handlungsgeschehen ist eher dürftig: Während die revolutionäre junge Generation der Sozialdemokraten um die Figur Martins antidemokratischen Bestrebungen entschieden entgegenzutreten wünscht, möchten die älteren Herren des Schutzverband-Vorstands um den Stadtrat Ammetsberger, der keinen Grund zur Beunruhigung sieht, in Ruhe ihre »Italienische Nacht« mit »künstlerischem« Rahmenprogramm feiern und tarockieren. Sie wollen sich bei ihren Vergnügungen nicht stören lassen durch Aufmärsche der Faschisten, selbst dadurch nicht, dass der mit ihnen sympathisierende Wirt ihr Stammlokal auch dem politischen Gegner zur Feier eines »Deutschen Tages« zur Verfügung stellt. Der Revolutionär Martin schickt seine Freundin Anna »auf den politischen Strich« (80), um die Faschisten auszuspionieren. Weil er und seine Mitstreiter die Feier ei-

ner »Italienischen Nacht« angesichts der politischen Bedrohung als
unverantwortlich ansehen und sprengen, werden sie aus dem Ortsverband ausgeschlossen. Für die Schändung des Denkmals des ehemaligen königlichen Landesherrn durch einige revolutionäre Jugendliche beabsichtigen die Faschisten, Rache zu nehmen an den
alten Herren, die nach wie vor nicht vom Feiern lassen wollen und
dem politischen Gegner hilflos ausgeliefert scheinen. Einzig die Frau
des Stadtrates tritt dem faschistischen Wortführer zur Verteidigung
ihres Mannes verbal entschieden entgegen, wiewohl sie ihr Mann
wie eine Sklavin unterdrückt und in der vorangegangenen Szene
eben wieder in aller Öffentlichkeit gedemütigt hat. Die Gefahr, von
den Faschisten verprügelt zu werden, wird auf Drängen Annas
durch das Eingreifen der Gruppe um Martin gebannt und deren
Ausschluss aus dem Ortsverband daraufhin rückgängig gemacht.
Die Jungen können sich auf die Schulter klopfen, und der Stadtrat
gibt wieder seine Beschwichtigungsparolen aus.

In der Dürftigkeit der Handlung eher als in kompositorischen
Schwächen des Stücks scheint der Vorwurf der Kritik seine Ursachen zu haben, dass die Szenenfolge der *Italienischen Nacht* »zu lok-
ker« (nach Krischke 1991, 92) gefügt sei, ein Vorwurf, der übrigens
auch noch in der ersten Dissertation über den Autor erhoben wird
(vgl. Reuther 1962, 53). Das Interessante spielt sich jedoch nicht
auf der Oberfläche des Geschehens ab, vielmehr in den Dialogen, in
denen die Diskrepanz zwischen dem politischen Selbstverständnis
der einzelnen Sozialdemokraten als Hüter der Republik und ihrem
tatsächlichen, von egoistischem Denken und Lethargie geprägten
Verhalten aufgedeckt wird. Es ist die Ambition des Autors, wie er in
einem Interview in der *Wiener Allgemeinen Zeitung* anlässlich der
österreichischen Erstaufführung kundtat, mit seinem Stück »gegen
die Masse der Politisierenden, gegen die vor allem in Deutschland
sichtbare Versumpfung, den Gebrauch politischer Schlagworte«
(nach Krischke 1991, 119) aufzutreten.

1930 wird durch den Wahlerfolg der Nationalsozialisten die Gefährdung der Weimarer Republik augenfällig. Deren Zustand erscheint denn auch in der *Italienischen Nacht* als brüchig, demonstriert am Mikrokosmos einer Kleinstadt, wobei die Gefährdung
nicht so sehr von den demokratiefeindlichen, allzu lächerlich, mithin auch verharmlost dargestellten Faschisten ausgeht, als vielmehr
von der angesprochenen Indolenz der Republikaner. Ein Kritiker
der Wiener Erstaufführung hat die »famose[n] Charaktere« der *Italienischen Nacht* gelobt, aber das Fehlen einer »Entwicklung« (nach
Krischke 1991, 126) moniert. Aber es geht in diesem Volksstück
eben um die Darstellung der politisch gefährlichen Unbelehrbarkeit,

der Wandlungsunfähigkeit und der Reaktionslosigkeit der Spießer, die sie allesamt sind, die jungen wie die alten Sozialdemokraten. Wie sehr es Horváth darauf ankam, lässt sich an der Textgenese beobachten. Noch das *Wochenendspiel* in der dem Ullstein-Verlag vorgelegten Fassung thematisiert als Konsequenz der Ereignisse den Rückzug des Stadtrats aus der Politik und die Neugründung eines Schutzbundes durch Martin (vgl. 58f.). Die geänderte Finalisierung der *Italienischen Nacht* erfüllt mit der Restauration der totalen Harmonie das herkömmliche Komödienschema, gleichzeitig ist ihr mit der Wiederherstellung des Status ante quo die angesprochene Unbelehrbarkeit der politischen Spießer und das Andauern der Gefahr eingeschrieben. Auf diese deutet übrigens auch die Zeitangabe zum Stück mit »1930 – ?« (62).

Bereits im ersten Bild wird die politische Situation schlaglichtartig beleuchtet. Die sozialdemokratischen Vorstandsmitglieder des Schutzverbandes wollen die Bedrohung durch den Faschismus nicht wahrhaben, der pseudointellektuelle, mit halbverstandenen Freud-Thesen operierende Betz, ein titelbewusster pensionierter kleiner Beamter, der im übrigen »halt alles relativ« (65 passim) findet und daher auch für den Faschismus offen ist, ebenso wenig wie der Stadtrat, der Vogel Strauß-Politik betreibt und sich demgemäß weigert, einen demonstrativen Aufzug der Faschisten wahrzunehmen. Er ist überzeugt, dass »von einer akuten Bedrohung der demokratischen Republik [...] natürlich keineswegs gesprochen werden« könne, »schon weil es der Reaktion an einem ideologischen Unterbau mangelt« (63). Axel Fritz (1973, 63) meint, im *Sladek* und in der *Italienischen Nacht* würden »die Vertreter marxistischer Ideen« mit »diskrete[r] Ironie« dargestellt. Dem ist im Falle des Stadtrats entschieden zu widersprechen, denn penetranter als dieser sozialdemokratische Politiker kann sich eine Figur bei ihrer ersten Wortmeldung kaum selbst als Schwätzer entlarven, wenn er, der in seinem Selbstverständnis ein intimer Marx-Kenner (vgl. 65f. und 100) sein will, von Ideologie als einem Unterbauphänomen spricht. Gerade an seiner Rede demonstriert Horváth den Leerlauf auch des linken Bildungsjargons: »An unserem unerschütterlichen Friedenswillen werden alle Bajonette der internationalen Reaktion zerschellen« (101). Die Bildbrüche solch prätentiöser »Sprüch« (ebd.), wie sie einer der Jungen treffend nennt, offenbaren die Brüchigkeit der (vermeintlichen) ideologischen Überlegenheit. Der Stadtrat spielt sie aus, um Tarockspiel und Fest zu retten. Aber sinnbildlich verdeutlicht das Bemühen der Vorstandsmitglieder um das Kartenspiel, dass sie politisch im Spiel bleiben wollen, jedoch gar nicht ins Spiel gekommen sind und kommen.

»Das Bekenntnis zum Fest« verdeckt, indem es »geradezu den
Charakter eines politischen Bekenntnisses« (Schmidt-Dengler 1989,
318) annimmt, dass die Feier bloß »Eigeninteressen« (ebd., 322)
dienen soll. »Unsere republikanische italienische Nacht steigt heute
nacht trotz Mussolini und Konsorten! Karo As!« (64). Nicht bewusst
wird dem politischen Spießer, dem an nichts mehr liegt, als sich in
einem apolitischen Raum (Kartenspiel, Fest) zu bewegen, der Widerspruch von »republikanisch« und »italienisch«, wiewohl sich ihm
selbst angesichts der Demonstrationen der Faschisten und des Fei-
erns eines republikanischen Festes unter dem Etikett »Italienisch«
verräterischerweise der Name Mussolini unbewusst aufdrängt. Das
macht fast aufdringlich deutlich, dass auch die Sozialdemokraten,
die sich als Schützer der Republik verstehen, in ihrem Denken »fa-
schismusbereit« (Jarka 1990, 122) sind. Sie verharmlosen, weshalb
auch die »Italienische Nacht« weder im Inhaltlichen noch in der
Ausführung eine Gegenveranstaltung zum »Deutschen Tag« der Faschisten sein kann: Mit dem Absingen der nachromantischen Ballade »Heinrich der Vogler« (96f.) von Johann Nepomuk Vogl und einem Kinderballett der *»herzigen Zwillingstöchterchen«* (99) wird ein
kleinbürgerliches Kitsch-Programm – eine Regieanweisung nennt
das Ballett explizit *»einen affektierten Kitsch«* – dargeboten, eine Vor-
führung, die zu stören dem Stadtrat als Frevel erscheint (vgl. 101).
Von daher wird verständlich, dass der Vorstand des Schutzverbands
dem aus Profitgier handelnden Wirt seine Gesinnungslosigkeit
durchgehen lässt: denn man ist selbst gesinnungslos. Feiernd verwirrt sich den Sozialdemokraten wie den Faschisten ihre politische
Denkweise: während diese bei ihrem »Deutschen Tag« ausgerechnet
das Lied »Ich weiß nicht, was soll es bedeuten« des ihnen so verhassten jüdischen Dichters Heinrich Heine singen, delektieren sich jene
am Nationalkitsch der Vogl-Ballade. Und auch im Privaten sind die
Sozialdemokraten verwechselbar mit den Faschisten. Das Verhalten
des Stadtrates gegenüber seiner Frau (Ausschluss aus der Öffentlichkeit, totale Entmündigung, vgl. 94f. und 133ff.) entspricht geradezu
idealtypisch dem frauenverächtlichen Bild der Zeit, wie es ein Faschist genau auf den Punkt bringt: »Das Weib gehört an den heimi-
schen Herd, es hat dem kämpfenden Manne lediglich Hilfsstellung
zu gewähren!« (85)
   Die Gruppe der jungen Sozialdemokraten im Schutzverband opponiert zwar gegen die Lethargie der Vorstandsmitglieder. Als Gegenspieler versagen sie allerdings ebenfalls. Dem Bohémien Karl ver-
wirren sich Politisches und Privates. Schon beim ersten Gespräch
mit seinen Freunden, bei dem ihm »Weibergeschichten« (64) vorgeworfen werden, die ihn von seinen »Pflichten gegenüber der Repu-

blik abhalten« (65), wird seine Rechtfertigung, das seien seine »intimsten privaten Interessen« durch den gleichzeitigen Vorbeimarsch der Faschisten widerlegt. Laufend bricht er sein Ehrenwort, weil ihm Erfolg bei Frauen wichtiger ist als politisches Verhalten, wie es ihm sogar selbst richtig erschiene. Schließlich geht sein Traum »von der Erlösung durch das Weib« (111), durch Leni, die ursprünglich er politisch zu missionieren versprochen hat, in Erfüllung. Es ist – wie in der Komödie *Zur schönen Aussicht* – der liebe »Gott« in Form von »viertausend Mark« (110), der die »Erlösung« ermöglicht und dem sozialdemokratischen Bohémien erlaubt, sich in einer »*große[n] Kußszene*«, wie die Regieanweisung ironisch anmerkt (111), in die Ehe und in eine kleinbürgerliche, apolitisch gesinnungslose Karriere als Kolonialwarenhändler zu verabschieden.

Nicht weniger problematisch ist die Diskrepanz zwischen politischem Selbstverständnis und tatsächlichem Verhalten bei Martin. Dieser nimmt zwar die Bedrohung der Republik wahr und will ihr tatkräftig begegnen. Aber auch er entpuppt sich als politischer Spießer, wenn er engstirnig und provinziell auf seinem Führungsanspruch gegenüber einem fremden Genossen aus Magdeburg beharrt und als angeblicher Internationalist nicht einmal einen anderen deutschen Dialekt aushält. Und seiner Geliebten Anna gegenüber, die er aus taktischem Kalkül auf den politischen Strich schickt, verhält er sich nicht anders als der Stadtrat oder die Faschisten. Sie ist ihm verhandelbares Objekt. Seine politische Entschlossenheit stellt sich als Fassade heraus, sein Handeln als triebgesteuert. Denn es ist nicht die Überzeugung, die Republikaner vor den Faschisten schützen zu müssen, die ihn zur Tat schreiten lässt, sondern Eifersucht auf den Faschisten, den Anna für ihn auszuhorchen versucht hat. Es ist nur folgerichtig, dass Horváth in der endgültigen Fassung der *Italienischen Nacht* Martin als selbstgefällig – »Wir haben es halt wieder einmal geschafft« (124) – und nicht, wie in früheren Textzeugen, als hoffnungsvollen Verteidiger der Republik erscheinen lässt. Insofern unterscheidet sich nicht allzusehr vom Stadtrat, der nach der Bannung der Gefahr wieder Oberwasser gewinnt und wie in der ersten Szene in bornierter Selbstüberschätzung meint: »Solange es einen republikanischen Schutzverband gibt – und solange ich hier die Ehre habe, Vorsitzender der hiesigen Ortsgruppe zu sein, solange kann die Republik ruhig schlafen!« (124). Das »Gute Nacht!« Martins trifft aber nun nicht mehr nur die Wahrnehmungsverweigerung des Stadtrates, sondern fällt auch auf den Kritiker selbst zurück.

Bei allen sozialdemokratischen Mitgliedern des Schutzverbandes lässt sich die Diskrepanz zwischen Selbstverständnis und politischer

Realität beziehungsweise »Wahrheit der seelischen Wirklichkeit«
(Walder 1974, 16) beobachten. Besonders am Beispiel des Stadtrates
zeigt Horváth, dass die typisch kleinbürgerliche Art der Wahrnehmung und Verarbeitung der politischen und gesellschaftlichen
Wirklichkeit, das realitätsfremde Bewusstsein zu einer zunehmenden
Verengung des politischen und privaten Handlungsspielraums führt.
Diese vermögen nur die Frau des Stadtrats und Anna, wiewohl Opfer ihrer autoritären Männer, (jedenfalls momenthaft) zu überwinden. Jene, wenn sie an der sozialdemokratischen Fassade ihres Mannes kratzt (vgl. 119f.) beziehungsweise dessen Demütigung durch
den faschistischen Wortführer im Gegensatz zu ihm nicht widerspruchslos hinnimmt (vgl. 123f.); diese, wenn sie Martin, der ihr
durch sein Verhalten sowohl als Geliebter (durch das Auf-den-
Strich-Schicken) als auch als politischer Akteur (durch sein unsolidarisches Verhalten) »fremd« (107) geworden ist, die Notwendigkeit
solidarischen Handelns klarzumachen versucht (vgl. 108). Aber es
ist eben nur ein momenthaftes Heraustreten aus dem kleinbürgerlichen Zusammenhang, einen Wandel vermögen sie nicht auszulösen,
denn in der gegebenen patriarchalischen Ordnung sind die Männer
»ihre einzige Existenzmöglichkeit« (Schmidt 1973, 11).

3.2.2.8 Das Volksstück *Geschichten aus dem Wiener Wald*

Der große Erfolg der *Italienischen Nacht* wiederholte sich im selben
Jahr 1931 mit der Uraufführung des Volksstücks *Geschichten aus
dem Wiener Wald* am Deutschen Theater in Berlin, obwohl die Kritik (und nicht nur die rechte) sich zum Teil recht irritiert fühlte, im
Positiven wie Negativen zu sehr auf das Wienerische fixiert blieb
(vgl. Krischke 1991, 140, 145, 147, 149, 157 u.ö.), Handlung und
Komposition wiederum nicht überzeugend fand (vgl. ebd., 140–
143, 145 u.ö.) und sich durch die teilweise derbe Sprache abgesto
ßen fühlte (vgl. ebd., 145, 160, 195). Nicht wenige Kritiker sprachen Horváth auch die Berechtigung auf den Kleist-Preis, den er
wenige Tage vor der Uraufführung erhalten hatte, ab, nicht selten
mit nationalistischen Begründungen (vgl. ebd., 155, 156, 161, 163
u. ö.). An Dummheit und Schludrigkeit nicht zu überbietenden Rezensionen (wie der in der Wiener *Neuen Freien Presse*, vgl. ebd.,
145–147) standen allerdings auch solche gegenüber, die sich, wie
die von Herbert Ihering (vgl. ebd., 147f.), Alfred Kerr (vgl. ebd.,
150–155), Erich Kästner (vgl. ebd., 184f.) durchaus sensibel für die
Doppelbödigkeit des Stücks zeigten und die Austauschbarkeit des
gewählten Ortes, den kontrastiven Einsatz der Musik oder auch
Horváths Absicht der Kitschentlarvung erkannten. Ein Nachspiel

der Aufregung gab es 1933, als die Uraufführung von Horváths *Hin und her* am Deutschen Volkstheater in Wien angekündigt wurde (vgl. ebd., 198f.). Man verwies auf die angebliche Wien-Verunglimpfung durch die *Geschichten*, vereitelte denn auch die Uraufführung von *Hin und her* ebenso wie die für dasselbe Jahr geplante österreichische Erstaufführung der *Geschichten*. Der Autor strengte einen Presse-Prozess an und gewann ihn (vgl. ebd., 200f.). 1948 wurde die österreichische Erstaufführung der *Geschichten aus dem Wiener Wald* einschließlich »einem der größten Theaterskandale der Nachkriegszeit« (kA IV, 245) nachgeholt. Dem Berliner Publikum jedoch gefiel 1931 das Volksstück, das denn auch innerhalb weniger Wochen 37 Aufführungen erlebte (vgl. Krischke 1991, 139). Noch im selben Jahr erschien es beim Propyläen-Verlag auch erstmals in Buchform.

Zahlreiche Textzeugen aus der Zeit seit 1928 beweisen das lange Ringen des Autors um jenes dramatische Werk, das in erster Linie seinen Ruhm begründen sollte. Die Entwürfe und Vorarbeiten sind nur zu einem Teil veröffentlicht (vgl. GW IV, 144-210 sowie 19*-25*). Die *Kommentierte Werkausgabe* enthält einzig jene allerletzte Vorstufe »in sieben Bildern« (kA IV, 9–100), die im *Lesebuch* von 1976 erstveröffentlicht wurde. Der Abdruck von Entwürfen, Skizzen, Einzelszenen war für den dann nicht erschienenen 15. Band der Ausgabe vorgesehen.

Aus den frühen Entwürfen lässt sich die Nähe zur *Spießer*-Prosa und zur »Posse« *Rund um den Kongress* beobachten. Gewissermaßen eine erste Keimzelle findet sich in den zwei Bildern mit dem bezeichnenden Titel »Ein Fräulein wird verkauft« (GW IV, 125–139), in denen man noch die Namen Schminke, Reithofer und Luise antrifft, die aus den genannten Texten bekannt sind. Aus Luise wird über Mathilde (so noch in der letzten Vorstufe, vgl. kA IV, 13ff.) die Valerie der Letztfassung. Ihr ebenso wie Fredy, dem späteren Alfred, sind bereits typische Aussagen in den Mund gelegt (vgl. GW IV, 128, 135 oder 136). Die Präfiguration der Marianne heißt hier noch schlicht »Das Fräulein«, in Entwürfen eines Volksstücks in sieben Bildern mit dem Titel »Die Schönheit aus der Schellingstraße« dann Agnes wie das Fräulein Pollinger (vgl. GW IV, 19*f., 21*ff.), einmal auch Irene (vgl. 21*f.). Nach und nach kommen Motive, Bilder, Namen hinzu, die schon auf die Endstufe vorausdeuten, ein Wald als Handlungsort im Entwurf »Schönheit« (vgl. 20*), die Namen Alfred und Oskar (vgl. 22*f.), der Walzer »Geschichten aus dem Wiener Wald« (vgl. 23*), der Titel »Die Schönheit aus dem Wiener Wald« (vgl. ebd.). Die strenge Komposition, die Horváths berühmtestes Volksstück auszeichnet, beispielsweise die Spannung

zwischen den beiden Hauptgeschehensorten »Draußen in der Wachau« und »Stille Straße im achten Bezirk«, bleibt ebenso der Letztfassung vorbehalten wie die überaus wirksame Finalisierung, die in der
Vorstufe noch durch ein Zugeständnis an Gattungskonventionen,
nämlich durch ein kaum ironisiertes, sehr traditionelles Schlusstableau mit einer (unglaubwürdig) harmonischen Hochzeitsfeier (vgl.
kA IV, 99f.) entschärft ist.

Die *Geschichten aus dem Wiener Wald* (kA IV, 101-207) sind in
drei Akte gegliedert, wobei der erste und der dritte etwa gleich lang
sind und jeweils vier Bilder umfassen, während der deutlich kürzere
zweite Akt auf sieben Szenen angelegt ist. Das vordergründige
Handlungsgeschehen dieses Volksstücks ist – wie das der *Italienischen Nacht* – sehr banal: Es spielt in kleinbürgerlichem Milieu in
Wien um 1930. Marianne, Tochter des Zauberkönigs, des Inhabers
einer Spielwarenhandlung im achten Wiener Bezirk, steht vor der
Verlobung mit dem benachbarten Fleischermeister Oskar, verliebt
sich jedoch in den Strizzi Alfred, der sich seinerseits aus der Beziehung mit der alternden Trafikantin Valerie löst. Marianne lässt die
Verlobung platzen und wird daraufhin vom Vater verstoßen. Ein
Jahr später sieht man das Paar Alfred und Marianne mit seinem
Kind Leopold in einem »möblierten Zimmer« unter ärmlichsten Bedingungen wieder. Zur Verbesserung der finanziellen Situation wird
die Berufstätigkeit Mariannes erwogen. Sie, die immer von einem
eigenen Institut für rhythmische Gymnastik geträumt hat, soll als
Revuegirl den Unterhalt für sich und Leopold verdienen. Das Kind
wird zu Alfreds Mutter und Großmutter in die Wachau gebracht.
Alfred verlässt Marianne. Bei einer Wiederbegegnung zwischen Vater und Tochter vertieft sich die Entfremdung zwischen den beiden
wegen ihrer Tätigkeit als Nackttänzerin. Marianne begeht einen
kleinen Diebstahl, muss ins Gefängnis und kehrt total gebrochen
zum Vater zurück. Leopold soll aus der Wachau nach Wien geholt
werden, ist aber unterdessen durch die Schuld der Großmutter verstorben. Oskar, der auf Marianne gewartet hat, nimmt sie nun zur
Frau. Und auch Alfred und Valerie sind, nach erniedrigenden Erfahrungen mit Erich, dem deutschnationalen Neffen des Zauberkönigs, wieder ein Paar. Die Handlung entspricht also exakt einem
herkömmlichen Volksstück-, allgemeiner Komödienschema: Paare
werden getrennt und finden nach einigen Wirren in einem erlösen-
den happy ending wieder zueinander. Aber so einfach ist es nicht.
Schon Erich Kästner (vgl. nach Krischke 1991, 185) hat in seiner
Besprechung der Uraufführung die Doppelbödigkeit des Dramas
beobachtet, Peter Handkes (1972, 217ff.) »Totenstille beim Heurigen«. Versuch einer Analyse mit Hilfe einer Nacherzählung von

Ödön von Horváths, [!] »Geschichten aus dem Wienerwald« ist durchgehend von dieser Einsicht geprägt, ebenso die subtilste Interpretation des Stücks, Herbert Gampers (1975, 8ff., bes. 48) dramaturgische »Überlegungen« zur Stuttgarter Aufführung von 1975 unter dem Titel »Sind's nicht tierisch?«.

Die *Geschichten aus dem Wiener Wald* sind streng komponiert, zeichnen sich nicht nur durch fast symmetrischen Aufbau, sondern durch eine ausgeklügelte Topographie und ein dichtes Geflecht von aufeinander bezogenen Zeichen, von Bildern der Gewalt und des Todes sowie durch gezielten Einsatz von Musik aus. Der auf den bekannten Walzer von Johann Strauß anspielende Titel des Volksstücks erweckt Vorstellungen von einer Operettenszenerie und von Walzerseligkeit. Horváth kalkuliert demnach mit einem breiten Publikumsgeschmack, den er auch durch Bezüge auf die Altwiener Volkskomödie (mit der Wiener Vorstadttopographie und mit der Figur des Zauberkönigs), durch thematische Anleihen beim »triviale[n] Wiener Roman der zwanziger Jahre« (vgl. Schmidt-Dengler 1981, 57ff.) und beim Film der Zeit anspricht (vgl. den Hinweis auf Parallelen in der Handlung von G.W. Pabsts Stummfilm TAGEBUCH EINER VERLORENEN von 1929 bei Bossinade 1988a, 64, Fußn. 78). Die durch den Titel *Geschichten aus dem Wiener Wald* geweckten Erwartungen werden durch die erste Szene des Stücks oberflächlich bestärkt. Sie ist »Draußen in der Wachau« (103) angesiedelt, Anspielung auf ein kitschiges Lied, das Marianne – wie zum Hohn auf ihre eigene Situation – vorsingen wird, wenn sie sich bewirbt, eigentlich jedoch verkauft beziehungsweise verkaufen lässt (vgl. 155), und das dann wiederum von einer Heurigengesellschaft gesungen wird, der unter anderen der Zauberkönig und Valerie angehören (170). Und, so eine Regieanweisung zur ersten Szene: »In der Luft ist ein Klingen und Singen – als verklänge irgendwo immer wieder der Walzer ›Geschichten aus dem Wiener Wald‹ von Johann Strauß.« Schließlich spielt auch noch der Hinweis auf die »in der Nähe« vorbeifließende »schöne blaue Donau« auf den berühmten Strauß-Walzer sowie das Lied »Draußen in der Wachau« an. Das romantische Ambiente – das die Luft erfüllende »Klingen und Singen« erinnert nicht zufällig an eine Eichendorffsche Atmosphäre – wird noch bereichert durch eine »Burgruine«.

Wie schon die kurzen Zitate aus den Regieanweisungen Horváths erahnen lassen, ist es schwierig, seine Vorstellungen auf der Bühne eins zu eins umzusetzen. Sie fungieren gewissermaßen als (ironischer) Autorkommentar, der sich so nur beim Lesen mitdenken lässt. Es obliegt der jeweiligen Regie, auf einer anderen als der sprachlichen Ebene der theatralischen Informationsvergabe diesen

epischen Kommentar zu vermitteln. Durchgängig lässt dieser jedenfalls erkennen, wie wichtig Horváth genaue Angaben zur Topographie und zur Musik für die zeichenhafte Verdichtung seines Dramas
sind. Jeweils vier der fünfzehn Bilder sind »Draußen in der Wachau«
beziehungsweise in der »Stillen Straße im achten Bezirk« angesiedelt,
wobei die beiden Orte dreimal direkt aufeinander folgen (I, 1-2; II,
5-6; III, 2-3) und solcherart ein enger Bezug hergestellt wird zwischen der Wachau und der Großstadt. Der vielbeschworene Gegensatz zwischen dem (gesunden) Land und der (verderblichen) Stadt
ist keiner. Auch die sieben weiteren Schauplätze des Geschehens, ob
»Wienerwald«, »An der schönen blauen Donau« und das Heurigen-
lokal oder das ärmliche »Möblierte Zimmer im achtzehnten Bezirk«
und der »Stephansdom«, bieten keine Alternative (vgl. auch Buck
1996, 381, 384f.). Die Kleinbürger sind gefangen in ihrer be-
schränkten Welt, sie haben keinen Spielraum.

Bereits in der ersten Szene wird die durch das landschaftliche
Ambiente und die Walzermusik erzeugte Vorstellung von einer Idylle, von einem operettenhaft leichten Leben und vom üblichen Heimatkitsch unterlaufen. Bevor ein Wort fällt, bringt Alfreds Mutter
dem Sohn »ein schärferes Messer« (103), also eine Waffe, und wird
nonverbal die Entfremdung zwischen den beiden offenkundig:

DIE MUTTER *sieht Alfred zu – plötzlich ergreift sie seine Hand, in der er
das Messer hält und schaut ihm tief in die Augen.*
ALFRED *stockt und starrt sie mit vollem Mund mißtrauisch an.*

Das Messer, »Attribut« (Gamper 1975, 53) dann auch weiterer
Männerfiguren, steht unverkennbar als Zeichen für verletzende, zerstörerische Wirkung in ihren Beziehungen zu Frauen, auch wenn es
selbst nicht (oder nur in Gedanken, wie bei Oskar und seinem Gehilfen Havlitschek) als Waffe eingesetzt wird. Vom ersten Moment
an durchziehen Bilder der Gewalt und des Todes die *Geschichten aus
dem Wiener Wald*. Mit gutem Grund hat Gamper (1976, 67) daher
gemeint, sie könnten in Analogie zum »kleinen Totentanz« *Glaube
Liebe Hoffnung* als Horváths »großer Totentanz« bezeichnet werden.

Die zerstörerische Wirkung, die der egoistische Spießer Alfred
entfaltet, geht insbesondere von seinem Sprachverhalten aus. Er erscheint eloquent, ja sogar zu spielerischem Umgang mit der Sprache
befähigt. Aber durch seine Rede demaskiert er seinen miesen Charakter. Sie passt sich seinen jeweiligen, oft rasch wechselnden Interessen an, ist gespickt mit Ausreden (auf die schlechten Zeiten und
das Schicksal) und mit Lügen (über seine Gefühle und sein Verant-
wortungsbewusstsein). Diese entlarven sich durch Widersprüchlichkeiten und Tautologien (wie der von der »Verantwortung« seines

»Verantwortungsgefühl[s]« 139) selbst. Alfred ist »der neue Typ des Spießers« (kA XII, 129), von dem in Horváths erstem Roman erzählt wird. Er hat seinen Beruf als Bankangestellter aufgegeben, weil er »keine Entfaltungsmöglichkeiten« (104), sprich: (zwielichtigen) Bereicherungsmöglichkeiten biete, und er hat sich »selbständig gemacht« (104), das heißt, sich auf dubiose »Finanzierungsgeschäfte und so« beziehungsweise auf Wetten bei Pferderennen verlegt. Er ist rücksichtslos auf Ausnutzen von Frauen aus. Entsprechend seiner Maxime, »eine rein menschliche Beziehung wird erst dann echt, wenn man was voneinander hat« (108), lässt er Valerie, die seine Karriere als »Rennplatzkapazität« finanziert, in dem Moment fallen, wo sie seine kleinen Betrügereien nicht mehr hinzunehmen gewillt ist. Bezeichnenderweise verspricht er ihr zum Abschied Geld zu geben, um das Grab ihres Mannes zu renovieren (109) und lenkt damit ihre Gedanken auf den eigenen Tod, wie ihr Blick in den Spiegel – ein Bild des Todes (vgl. Gamper 1976, 69f.) – und das Summen des »Trauermarsch[s] von Chopin« (109) signalisieren.

Auch Alfreds Beziehung zu Marianne steht von Anfang an im Zeichen des Todes, erblickt er sie doch erstmals, als sie gerade dabei ist, in der Auslage des väterlichen Geschäfts ein Skelett zu arrangieren. Da er ihr in ihrer bedrückenden Lage nichtsdestoweniger als Gottgesandter (vgl. 137 und 138) erscheint, löst sie die Verlobung. Nach der Verstoßung durch den Vater mittellos, ist sie in den Berechnungen Alfreds ein Minusposten und wird folgerichtig von ihm fallengelassen und über Vermittlung seines Freundes Hierlinger, eines noch mieseren Spießertyps, gewissermaßen weiterverkauft an eine Betreiberin von Vergnügungsetablissements. Sie wird »praktisch« (154) wie Anna Pollinger im Roman *Der ewige Spießer* (vgl. kA XII, 232ff.) und verkauft ihren Körper. Alfred kehrt schließlich, nachdem er sich mit Oskar versöhnt hat, das heißt, handelseins geworden ist (194f.), zu Valerie zurück, da sie wieder als Geldquelle für ihn bereitsteht.

Theo Buck (1996, 381) zufolge werden »alle im Stück vorkommenden Lokalitäten zu Tatorten«. Für die idyllische Wachau bestätigt sich das, denn sie ist im übertragenen Sinne ein Schlachtfeld: Alfred (und insgeheim vielleicht auch seine Mutter) kalkuliert offensichtlich mit dem Ableben – und Beerben – der Großmutter (»Apropos ersticken: wo steckt denn die liebe Großmutter?« – 104) und erinnert Valerie eben hier, wie ausgeführt, an ihren Tod. Schließlich wird in der Wachau das Kind von Marianne und Alfred mit Schuld der Großmutter zu Tode kommen. Und wieder erklingt die Luft vom Strauß-Walzer »Geschichten aus dem Wiener Wald«, »als spielte ein himmlisches Streichorchester« (207). Aber der Him-

mel hängt nicht voller Geigen, denn der vermeintliche locus amo-
enus hat sich als locus horribilis entpuppt.

Mit dem Schauplatzwechsel von der Wachau in die »Stille Straße
im achten Bezirk« vollzieht sich weder ein Wechsel in der musikalischen Untermalung, wenngleich derselbe Walzer nun – bezeichnend
für die Schäbigkeit und Brüchigkeit der kleinbürgerlichen Ordnung
– »auf einem ausgeleierten Klavier« gespielt wird, noch in der Bild-
haftigkeit. Im Gegenteil: die Bilder des Todes und der Gewalt ver-
dichten sich. Die Kulisse, vor der sich das Geschehen abwickelt, besteht aus Oskars Fleischhauerei »mit halben Rindern, Kälbern,
Würsten, Schinken und Schweinsköpfen in der Auslage« (110), der
»Puppenklinik« des Zauberkönigs, die unter anderem Totenköpfe,
Zinnsoldaten und ein Skelett zum Verkauf anbietet, und der »Ta-
bak-Trafik« Valeries – als Geschäft einer Frau einzig ohne ein Zeichen des Todes. Auf Gewalt und Tod weisen auch die Messer, mit
denen Oskar und sein offen brutaler Gehilfe Havlitschek zu Beginn
der Szene hantieren.

Anders als der parasitäre Spießer Alfred, der sich, wie problematisch und illusorisch auch immer, außerhalb der kleinbürgerlichen
Welt verwirklichen will, verkörpert Oskar ebenso wie sein zukünfti-
ger Schwiegervater den »Prototyp des Kleinbürgers« (Glaser 1983,
70). Beide stehen für das »klassische« Kleinbürgertum der kleinen
Gewerbetreibenden, Händler, Handwerker und niederen Beamten,
mit dem Unterschied, dass der Zauberkönig wirtschaftlich bereits
unter Druck geraten ist, während der Fleischhauer und die Trafikantin »immer noch solid« (131) dastehen. Valerie sieht in ihm den
»echte[n] Bürger vom alten Schlag« (180), der vom Aussterben bedroht sei. Und obschon er sich selbst, wohl ohne zu verstehen, wovon er spricht, objektiv allerdings ebenso wie Valerie zurecht, zu den
»morituri«, zu den Todgeweihten zählt (118), versucht er den
Schein von Solidität zu wahren und auch den Schein von bürgerlicher Anständigkeit und den Schein von Bildung. Dass er es nicht
vermag, offenbart sich in seiner Vorliebe für (wie im angesprochenen Fall unpassend gebrauchte) lateinische Zitate und Klassikerzita-
te sowie in seiner typisch bürgerlichen Doppelmoral, im Widerspruch von moralischer Prätention und realem Verhalten: Während
er am »nicht gerade überwältigend« duftenden »Korsett« Valeries
schnüffelt, klagt er, dass die Zeit »ohne Treu, ohne Glauben, ohne
sittliche Grundsätz« sei (131), und unmittelbar nachdem man im
Maxim aus dem off seine entzückten Schreie über »Nackete Weiber«
gehört hat, wirft er seiner unbekleidet auftretenden Tochter Scham-
losigkeit vor (185). Es ist nicht das so anspruchslose Vergnügen im
Maxim, das ihn unmoralisch erscheinen lässt, sondern die böse

Nachrede über seine verstorbene Frau, die er im Versuch, sich Valerie erotisch zu nähern, zweimal, von Selbstmitleid triefend, verrät (131, 175), sowie sein zerstörerisches, egoistisch berechnendes Verhalten gegenüber Marianne: Eine Ausbildung hat er ihr verweigert, um sie sich als Ersatz für einen sonst unerschwinglichen »Dienstbot« (115) zu erhalten, und er verschachert sie aus Eigennutz an den benachbarten Fleischhauer Oskar. Als Marianne den »Handelsvertrag« (Helga Hollmann 1972, 224) bricht, verrät sich seine sittliche Entrüstung als Lüge: »Diese Verlobung darf nicht platzen, auch aus moralischen Gründen nicht!« (138). Und ebenso verrät er seine grundsätzliche Bereitschaft zu einem anderen Handel, würde dieser sich für ihn lohnen. Er verstößt die Tochter erst, als er erfährt, dass Alfred ein »Nichts ist« (139). An der Figur des Zauberkönigs erweist sich, dass das (alte) Kleinbürgertum todgeweiht, das heißt sozial und ökonomisch am Ende ist und keine Zukunft hat, ohne es allerdings wahrnehmen zu wollen und zu können. Es versucht verzweifelt, Besitzstände zu wahren, die es nicht mehr hat.

Mit Oskar trifft sich der Zauberkönig darin, dass er sich eine Maske der bürgerlichen Anständigkeit aufsetzt, hinter die sie ebenso wenig Einblick gewähren wollen wie hinter die Fassade ihrer Häuser (vgl. Haag 1983, 141) – bezeichnenderweise spielt keine einzige Szene in deren Innerem. Oskars Maske ist seine Frömmigkeit, die sich jedoch als teuflische, zerstörerische Form von Religiosität erweist. Nur mühsam und immer weniger gelingt es ihm, den Widerspruch zwischen (religiösem) Schein und seinen sadistischen Trieben zu kaschieren: Das »Vormittagsbussi« (116) für Marianne gerät ihm zum Biss, seine Liebe zu ihr beweist er bei der Verlobungsfeier, indem er sie mit einem Jiu-Jitsu-Griff »spielend kampfunfähig« macht (129), sein Gott ist ein strafender, der »züchtigt«, »auf glühendem Rost, in kochendem Blei« (166), und Marianne prophezeit er, dass sie ihm beziehungsweise seiner »Liebe nicht entgehn« (139, 207) werde. Liebe als Synonym für Strafe und Rache, ja für Tod. Zurecht wurde von der Horváth-Forschung immer wieder darauf hingewiesen, dass in den *Geschichten aus dem Wiener Wald* »Thanatos in der Maske von Eros« auftritt (Haag 1983, 149; vgl. auch Gamper 1975, 45 oder Bossinade 1988a, 42ff.). Offener brutal als Oskar gibt sich Havlitschek, seine »Suppositionsfigur« (Gamper 1975, 46). Er ist kein Kleinbürger, sondern Proletarier und hat daher nichts vorzutäuschen. Er versteckt sich nicht hinter einer sprachlichen Maske, spricht vielmehr unverblümt aus, was er denkt, nämlich dass er die kleine Ida, die Kritik an seiner Wurst übt, wie eine Sau »abstechen« (110) möchte, während Oskar seine (sadistischen) Gedanken nicht preisgibt. Dennoch oder gerade deswegen löst jedoch er und nicht

Havlitschek bei der kleinen Ida ein Gefühl der Unheimlichkeit aus
(111). Auch wenn er es hinter bigotten Floskeln und schönen Sprüchen zu verbergen versucht: »Lieben heißt für den Schlachtermeister
Oskar töten« (Bossinade 1988a, 51). »Ein Fräulein wird geschlachtet«, so möchte daher Gamper (1975, 46) die Geschichte Mariannes
sehr treffend betitelt wissen.

Alle Männer nutzen Frauen aus, behandeln sie als Ware, vertreten das gesamte zeitgenössische Repertoire an frauenfeindlichen
Auffassungen, wie es in Otto Weiningers 1903 erschienener Studie
Geschlecht und Charakter den radikalsten Ausdruck gefunden hat.
Die Frau wird als seelenloses (vgl. 142), vom Mann zu domestizie-
rendes Wesen und als sein Besitz verstanden, mit dem er nach Belie-
ben Handel treiben kann. Die Nebenfiguren, der im Klischee vom
altösterreichischen Offizier erstarrende, pensionierte Rittmeister, der
nationalsozialistisch orientierte Erich, Verkörperung des militaristischen Männertyps der Zeit, »für den es ohne Waffe, ohne Kampf
kein Leben gibt« (Theweleit 1986, 40) und dessen Attribut das Ge-
wehr ist, sowie der Mister, ein so sentimentaler wie brutaler Austro-
amerikaner, fügen sich da ebenso ein wie der Beichtvater, von dem
Marianne vergebens Rat und Trost erhofft: »Er ist unsichtbar, aber
verheerend ist seine Wirkung, die allein durch die Rede erzielt wird«
(Haag 1996, 319). Er kennt keine Gnade und verurteilt sie im Namen des Herrn, seines Gottes sowohl als auch der Herren, denen sie
untertan zu sein hätte. Das Patriarchat ist allmächtig, die Frauen
fungieren als sein »Werkzeug« (ebd., 324), wie die Tänzerinnen im
Maxim, die sich im Kampf ums »Glück« gegenseitig niedertram-
peln, oder Valerie, die Mariannes Verhalten mit einem angeblich ge-
schlechtsspezifischen Manko (»das ist doch nur ein dummes Wei-
berl«, 197) entschuldigt. Insbesondere gilt das für die Großmutter,
die den kleinen Leopold tötet und scheinheilig die Tat als Tilgung
einer Sünde rechtfertigt. Sie beendet das schlechte Geschäftsverhält-
nis für ihren Enkel und erfüllt Oskar den Wunsch vom Ableben des
Kindes (165). Die Herrschaft des Patriarchats im Kleinbürgertum
erscheint uneingeschränkt: Mütter fehlen, sie sind verstorben, wie
die Mariannes und Oskars, oder sie sind total entmündigt, wie die
Alfreds durch die »phallisch ein- und umgestimmte« Großmutter
(Bossinade 1988a, 66). Und auch Marianne ist als Mutter gestorben.

An ihr vollzieht sich »die Zerstörung der Frau unter dem Deckmantel der Liebe« (Haag 1988, 147), sie bezahlt für ihre »Dummheit«. Horváth hat seine *Geschichten aus dem Wiener Wald* unter das
Motto gestellt: »Nichts gibt so sehr das Gefühl der Unendlichkeit
als wie die Dummheit« (101). In der Begegnung mit Alfred gibt

sich Marianne der Illusion hin, handelndes Subjekt und nicht nur
Objekt der Männer sein zu können. Ihre Sehnsucht scheint sich zu
erfüllen: »Heut möchte ich weit fort« (135), so formuliert sie ihren
– im Sinne der »Randbemerkung« (kA VI, 12) – »verkitscht[en]«
Wunsch und entwickelt in ihrer Blindheit gegenüber der Charakter-
losigkeit Alfreds und in ihrer Selbstvergessenheit (»jetzt bin ich
schon ganz weit fort von mir«, 139) eben ein »Gefühl der Unendlichkeit«. Auf der Jagd nach dem Glück – für Buck (1996, 394) »die
Zentralmetapher« des Stücks – wird sie zu spät gewahr, dass sich in
der Beziehung zu Alfred die Zwänge, Erniedrigungen und Lieblosig-
keiten, die sie beim Vater und bei Oskar erfahren hat, wiederholen.
Sie findet ihr Glück nicht in einer erfüllten Liebesbeziehung, es
bleibt ihr nur, als Nacktdarstellerin im Maxim als Allegorie des
Glücks (181) aufzutreten, auf deren Jagd sich alle begeben. Es ist
für sie der Moment der größten Erniedrigung und der höchsten
Selbstentfremdung, weil ihr Beruf von der zeitgenössischen Gesellschaft (und wohl auch von ihr selbst) als Vorstufe der Prostitution
eingestuft wird (vgl. Theweleit 1986, 101). In Vorarbeiten für eine
Revue unter dem Titel »Magazin des Glücks« (GW IV, 604–628)
wollte Horváth darstellen, dass das, »was die Menschen aus dem
Volk für das wahre Glück halten«, »sich als ›die Ware: Glück‹« erweist (François 1989, 75). Marianne täuscht ein Glück vor, das unter den gegebenen Bedingungen nicht zu erringen ist. Und das erfasst sie nicht nur intuitiv. Sie wehrt sich, wenn auch schließlich
ohne Erfolg.

Marianne wandelt sich unter den Erfahrungen mit den Männern, dem Vater, Oskar, Alfred, dem Beichtvater, aber es ändert sich
nichts für sie, weil sich die Kleinbürger und Spießer ihrer Umge-
bung nicht ändern können und wollen: »ziellos verläuft, was alles
hier vorgeht« (Klotz 1976, 193). Daher ist die Versöhnung aller mit
allen nicht mehr als ein »Amoklauf der Unehrlichkeit« (Wertheimer
1983, 163). Formal findet in den *Geschichten aus dem Wiener Wald*
wie in der *Italienischen Nacht* die Wandlungsunfähigkeit und -be-
reitschaft des Kleinbürgertums ihren Niederschlag in der Kreisstruktur des Stücks, unterstrichen durch Topographie und Musik. Alle
dramatis personae stehen am Ende dort, wo sie am Anfang gestanden haben. In ihrer Erstarrung sind sie, den Zauberkönig ungewollt
bestätigend, »morituri«. Besonders schlimm trifft es Marianne: die
»Liebe« Oskars hat sie eingeholt. »Sie stirbt den grausamsten, quä-
lendsten Tod, den es bei Horváth gibt: den langsamen Tod in der
Ehe.« (Hildebrandt 1975, 73). Die kleinbürgerliche Gesellschaft, die
keinen Handlungsspielraum mehr hat außer der Beherrschung der
Frau, lässt ihr keinen anderen Ausweg, sie ist endgültig verkauft.

Die Kleinbürger führen in den Geschichten tatsächlich einen
»großer Totentanz« auf. Anders als in der *Italienischen Nacht* scheinen sie jedoch in einem apolitischen Raum zu agieren. »Der bedeutendste politische Bezug im Drama liegt jedoch nicht im ›Vorder-
gründigen‹, sondern in der Demaskierung eines manipulierten,
faschismusbereiten Kollektivbewußtseins« (Jarka 1990, 122). Erichs
offenes Eintreten für die nationalsozialistische Ideologie wird daher
nicht als Skandal empfunden, man kommt ihm vielmehr entgegen:
so versucht Valerie mit einer antisemitischen Äußerung bei ihm zu
punkten (127), wird im Maxim spontan das Deutschlandlied als
eindeutiges Bekenntnis gesungen und sekundiert der Zauberkönig
seinem Neffen, begeistert sich an dessen militaristischem Gehabe,
denn: »Krieg ist ein Naturgesetz [...] wie die liebe Konkurrenz im
geschäftlichen Leben« (196) und zu ergänzen: die Unterdrückung
der Frau, die er im selben Atemzug anspricht. Der Kleinbürger, der
ökonomisch in Bedrängnis gerät und nicht mehr weiß, wo er sozial
hingehört, projiziert auf den Nationalsozialismus seine Hoffnung,
wieder wer zu sein.

Die *Geschichten aus dem Wiener Wald* sind als »Anti-Volksstück«
(Jarka 1990, 121) bezeichnet worden. Das stimmt insoweit, als
Horváth mit ihnen eine bestimmte, kitschige volkstümliche Büh-
nentradition zitiert und umkehrt, es stimmt insofern jedoch nicht,
als der Autor nicht nur ein herkömmliches Schema mit negativen
Vorzeichen versieht, sondern tatsächlich ein Drama über das Kleinbürgertum, das »neunzig Prozent« (kA XI, 219) der Gesellschaft seiner Zeit ausmache, über dessen wirtschaftliche und soziale Nöte sowie über dessen Bewusstsein schreibt. Angemessener für Horváths
Verhältnis zum alten Volksstück ist im Fall der *Geschichten* der Begriff »Kontrafaktur« (Doppler 1976, 17). Der Autor zitiert die alte
Form, destruiert aber die von dieser transportierte Ideologie. Deshalb betonten Kritiker und Interpreten des Dramas auch immer
wieder dessen satirischen Charakter. Nolting (1983, 126) zufolge
macht Horváth in diesem Stück »mit der Standpunktlosigkeit moderner Satire Ernst. Er schreibt eine totale Satire.« Dies scheint ein
Widerspruch in sich zu sein, ist doch die Satire nach herkömmlicher
Auffassung eben dadurch charakterisiert, dass von einem dezidierten
Standpunkt aus Missstände kritisiert werden. Horváth zeichnet aber
weniger konkrete Defizite satirisch als vielmehr die Maskierung des
Kleinbürgers, die Diskrepanz von (verfälschtem) Bewusstsein und
Unterbewusstsein und überlässt das Einbringen des Standpunkts,
der für gewöhnlich dem Satiriker abverlangt wird, dem Akt der Re-
zeption. Die Demaskierung ruft eine komische Wirkung hervor,
aber sie erzeugt auch ein Gefühl der Unheimlichkeit (vgl. kA XI,

220), denn hinter der Maske ist – im übertragenen Sinn – kein Gesicht. Die Standpunktlosigkeit des Kleinbürgers wird durch die Standpunktlosigkeit des Dramas, die nicht Standpunktlosigkeit des Autors bedeutet, repetiert und so dem Publikum nicht nur als Defizit bewusst, sondern auch zur Herausforderung, eine Leerstelle zu füllen. So gesehen, sind die *Geschichten aus dem Wiener Wald* trotz der abrundenden Kreisstruktur offen und episch. Wie Bertolt Brechts Stücke weisen sie über die dramatische Handlung hinaus, mit dem Unterschied, dass Brecht – etwa in *Der gute Mensch von Sezuan* – zwar das Publikum mit der Aufforderung zu eingreifendem Denken und Handeln entlässt, aber im Drama selbst schon vorgegeben hat, in welche Richtung diese zu gehen hätten, während Horváth keine Orientierung anbietet.

3.2.2.9 Das Volksstück *Kasimir und Karoline*

Die Leipziger Uraufführung von *Kasimir und Karoline* im November 1932 war eigentlich eine Berliner, das heißt, ein Probelauf der Inszenierung am Berliner Komödienhaus, wo die Premiere des Volksstück nach der im Leipziger Schauspielhaus stattfand. Die Kritiker reagierten im großen und ganzen positiv. Horváth gilt den meisten bereits als anerkannter Bühnenautor, weshalb etwa Erich Kästner, das neue mit den früheren Stücken vergleichend, schon eine Summe seines Schaffens zieht (vgl. nach Krischke 1991, 207f.). Vorwürfe treffen insbesondere die lockere Handlungsführung (vgl. ebd., 224, 227 u.ö.) und die derbe Ausdrucksweise (vgl. ebd., 215, 219 u.ö.), nationalistische Vorhaltungen (vgl. etwa ebd., 233) sind diesmal eher selten. Eine positive, ja fast euphorische Aufnahme fand auch die Wiener Erstaufführung Anfang 1935, in der das Geschehen vom Münchner Oktoberfest in den Wiener Prater verlegt wurde. Im Entwurf eines Briefes an die Wiener Theatergruppe betont Horváth, dass die Interpretation von *Kasimir und Karoline* als Satire auf München und das Oktoberfest auf einer »Verwechslung von Schauplatz und Inhalt« (kA XI, 222) des Stücks beruhe. Die Schauplätze, an denen die Menschen ihrem Glück nachjagen, sei es in einer süddeutschen Kleinstadt, in Wien oder in München, sind austauschbar. Die glückverheißenden »Traumfabriken« (François 1989, 76) finden sich überall auf der Welt: Thema übrigens der Fragment gebliebenen Revue »Magazin des Glücks« (GW IV, 604–628).

   Im Nachlass von Horváth findet sich die Notiz eines Titelentwurfs, »Glaube Liebe Hoffnung nebst Kasimir und Karoline. Zwei kleine Dramen aus dem Volksleben von Ödön Horváth«, und die

Angabe »Zwei Volksstücke 1932« (nach GW IV, 26*). Dies lässt
darauf schließen, dass der Autor wie im Fall der *Italienischen Nacht*
und der *Geschichten aus dem Wiener Wald* eine Buchedition der zwei
genannten Werke erwartet hat. Zu Lebzeiten des Autors ist es dazu
nicht mehr gekommen. Außerdem verweist die Notiz auf die enge
Zusammengehörigkeit der beiden Stücke, die textgenetisch einen
gemeinsamen Ausgangspunkt haben (vgl. GW IV, 25*, kA V, 157
bzw. VI, 155). Entwürfe, Vorarbeiten und Varianten waren in der
Kommentierten Werkausgabe wiederum für den nicht erschienenen
Band 15 vorgesehen, die in den *Gesammelten Werken* (IV, 211–266)
abgedruckten Textzeugen ergeben nur ein unvollständiges Bild der
Genese des Dramas. Der Vorfassung als »Volksstück in sieben Bildern« (kA V, 9–65) fehlt noch die ausgeprägte Rummelplatz-Dra-
maturgie der Endfassung (kA V, 67–138) und zum Teil der wir-
kungsvolle kontrastive Einsatz von musikalischen Elementen (etwa
zu Beginn und am Schluss).

Im genannten Briefentwurf bezeichnet Horváth sein Stück als
»Ballade vom arbeitslosen Chauffeur Kasimir und seiner Braut« (kA
XI, 222). Die Dramaturgie entspricht dem Ort des Geschehens,
dem Münchner Oktoberfest, sie ist bestimmt vom ständigen Wechsel der Szenen, insgesamt 117 Kürzestszenen, in denen zum Teil
nicht oder nur ganz wenig gesprochen wird. Jürgen Hein (vgl.
1981, 57 bzw. 1991, 509 und Fußn. 20) spricht in Anlehnung an
Reinhold Grimm von »›Karussell‹-Dramaturgie«. Die Handlungsführung ist episodenhaft, Schlaglichter fallen einmal dahin, einmal
dorthin, eben wie auf einem Rummelplatz. Die beiden Titelfiguren
begegnen einander nur in acht Szenen (3, 5, 11, 17, 34, 36, 97,
113), davon sechsmal im ersten Drittel des Dramas: deutliches Indiz
für das Auseinanderdriften der beiden.

Zu Beginn des Stücks, das an einem Abend zu Beginn der dreißiger Jahre spielt, verbreitet sich durch das Ertönen der Münchner
Hymne *Solang der alte Peter* (69) und durch den Anblick und die
Geräusche verschiedener Vergnügungsparkeinrichtungen typische
Oktoberfeststimmung, unterstrichen durch den über dem Festplatz
kreisenden Zeppelin. Mit diesem verbinden sich unbestimmte Sehnsüchte privater, aber auch nationalistischer Erhebung. Und er ist ein
Phallussymbol (vgl. 142). Die Menge ist begeistert von diesem Flug-
gerät, ein Liliputaner schwärmt davon, »wie weit« es die Menschheit
gebracht hat (69), und Karoline stimmt in die allgemeine Euphorie
ein: »Du, Kasimir. Jetzt werden wir bald alle fliegen« (70). Ihr Bräutigam repliziert jedoch unwirsch, die allgemeine Feststimmung stö-
rend: »Geh so lasse mich doch aus.« Beides stellt sich als doppeldeu-
tig heraus (vgl. dazu auch Bossinade 1996, 406f.). Kasimir ist eben

ent-lassen worden, umgangssprachlich: aus seinem Job geflogen,
und: er wird nicht nur beim Fliegen ausge-lassen, sondern auch von
Karoline ver-lassen werden. Sie vergnügt sich vorerst mit dem Zuschneider Eugen Schürzinger, lässt aber auch diesen stehen, als sich
ihr die Chance bietet, dessen Chef, den Kommerzienrat Rauch, »bei
seinem Gefühlsleben packen« zu können (93). Kasimir zieht in Erwägung, mit seinem alten Bekannten Merkl Franz, der auf die schiefe Bahn geraten ist, und mit dessen Freundin Erna einen Diebstahl
zu begehen. Merkl wird jedoch verhaftet, Erna und Kasimir finden
zueinander. Karoline wird von Rauch, obwohl sie ihm bei einem
Autounfall wahrscheinlich das Leben gerettet hat, fallengelassen und
will wieder zurück zu Kasimir. Da dieser schon vergeben ist, nimmt
sie mit Schürzinger vorlieb.

Das Komödienschema ist wiederum erfüllt, zwei Paare finden
zueinander. Und doch überwiegen von Anfang an die Disharmonien
und liegen am Schluss – wie in den *Geschichten aus dem Wiener
Wald* – nicht zwei liebende Paare einander in den Armen, sondern
gewissermaßen Leichen auf der Bühne. Bei der zitierten ersten
Wortmeldung Kasimirs tut sich schon die Differenz auf zwischen
der Feststimmung und der Karolines, die feiern will, einerseits und
seinem Befinden als eben Abgebauter andererseits (vgl. dazu auch
Hein 1981, 58). Es entwickelt sich eines der »verpatzte[n] Feste«
(Schmidt-Dengler 1989, 314), wie man sie schon aus der *Italienischen Nacht* und aus den *Geschichten aus dem Wiener Wald* kennt.
Bossinade (1996, 406) hat darauf hingewiesen, dass ein »Akt des
Sprechens« das »Schicksal des Horváthschen Liebespaars« steuert,
das heißt, die Trennung auslöst. Karoline wird zu Schürzinger im
Verlaufe des Abends einmal sagen: »Ich denke ja gar nichts, ich sage
es ja nur« (101). So gedankenlos, jedenfalls ohne Einfühlungsver-
mögen für Kasimirs Situation spricht sie, die sich sozial als Büroangestellte und Kind pensionsberechtigter Eltern gesichert fühlt, die
als erregendes Moment fungierende Vermutung aus, »Vielleicht sind
wir zu schwer füreinander   « (71), und eröffnet damit Kasimir die
Möglichkeit, durch sie die These vom »automatisch[en]« Nachlassen
der Liebe, wenn der Mann abgebaut wird (72, vgl. auch 105), bestätigt zu sehen und sich selbstmitleidig auf sich selbst zurückzuziehen
(71, 74).

Karoline, ähnlich unbeirrt besessen vom Wunsch zu feiern wie
die alten Sozialdemokraten in der *Italienischen Nacht*, gibt sich, hierin wiederum Marianne nicht unähnlich, der Illusion hin, handelndes Subjekt zu sein, lässt sich jedoch, von einer unbestimmten
»Sehnsucht« (136) getrieben, zuerst auf eine Beziehung ein mit dem
Zuschneider Schürzinger, dann mit dem sozial höher stehenden

Rauch, der ihr zu Erlangung »eine[r] höhere[n] gesellschaftliche[n] Stufe und so« (94) verhelfen soll. Eigenverständnis und Handlungsverlauf divergieren. In beiden Beziehungen ist Karoline austauschbares Objekt männlicher Wünsche. Schürzingers Verhalten bestätigt den Verdacht, den sein Name, der an Schürzenjäger erinnert (vgl. Hiebel 1994, 33), und sein Beruf – »Zuschneider« steht umgangssprachlich auch für »Zuhälter« (vgl. 144) – wecken: von seinem ersten Auftreten an ist dem Publikum klar, dass er das nicht ist, was Karoline in ihm sehen will, nämlich »ein gebildeter Mensch« (83). Er entpuppt sich als triebbestimmter Spießer, der, mit (lüsternem) Blick auf Karoline und eine Portion Eis nach der anderen schlekkend, angeblich »an etwas ganz anderes gedacht« (72) hat, das dann der Zeppelin gewesen sein soll, der ja aber Freud zufolge (vgl. auch 142) ebenso ein Phallussymbol ist wie die Tüte Eis. Sein Denken entlarvt sich als triebbestimmtes und auf den eigenen Vorteil bedachtes, verrät (100) und verkauft (117) er doch Karoline an seinen Arbeitgeber bedenkenlos. Kaszyński (1989, 326) beobachtet, dass die karnevalistisch verkehrte Welt im Bachtinschen Sinne mit ihrer Umstülpung von sozialen Hierarchien »dem Dramatiker zur Entlarvung der Gesetze der außerkarnevalistischen Gesellschaftsbeziehungen« dient. Rauch bekennt sich zwar verbal (86) zur genannten Umkehrung, real handelt er ihr jedoch zuwider (130). Er lässt sich keinen Moment lang von Karoline »bei seinem Gefühlsleben pakken« (93), denkt nicht daran, sie sozial zu akzeptieren, vielmehr nur, sie an seinen Körper heranzulassen (116). Sie muss leidvoll zur Kenntnis nehmen, was sie Kasimir nicht glauben wollte, nämlich »daß eine Büroangestellte auch nur eine Proletarierin ist« (94). An ihr erweist sich auch, dass »die allgemeine Krise und das Private« (87) nicht zu trennen, vielmehr – wie ihr Schürzinger klarzumachen versucht – »unheilvoll miteinander verknüpft« sind. Sie ist Opfer ihres »falschen« Bewusstseins, falsch im Sinne des Selbstbildes (ein »wertvolle[s] Weib« zu sein, das seinem in Not geratenen Mann treu zur Seite steht, 72), eines falschen Standesdünkels und kitschiger Wunschvorstellungen, unfähig auch aus Erfahrungen zu lernen, die sie wiederum in einem geborgten und kitschigen Jargon formuliert: »Man hat halt oft so eine Sehnsucht in sich – – aber dann kehrt man zurück mit gebrochenen Flügeln und das Leben geht weiter, als wäre man nie dabei gewesen – –« (136).

Kasimir hingegen entwickelt ein gewisses Bewusstsein seiner Situation (vgl. auch Hein 1991, 509) und scheint lernfähig. Immerhin lehnt er die allgemeine Zeppelin-Euphorie als »Schwindel« ab (70), weil in ihr die sozialen Ungerechtigkeiten fortgeschrieben werden und sich durch sie die falschen erhoben fühlen. Und er entzaubert auch den als Motto dem Stück vorangestellten Bibelspruch (1 Kor. 13,8) »Und die Liebe höret nimmer auf« (67) durch den sarkastischen Kommentar: »solang du nämlich nicht arbeitslos wirst« (105). Eine Einsicht, die Karoline im übrigen Schürzinger nicht geglaubt hat (72). Kitsch scheint bei Kasimir nicht zu verfangen (vgl. ebd.). Aber daran, dass die Beziehung zu Karoline im »Akt des Sprechens« (Bossinade 1996, 406) in die Brüche geht, hat sein Selbstmitleid (vgl. 71, 74, 78) ein gerüttelt Maß Anteil, und er landet schließlich doch, angesteckt von Erna, beim Kitsch (139). Denn »Auswege« gibt es für ihn keine, sie erweisen sich als »Irrwege« (Joas, 1973, 51) wie der kriminelle des Merkl Franz.

Dem Stück ist, Figuren- mit Autorperspektive verwechselnd, vorgeworfen worden, es spiegle das ungefestigte Weltbild des Autors wider (vgl. in diesem Sinne ebd., 50) und dass in ihm »die kritischen Kräfte nicht zu verändernder Praxis drängen« (Reinhardt 1975, 354). Doch das verkennt die Situation des Kleinbürgertums zu Beginn der dreißiger Jahre, die in der – im übrigen in mehrfacher Hinsicht an *Die Soldaten* von Jakob Michael Reinhold Lenz erinnernden (vgl. Hiebel 1994, 31ff.) – Personenkonstellation eingefangen ist: Auch im Wechsel der Partner dreht sich alles im Kreis. Dass es »immer besser und besser« (137) gehen werde, wie Schürzinger Karoline in ihrer Trauer um versäumte Chancen suggeriert, ist lediglich eine Strategie, um sie (so wie Oskar in den *Geschichten aus dem Wiener Wald* die gebrochene Marianne mit einem »Dann komm«, kA IV, 207) mit einem lakonischen »Komm« (137) abführen zu können. Und der letzte Dialog zwischen dem neuen Paar Erna und Kasimir endet ohne Aussicht auf Verständigung in Sprachlosigkeit (138):

KASIMIR Du Erna – –
ERNA Was?
KASIMIR Nichts.

Kasimir stimmt in den kitschigen Gesang Ernas ein, das kleinbürgerliche Bewusstsein überlagert das proletarische. *Kasimir und Karoline* endet traurig, wiewohl zwei Paare zueinander finden. Jones (1991, 334) spricht zurecht von »inversion of the traditional happy ending«. Denn gerade im Wechsel und im Finden von Partnern erweist sich das Fehlen von Spielraum für das Kleinbürgertum der Zeit, dessen Illusionen wie Seifenblasen zerplatzen.

3.2.2.10 Der »kleine Totentanz« *Glaube Liebe Hoffnung*

Die Uraufführung des letzten der vier großen Volksstücke Horváths,
des »kleinen Totentanzes« *Glaube Liebe Hoffnung*, war ebenso wie
die Veröffentlichung in Buchform (gemeinsam mit *Kasimir und Karoline*) für das Jahr 1933 geplant. Beides verhinderte die Machtübernahme der Nationalsozialisten. Die Uraufführung fand dann 1936
unter dem Titel »Liebe, Pflicht und Hoffnung« im »theater für 49«
in Wien statt, wurde von der Kritik (selbst von der *Neuen Freien
Presse,* vgl. Krischke 1991, 307f.) eher wohlwollend aufgenommen,
erzielte jedoch wegen der Kleinheit des Theaters insgesamt wenig
Resonanz, so wenig, dass man die Aufführung im Kleinen Theater
im Konzerthaus in Wien im Jahr 1952 irrtümlich als Uraufführung
ankündigte. Als einziger Kritiker erinnerte Kurt Kahl (vgl. 1973,
91) an die Bühnenrealisation des Jahres 1936. Auch unter dem
Originaltitel *Glaube Liebe Hoffnung* war die Aufführung von 1952
nicht die erste, sondern jene im Rahmen eines »Deutschen
Theaterabend[s] zu Ehren des Dichters Ödön von Horváth« Ende
1938 in der Salle Iena in Paris (Krischke 1991, 349).

Die Entstehung von *Glaube Liebe Hoffnung* ist in den Anfängen,
wie schon erwähnt, eng mit der von *Kasimir und Karoline* verknüpft. Zum erstenmal werden die drei Abstrakta des Titels denn
auch in einer »Szenenübersicht zu dem Stück Kasimir und Karoline«
(Faksimile bei Kastberger 1998, 53) angeführt. Und in einer der ersten ausgearbeiteten Szenen heißt die weibliche Hauptfigur noch
Karoline (vgl. GW IV, 267–269). Die in den *Gesammelten Werken*
in einer Auswahl abgedruckten Entwürfe und Varianten (GW IV,
267–319), die in der *Kommentierten Werkausgabe* wiederum fehlen,
geben nur einen unvollkommenen Eindruck der Genese wieder.
Wichtigen Anteil daran hatte der Münchner Journalist Lukas Kristl,
den Horváth Anfang 1932 kennenlernte und der ihn animierte, in
einem Stück die Unverhältnismäßigkeit von Verurteilungen kleiner
Vergehen zu thematisieren. Er verwies den Dramatiker auf einen
Fall aus dem Jahr 1929, über den er unter dem Titel »Vor Gericht
ist das Betrug« (Faksimile bei Krischke 1991, 305) berichtet hatte.
Kastberger (1998, 54f.) fasst »die konkrete Zusammenarbeit« mit
dem Journalisten und die Textgenese, wie sie sich aus dem Nachlass
darstellt, folgend zusammen:

Kristl lieferte (mündlich und schriftlich) Ideen und mehrmals auch als Typoskript ausgeführte Szenenvorschläge. Horváth hat diese Entwürfe überar-
beitet und teilweise in die folgenden Fassungen übernommen. Die im Hor-
váth-Nachlaßbestand erhaltenen Materialien (ein über hundertseitiges
Konvolut, das keine direkte Einflußnahme Kristls mehr erkennen läßt) le-

gen die Vermutung nahe, daß es mehrere, zumindest aber zwei getrennte
Frühfassungen gegeben hat. In einer von ihnen hatte Horváth eine Auftei-
lung der Textmasse auf zwei Teile und einen Epilog vorgesehen; auf die andere bezog sich aller Wahrscheinlichkeit nach eine Eintragung in einem der
Notizbücher des Autors. Er habe dem Stück *Glaube Liebe Hoffnung* den
Untertitel ›Kleinbürgerliche Komödie‹ gegeben, heißt es dort. Als Grund
für diese Bezeichnung wird angeführt, daß das ›individualistisch erlebte
und gelebte Schicksal [...] immer Komödie [sei], selbst wenn es auf den Kothurnen des Trauerspiels daherschreitet.

Glaube Liebe Hoffnung (kA VI, 9–69) handelt der »Randbemerkung« zufolge vom »gigantischen Kampf zwischen Individuum und
Gesellschaft« (12), einem »aussichtslose[n] Kampf des Individuums«, der »auf bestialischen Trieben basiert«. Das von Arbeitslosigkeit bedrohte junge Fräulein Elisabeth verstrickt sich in ihrem Exi-
stenzkampf fast unschuldig in sogenannte »kleine Paragraphen«
(35). Um eine Ordnungsstrafe wegen Handels ohne Wandergewer-
beschein begleichen zu können, benötigt sie 150 Mark. Vergebens
bemüht sie sich, dem Anatomischen Institut gegen sofortige Auszah-
lung dieses Betrags ihren Körper für wissenschaftliche Forschung
nach ihrem Ableben zu verkaufen. Eine unbeabsichtigte Zweideutig-
keit bei der Berufsangabe ihres Vaters im Gespräch mit dem Präparator des Instituts wird ihr zum Verhängnis. Es ist nicht ihre Schuld,
dass er sie sozial höher einstuft und ihr die genannte Summe leiht,
denn er tut es, weil er, beruflich wenig erfolgreich und privat kon-
taktarm, bei ihr Interesse für seine Hobbys findet und vielleicht auf
mehr hofft. Als er sich getäuscht sieht, schiebt er ihr die Schuld zu
und bezichtigt sie der Lüge. Bestätigt wird er in seiner Ansicht
durch das Aufdecken der tatsächlichen Lüge Elisabeths, das Geld
statt für die Tilgung der Strafe für den Erwerb eines in der Tat von
ihrer Arbeitgeberin, der Frau Prantl, vorfinanzierten Wandergewer-
bescheins zu benötigen, einer Art Notlüge, mit der sie den letzten
Ausweg aus ihrer finanziellen Misere gesucht hat. Er klagt sie des
Betrugs an. Frau Prantl kommt die Anschuldigung zurecht, weil ihr
Elisabeth zu wenig Umsatz erzielt. Im Verein mit dem Präparator
lässt sie ihr daher keine Chance, sich zu verteidigen. Elisabeths Notlüge und das angesprochene Missverständnis haben für sie nicht nur
eine Gefängnisstrafe und neuerliche Arbeitslosigkeit zur Folge, sondern schließlich den Tod. Zwar nimmt sich ihrer vorerst der Polizist
Alfons Klostermeyer an, aber nur solange, als er nichts von ihrer
Vorstrafe erfährt, die sie ihm aus berechtigter Furcht, verlassen zu
werden, verschwiegen hat. Wiederum wird sie der Lüge bezichtigt.
Alfons verlässt sie seiner Polizeikarriere wegen, und Elisabeth sieht
für sich keinen anderen Ausweg als den Freitod.

Als Gattungsbezeichnung hat Horváth vorerst, wie erwähnt, »kleinbürgerliche Komödie«, dann schlicht »Volksstück« (kA VI, 71) in Erwägung gezogen, ehe er sich für »kleiner Totentanz« entschied und damit den auf den ersten Korintherbrief (13,13) anspielenden Titel konterkariert. Angesichts des »gigantischen Kampfes zwischen Individuum und Gesellschaft«, der sich eben als »Totentanz« entpuppt, bleibt der Glaube an einen liebenden und gnädigen Gott eine Leerstelle, stellt sich die Liebe als Kalkül egoistischer Männer und jede Hoffnung als Illusion heraus. Bilder des Todes dominieren das Geschehen vom ersten Moment an. »Die Frau ist tot, bevor sie sich umbringt« (Bossinade 1988a, 66), denn sie preist sich, musikalisch untermalt durch den »Trauermarsch von Chopin« (15), schon in der aller ersten Szene eben jenem Institut als Leiche an, in dem sie schließlich als Selbstmörderin landen wird. Wie in den anderen Volksstücken der frühen dreißiger Jahre schließt sich auch hier der Kreis, in diesem Fall ein »Todesreigen« (Bauer 1993, 466), der »vorangetrieben« wird durch Männer, durch den zwischen melancholischer Gutmütigkeit und Sadismus (vgl. Bossinade 1988a, 67) schwankenden Präparator, durch den selbst nicht auftretenden Amtsgerichtsrat und durch Alfons. Männer sind es denn auch ausschließlich, die die sterbende Elisabeth umstehen werden. Am Ende angekommen, wehrt sie sich zwar – »Laß ihn dir abhacken, deinen Arm!« (65), so herrscht sie Alfons an – doch ähnlich wie Marianne in den *Geschichten aus dem Wiener Wald* macht sie die tödliche Erfahrung, daß für Frauen in der kleinbürgerlichen Männergesellschaft kein Handlungsspielraum bleibt: »Der Abbau weiblicher Beziehungen – Elisabeths Mutter starb, ihre Chefin [im übrigen ein verlängerter Arm der Männer] hat sie entlassen, die Frau Amtsgerichtsrat zieht sich zurück, ihre Bekannte Maria wird verhaftet – verweist auf eine Systematik, die die Existenz der Frauen untergräbt« (Bossinade 1988a, 67).

Johann Bauer (1993, 463) hat eine Vielzahl von »Totentanzadaptionen« um die Jahrhundertwende und zu Beginn des 20. Jahrhunderts beobachtet. Nur zum Teil, wie in Hugo von Hofmannsthals *Der Tor und der Tod,* tritt in ihnen »der personifizierte Tod als Hauptakteur« (ebd., 466) auf, häufig – so auch bei Horváth – »konstituiert« sich der Totentanz allein durch »die Unausweichlichkeit der Todessituation in ihrer dramatischen Entfaltung«. In *Glaube Liebe Hoffnung,* wird wie in den *Geschichten aus dem Wiener Wald* und in *Kasimir und Karoline,* nicht nur ein symbolischer Tod inszeniert. Elisabeth wird durch die borstigen und selbstmitleidig paranoiden, eigennützigen Spießer in den Selbstmord getrieben. Sie marschieren über sie hinweg: Militärisch zackig wird der Präparator vom Sterbebett der Elisabeth verabschiedet (64), und Alfons nimmt an einer Militärparade mit Marschmusik, die den Trauermarsch von Chopin ersetzt, teil (69). Er »wirft noch einen letzten Blick auf seine tote Braut« – Horváth demaskiert in *Glaube Liebe Hoffnung* nicht nur den miesen Charakter des Kleinbürgers, der an den schwächsten Gliedern der Gesellschaft, den Frauen, seinen Totentanz inszeniert, sondern erkennt im letzten seiner Dramen vor der Machtübernahme durch die Nationalsozialisten wie auch schon in den vorangegangenen Volksstücken hellsichtig die Todgeweihtheit dieses Kleinbürgertums und das Erstarken des militaristischen Spießertums.

3.2.3 Prosa bis 1933

Horváths Prosaschriften, jedenfalls die der Phase vor 1933, haben in Kritik und Literaturwissenschaft ungleich weniger Beachtung und Zustimmung gefunden als das dramatische Werk. Beispielhaft dafür kann Hellmuth Karasek genannt werden, der das, was er beim Dramatiker als geglückt, beim Erzähler als missraten ansieht:

Was das erzählerische Werk Horváths [...] gefährdet, ist die Tatsache, daß er das, was er seinen Bühnenfiguren in den Mund legt, um ihr verstörtes Bewußtsein in den Stilbrüchen, kitschigen Entgleisungen, in der Mischung aus Sentimentalität und Brutalität zu dekuvrieren, in seinen Erzählungen und Romanen oft auch unreflektiert als seinen Erzählstil auszugeben scheint. Der Kitsch, dessen dramatische Funktion er wie kein anderer Autor aufdeckt [...] dieser Kitsch taucht in seiner Prosa oft verstörend undistanziert auf. (Karasek 1972, 81)

So richtig es zweifellos ist, dass vieles von dem, was Horváth an Prosa verfasst hat, skizzenhaft geblieben ist (vgl. ebd.), so problematisch ist es, dem Autor eine reflektierte Haltung gegenüber seinen Erzähltexten abzusprechen. Die Position, für die Karasek hier stellvertretend zitiert wurde, ist denn auch nicht unwidersprochen geblieben. Viktor Žmegač (vgl. 1989, 332) hat für Horváths Erzählprosa, ohne diese im Rang über dessen Dramatik stellen zu wollen, mehr Aufmerksamkeit verlangt, weil sie von »bemerkenswerter stilistischer Folgerichtigkeit« (ebd.) sei und mit dem dramatischen Werk »in stofflicher und stilistischer Hinsicht eher ein Ganzes« (ebd., 334) bilde. Er verweist nicht nur auf die problematische Vermischung rezeptions- und produktionsästhetischer Kategorien in der Argumentation Karaseks (vgl. ebd., 333), sondern auch auf Gründe der Irritation. Diese rührt offensichtlich daher, dass Horváth sich in seinem Erzählen nicht an »Höhenkamm-Literatur« orientiert, aber auch die Strategien der Trivialliteratur, denen er verpflichtet zu sein scheint, unterläuft (ebd., 343 und 344f.), mithin die Erwartungen sowohl der Leserschaft der einen als auch der anderen Literatur enttäuscht.

Oberflächlich betrachtet, erscheint die Erzählprosa Horváths aus der Zeit bis 1933 naiv einfach, was mit der episodisch lockeren Erzählweise und einem meist weder personal greifbaren noch auktorialen, außerhalb der Personalperspektive auftretenden Erzähler zu tun hat. Žmegač hat dies im Blick auf die *Spießer*-Prosa mit dem Begriff der »komplexe[n] Einfachheit« (ebd., 336) zu erfassen versucht und vier charakteristische, ineinandergreifende Merkmale genannt:

1. »den diffusen Diskurs« – Skizzenhaftigkeit, die Neigung zum Anekdotischen, Episodenhaften und Assoziativen sowie geborgte Sprache sind signifikant für die Horváthsche Prosa. Inkontingenz und Kohärenz, die Vorstellung vom geschlossenen Kunstwerk und einer organischen Poetik sind zwar seit Beginn des 20. Jahrhunderts fragwürdig geworden, das Besondere von Horváths Erzählen liegt jedoch (ähnlich wie bei den Theaterstücken) darin, glauben zu machen, er würde herkömmliche Formen erfüllen, dies aber dann doch nicht zu tun.

2. »den forcierten Lakonismus« – hierin entspricht der Autor dem neusachlichen Trend zum lakonischen Stil, wie man ihn bei Joseph Roth, Hermann Kesten oder Erich Kästner antreffen kann. Deren Hang zum »fingierten Objektivismus« und »zur Reportage« (ebd., 341) teilte er allerdings nicht (vgl. auch die Kritik am neusachlichen Dokumentarismus im Hörspiel *Stunde der Liebe*, GW IV, 86).

3. »die aperspektivische Anlage, die sich als infantilistischer Stil äußert« – trifft sich mit dem »diffusen Diskurs«, meint den Verzicht »auf perspektivische, moralisch und logisch ordnende Gliederung des Wirklichkeitsrepertoires« und scheinbare »Standpunktlosigkeit« (Žmegač 1989, 341).

4. »die maskenhafte Rede als nahezu durchgehendes Erzählprinzip« – die personal nicht fassbaren Erzähler Horváths scheinen die phrasen- und »maskenhafte« Sprache der Erzählfiguren zu übernehmen, es sind gewissermaßen »Erzähler ohne Eigenschaften« (ebd., 343), die nicht auf Distanz gehen zu den erzählten Figuren und ständig den Standort wechseln, sich chamäleonhaft anpassen. Ganz selten wird ein auktorialer Erzähler greifbar, der – im Sinne des Autors – Bewusstseinsdemaskierung leistet.

Horváth fängt in seiner Prosa ein, was dem Kleinbürger- und Spießertum der Zeit, von dem sie schließlich handelt, fehlt, nämlich

der Überblick. Als teilnehmender Beobachter geht er ganz nahe her-
an an seine Figuren, eben Kleinbürger und Spießer seiner Zeit. Die
undistanzierte Erzählweise und scheinbare Übereinstimmung ist ein
Kunstgriff Horváths, um auch in der Prosa das zu erreichen, was er
mit seinen Dramen der Zeit anstrebt, nämlich die Rezipierenden
nicht zu gängeln, vielmehr – durch demonstratives Ausstellen des
Gegeneinanders von Anspruch und Realität oder durch ironische Signale (wie im Untertitel zum Roman *Der ewige Spießer*) – zu eigener
Erkenntnisarbeit zu provozieren.

3.2.3.1 Kurzprosa

Wahrscheinlich 1927 hat Horváth den (nicht durchgeführten) Plan
zu einem »Novellen-Band« (kA XI, 266) gefasst, der die alles andere
als novellenhaften Kurzprosatexte *Lachkrampf, Die Versuchung,
Großmütterleins Tod, Geschichte einer kleinen Liebe* und *Der Tod aus
Tradition* enthalten sollte. In dem »Skizze« genannten Text *Lachkrampf* (kA XI, 95-98) thematisiert der Autor den Widerspruch von
angemaßtem und tatsächlichem Status, von angemaßter und tat-
sächlicher (ästhetischer) Bildung. Das Etablissement, in dem ein
Pärchen mit den sprechenden Namen Charlotte Mager und Ulrich
Stein Unterhaltung sucht, preist sich, wiewohl ein schäbiges Tanzlo-
kal, »aus Größenwahn« als »Palast« an (95). Ulrich Stein, großbür-
gerlicher Herkunft und Musikstudent mit »sozialem Verständnis« als
– ironischerweise – Produkt gutbürgerlicher Erziehung, gibt vor,
»einfache Mädchen [...] aus dem Volke« zu lieben (96). »Aber zum
zweiten Stelldichein kommt er nicht mehr, denn er lechzt nach immer neuen Erschütterungen. Eine echte Künstlernatur, hat er statt
Gewissen nur formvollendete Ausreden.« Man denkt an eine
Schnitzlersche Konstellation. Aber die arbeitslose Stenotypistin
Charlotte Mager ist kein »süßes Mädl«, wie man es im *Anatol*-Zy-
klus definiert findet (vgl. Schnitzler 1977, 46f.). Dieses zeichne sich
weniger aus durch herausragende Schönheit und Eleganz sowie
durch Esprit, als vielmehr durch »die weiche Anmut eines Früh-
lingsabends«, »die Grazie einer verzauberten Prinzessin« und »den
Geist eines Mädchens, das zu lieben weiß« (ebd., 47). Charlotte
Mager mangelt es selbst daran.

Charlotte ist eine der ersten jener Horváthschen Fräulein-Gestalten, die – mit geistigen Gaben ebenso wenig gesegnet wie mit mate-
riellen und mit einem ausgeprägten Hang zum »Kitsch« (96) – als
Opfer der tristen wirtschaftlichen Verhältnisse und herzloser Männer gezeigt werden. Stein, der Charlotte mit anmaßendem, daher
falschem Überlegenheitsbewusstsein und mit einer vom Erzähler

ironisierten Gewissheit überlegener (ästhetischer) Bildung begegnet, entpuppt sich als pseudointellektueller Spießer. Auf ihre zweifellos kitschige Äußerung, »Rosen im Winter! Man sollte in Betten voller Rosen liegen! Wenns nur wieder Sommer wär«, reagiert er keineswegs souverän, vielmehr mit einer »Wut aus Literatur«, mithin einer Wut, die ebenso aus zweiter Hand stammt wie die vermeintlich »poetischen Worte« (97), mit denen Charlotte den Wunsch nach anderen Lebensumständen, den sprichwörtlichen Wunsch, auf Rosen gebettet zu sein, formuliert. Während Ulrich sich in »schamlose Wut« steigert, »die mit apokalyptischem Hasse danach lechzt, jede arme Seele, die ihre Sehnsucht nicht stilvoll auszudrücken vermag, zu rädern« (96), und – so unangemessen wie falsch – die Freudsche Psychoanalyse bemüht, um Charlotte die Minderwertigkeit ihrer Äußerung bewusst zu machen, identifiziert sie sich mit ihren Worten, wenngleich sie bedauert, sie ausgesprochen zu haben (97). Im Bewusstsein, »dass man nichts kann, nichts ist, und, dass man auch niemals was werden kann« (98), erkennt sie gefühlsmäßig die Anmaßung Ulrichs als Überlegenheitsanspruch eines »dumme[n] Kerl[s]« und seine Rede als »Geschwätz«. Retten kann sie sich gleichwohl nicht – ihr »Lachkrampf« steigert sich zu einem Veitstanz, bei dem sie die Zähne entblößt. Und das ist bei Horváth, wie Herbert Gamper in anderen Zusammenhängen schlüssig nachgewiesen hat (1976, 72ff.), immer ein »Bild des Todes«, wobei »mit Tod die Gewalt des gesellschaftlichen Apparats gemeint ist« (ebd., S. 73). Der Spießer, der im Selbstverständnis sozial und geistig Überlegene, bleibt unbelehrbar, »das Herz voll Leid, das Hirn voll kühner literarischer Pläne« (98).

Der kurze Prosatext *Lachkrampf* ist in mehrfacher Hinsicht bemerkenswert:

Erstens zeigt sich bereits hier und nicht erst mit den Volksstücken um 1930 (vgl. die »Gebrauchsanweisung« zu *Kasimir und Karoline* – kA XI, 219) Horváths Interesse ausgerichtet auf die prekäre gesellschaftliche und wirtschaftliche Situation der Masse der Bevölkerung, sprich: des Kleinbürgertums, auf dessen eingeschränkte Möglichkeiten zu finanzieller Sicherheit, sozialem Aufstieg und Bildung. Im Gegensatz zu den meisten kleinbürgerlichen Figuren in Horváths späteren Werken überschätzt Charlotte allerdings weder ihren sozialen Status noch ihren Bildungsstand. Wenn der Autor jedoch eine seiner Figuren – wie beschränkt auch immer – Einsicht in ihre Situation gewinnen lässt, dann ist es immer eine Fräulein-Gestalt (wie Marianne in den *Geschichten aus dem Wiener Wald*, da sie am Tiefpunkt angekommen ist).

Zweitens wird mit Ulrich Stein der Typus des Spießers eingeführt, der sich sozial und bildungsmäßig überlegen wähnt und daher meint, auf Kosten der vermeintlich Unterlegenen (meist Frauen) existieren zu dürfen.

Drittens ist der »Skizze«, wie Axel Fritz (vgl. 1981, 38) zurecht festgestellt hat, die Reflexion darüber eingeschrieben, was Horváth im »Interview« dann »Bildungsjargon« nennen wird (kA XI, 201). Allerdings ist seine Auffassung missverständlich, dass »Horváth gewisse Formen von Kitsch und Trivialität durchaus verteidigt als Ausdruck echten Sentiments, weil er sie im Zusammenhang sieht mit dem sozialen und bildungsmässigen Status dessen, der sie äussert« (Fritz 1981, 39). Das ist nur insofern richtig, als Charlottes unprätentiöser Rückgriff auf vermeintlich Poetisches nicht verurteilt wird, weil sie im Rahmen ihrer geistigen Möglichkeiten bleibt und dazu steht. Es wird aber auch deutlich, dass ihr eingeschränktes Bewusstsein sie zum Opfer werden lässt. Und insofern ist es keineswegs harmlos und gerechtfertigt.

Viertens grenzt sich Horváth vom – wie es im Text ironisch heißt – »ästhetischen Feingefühl« (96) Ulrich Steins und von dessen selbstmitleidigen, im Eigenverständnis »kühnen literarischen Plänen« (98) ab. Diese haben kein Auge für die sozialen Bedingungen und Gefährdungen des Kleinbürgertums sowie für die Sehnsüchte, mit denen die Charlottes ohne »schöne Aussicht« leben müssen. Ex negativo lässt Horváth durch die satirische Zeichnung der falschen Ansprüche Ulrichs auf überlegene Bildung und ästhetische Prinzipien eigene poetologische Vorstellungen erkennen.

Fünftens verkörpert die »Skizze« *Lachkrampf* beispielhaft die von Horváth in seiner Kurzprosa bevorzugte anekdotische Form mit ironischer Zuspitzung, und zwar unabhängig davon, ob es sich beim Erzählten tatsächlich um eine mehr oder weniger literarisch ausgeschmückte Anekdote oder um eine fiktive Anekdote wie im gegenständlichen Fall handelt.

An den übrigen Texten des geplanten Novellenbandes sind nur einzelne Aspekte interessant: *Die Versuchung* (kA XI, 99-102) prangert satirisch die Neigung zum Satansglauben an. In *Großmütterleins Tod* (103-108) ist die Figur des gar nicht lieben, vielmehr mörderischen Großmutterls der *Geschichten aus dem Wiener Wald* vorgezeichnet, mit dem Unterschied allerdings, dass sie im gegenständlichen Prosatext schließlich nicht triumphiert, sondern stirbt. In der *Geschichte einer kleinen Liebe* (109f.) beichtet der Ich-Erzähler seine egoistische Haltung gegenüber einer jungen Frau, die er, ohne sie zu lieben, sexuell »besitzen« möchte (109). Das Opfer seiner »Gemeinheit« (110) ist eine typische Horváthsche Fräulein-Gestalt, eine unbedarfte kleine Angestellte. Wiederum erweist sich: wenn eine Horváthsche

Figur aus dem scheinbar ausweglosen Zusammenhang von gegenseitiger Erniedrigung, gefühlsmäßiger und finanzieller Ausbeutung und Lieblosigkeit herauszutreten vermag, ist es eine dieser Fräulein-Gestalten. Die junge Frau in der *Geschichte einer kleinen Liebe* durchschaut die Gefühle und Absichten des Ich-Erzählers, gibt sich nicht der Opferrolle hin, sondern setzt einen Akt der Verweigerung – sie verlässt ihn. Im Augenblick ihres Weggehens empfindet er eine »kleine Liebe, innig und geläutert, in märchenhafter Pracht«. Momenthaft, aber eben nur transitorisch, ist der genannte Zusammenhang durchbrochen. Und die schwache Hoffnung, die sich da auftut, verbindet sich mit der Haltung einer Frau. Während Horváth im *Buch der Tänze* und auch noch im *Mord in der Mohrengasse* einem herkömmlichen Frauenbild in der Tradition von Schopenhauer, Nietzsche, Weininger anhängt, durchbricht er es hier, indem er die junge Frau sich dem männlichen Verfügungsanspruch entziehen lässt.

In der »Legende aus den nördlichen Kalkalpen« *Der Tod aus Tradition* (kA XI, 111-116) schließlich prangert Horváth in einer an Karl Valentin erinnernden ironischen Karikierung das bayrische »Traditionsspießertum« (Fritz 1973, 48) an. Dieses erweist sich am Beispiel des sich in paranoide Wahnvorstellungen steigernden Franz Xaver Loibl, der ein »biederer aufrechter Mann, voll Gottesfurcht und Ahnenkult« (111) ist, als ein gefährliches Amalgam aus Versatzstücken monarchistischen, nationalistischen, antirepublikanischen, antipreußischen, antisemitischen und antiintellektuellen Gedankenguts. Loibl will dem ehemaligen bayrischen König, seit dessen Abdankung ihm das Lachen vergangen ist, das »ius primae noctis« (113) bei seiner Tochter einräumen. Diese hat allerdings »in einer lauen Sommernacht«, wie sie ihm unverblümt eröffnet, nicht nur ihr »Herz in Heidelberg verloren« (115). Der »brutalen« Konfrontation mit der Realität begegnet der krankhafte Traditionalist damit, daß er sich in den Tod schläft, »allwo alles Tradition ist« (116). *Der Tod aus Tradition* wird als »Legende« bezeichnet, und so wie die *Legende vom Fußballplatz* bleibt auch dieser Text der angesprochenen Gattung strukturell verpflichtet. Als Bekenner des Traditionalismus und Märtyrer in republikanischen Zeiten geht Loibl in die Seligkeit ein. Aus der übertriebenen Affirmation des Loiblschen Denkens – der Text ist durchgehend aus dessen Perspektive erzählt – und des Gattungsbezugs zieht Horváth einen »wohlberechneten ironischen Effekt« (Fritz 1973, 48). Indem der Autor die realitätsfremde »Verehrung der Sitten der Vorfahren« (114) durch karikierende, satirische Überzeichnung der Lächerlichkeit preisgibt, macht er aber nicht nur die Unzeitgemäßheit bewusst, sondern demaskiert die po-

Das literarische Werk 1926 – 1933103

litische Gefährlichkeit des angesprochenen Amalgams von Traditionsverhaftung und politischen Verschwörungstheorien nationalistischer Kreise in der Weimarer Republik.

Die *Kommentierte Werkausgabe* weist aus den mittleren zwanziger Jahren noch drei Kurzprosatexte Horváths aus, die mit großer Wahrscheinlichkeit 1927 entstandenen sind (vgl. kA XI, 267), die »romantische Novelle« *Amazonas* (kA XI, 117-120) sowie *Theodors Tod* (kA XI, 121-123) und *Das Märchen vom Fräulein Pollinger* (kA XI, 124f.). Dieses ganz unmärchenhafte, Märchenglauben angesichts der Situation der kleinen Angestellten ironisierende »Märchen« dürfte schon 1924/25 entstanden sein (vgl. den indirekten Datierungshinweis in: kA XI, 280, Anm. 124) und wird dann 1930 in den Roman *Der ewige Spießer* (vgl. kA XII, 153f.) integriert. Es war auch als eine Szene für das Hörspiel *Stunde der Liebe* geplant (vgl. GW IV, 16*). In *Amazonas* ironisiert Horváth die in den zwanziger Jahren so beliebten Romane, Dramen und Hörspiele über heldenhafte Entdeckungsreisen, indem er Mitteilungen aus dem 1927 im Berliner Verlag Wegweiser erschienenen unglaubwürdigen Romanbericht *Das Urwaldschiff. Buch vom Amazonenstrom* des Wiener »Schreiberlein[s]« (118) Richard Bermann (vgl. kA XI, 279, Anm. 118) eine eigene Geschichte aus dritter Hand anfügt (vgl. ebd.). Außerdem bietet ihm der vorgefundene Text Gelegenheit zur satirischen Zeichnung von Frauenfeindlichkeit aus Angst vor Frauen. In *Theodors Tod* schließlich wird die persönlichkeits- und beziehungszerstörende Wirkung von übertriebenem politischen Fanatismus angeprangert.

1929 wurde die kurze Erzählung *Das Fräulein wird bekehrt* (kA XI, 126–132) in der von Hermann Kesten im Berliner Kiepenheuer-Verlag herausgegebenen Anthologie *24 neue deutsche Erzähler* veröffentlicht (vgl. kA XI, 267). Krischke versteht Horváths Entwurf eines Protestbriefes unter dem Titel »*Sie haben keine Seele*« (kA XI, 193f.) als »vermutlich[e]« Reaktion auf eine Rezension der genannten Erzählsammlung durch Heinrich Mann in der *Literarischen Welt* (kA XI, 269). Balme (1987, 27/Anm. 14) weist zurecht darauf hin, daß Manns Kritik, es falle »kein Wort von Seele«, sich nur auf eine der Erzählungen der Anthologie beziehe und dass keines der wörtlichen Zitate in der Replik sich in der besagten Besprechung finde. Jedenfalls weist Horváth für sich und seine Schriftstellerkollegen den von wem immer erhobenen Vorwurf, »Ihr habt keine Seele, ihr schreibt aber erschreckend gut, ihr seid kalt« (193), entschieden zurück.

Das Fräulein wird bekehrt gehört thematisch schon zum Komplex der *Spießer*-Prosa. Das Fräulein stammt aus einer ursprünglich wohl-

habenden, durch Inflation (128) verarmten bürgerlichen Familie, in
der Ausbeutung durch den Großvater nationalistisch und durch die
Großmutter religiös legitimiert worden ist (vgl. 127), ähnlich wie
durch die Vorfahren des Generaldirektors im fiktiven Zeitungsartikel *Der Stolz Altenaus* (vgl. kA XI, 156f.). Ein ironischer Seitenhieb
Horváths gilt »der sozialen Gesetzgebung der Weimarer Republik«
(126), die den Arbeitnehmern zwar das eine oder andere Recht, wie
das auf sieben Tage Erholungsurlaub im Jahr gebracht, jedoch der
breiten Masse keineswegs die finanziellen Voraussetzungen für ein
sorgenfreies und angenehmes Leben geschaffen hat. Das Fräulein
verfügt nun über Urlaubsanspruch, aber nicht über das Geld, um
den Wunsch, »in die Berge [zu] fahren«, verwirklichen zu können.
Horváth entlarvt allerdings auch den sozialen Dünkel und die groß-
spurigen, illusorischen Wünsche der depossedierten Kleinbürgerin
(vgl. 128), die sich nicht nur »nach einem Sechszylinder sehnte«
(ebd.), sondern auch »dorthin« fahren möchte, wo die Berge »am
höchsten sind« (126), wo sie demnach über den anderen stünde.
Nur momenthaft, als sie von einem Spießer wegen ihres ärmlichen
Äußeren versetzt wird, gewinnt sie Einsicht in ihre Situation: »sie sei
halt auch nur eine Proletarierin« (129). Da sie als typische Kleinbürgerin zwischen den Klassen steht und sich, wiewohl ökonomisch ab-
gestiegen, dennoch »nicht zum Proletariat« (128), sondern zum ge-
hobenen Bürgertum zählt, fürchtet sie jede Veränderung und
flüchtet in eine dezidiert apolitische Haltung.

Scheinbar eine Gegenposition nimmt der Herr Reithofer ein, der
das »bürgerliche Mädchen« (130) zu politischer Haltung »bekehren«
möchte. An ihm zeigt Horváth eine andere typische Variante des
orientierungslosen Kleinbürgers, der verworrenen, irgendwo aufge-
schnappten, jedoch unreflektierten politischen Ansichten anhängt:

Der Herr Reithofer war durchaus Marxist, gehörte aber keiner Partei an,
teils wegen [des zeitweiligen sozialdemokratischen Reichswehrministers]
Noske, teils aus Pazifimus. ›Vielleicht ist das letztere nur Gefühlsduselei‹,
dachte er und wurde traurig. Er sehnte sich nach Moskau und war mit einem sozialdemokratischen Parteifunktionär befreundet. Er spielte in der
Arbeiterwohlfahrtslotterie und hoffte mal etwas zu gewinnen und das war
das einzig Bürgerliche an ihm. (129)

Die politische Bekehrungsabsicht des Herrn Reithofer wird als sexuelle entlarvt. Das »katholisch[e]« (131) Fräulein zeigt sich beeindruckt von seinen politischen Weisheiten, »Sie wissen aber schon
sehr viel und Sie können es einem so gut sagen« (130), und folgt
ihm in eine dunkle Parkanlage, das heißt, entgegen der für sie sonst
maßgeblichen kleinbürgerlichen Moralvorstellung gibt sie ihren

Trieben nach. Ihre Gewissensbisse beruhigt sie nicht nur durch fortgesetzte Selbsttäuschung über den Charakter des Herrn Reithofer, der »wirklich schön achtgegeben« habe und »überhaupt ein anständiger Mensch« sei (132), sondern auch durch wirre, im moralischen Vergleich mit der Jungfrau Maria sogar ins Blasphemische abgleitende religiöse Überlegungen.

Gegen Ende der Geschichte, wenn das Paar im Park verschwindet, lässt Horváth, eine mündliche Erzählsituation fingierend, einen Ich-Erzähler hervortreten, der sich an eine »Frau Kommerzienrat« (131) als Zuhörerin wendet. Anders als der Reporter im etwa gleichzeitig entstandenen Hörspiel *Stunde der Liebe*, der seine Lauschangriffe auf Liebespaare als Tribut an den technischen Fortschritt im Sinne einer neuen Sachlichkeit rechtfertigt, empfindet er das Weiterverfolgen des Paares als »häßlich«. Aber auch der Ich-Erzähler der Bekehrungsgeschichte bekennt sich zu einem gewissermaßen »neusachlichen« Erzählprogramm, wenn er als Ersatz »Sportnachrichten« anbietet. Die Forderung seiner Zuhörerin nach Fortsetzung der Erzählung über das Schicksal der sozial tiefer stehenden Frau wird von ihr getarnt als Interesse daran, »ob sich das Fräulein wirklich bekehrt hat«. Zum Zeitpunkt der Erzählunterbrechung ist die Situation jedoch eindeutig, so dass ihre Erwartungshaltung als eine »romantische«, auf ein happy ending, auf ein kitschiges Heftchenromanfinale ausgerichtete interpretiert werden kann. Diese Erwartung wird allerdings durch den Erzählschluss unterlaufen: das Fräulein schläft unzufrieden und verwirrt ein, die wohl enttäuschte »Frau Kommerzienrat« wird mit einem »Gute Nacht« verabschiedet (132).

Der Erzählreflexion dieses Kurzprosatextes *Ein Fräulein wird bekehrt* ist eine deutliche Absage Horváths an eine Poetik der literarischen Ausbeutung der sozial und ökonomisch ohnehin Benachteiligten eingeschrieben. Dies steht nicht im Widerspruch zum Anspruch der kritischen Analyse von deren falschem Bewusstsein und der Aufdeckung von Widersprüchen zwischen den vorgeblichen politischen und religiösen Einstellungen und dem tatsächlichem Verhalten des Kleinbürgers und der Kleinbürgerin.

Eine Reihe von kurzen Prosatexten der späten zwanziger Jahre hat Horváth in der ihm vertrauten Gegend um Murnau angesiedelt. Er war, so Dieter Hildebrandt (1975, 63) treffend, »immer mit einem Fuß in Berlin, mit dem andern in Murnau. In Berlin holte er sich den ›bösen Blick‹, in Bayern die Gelegenheit, ihn auf die heile Welt anzuwenden«, die unter diesem Blick dann, so wäre zu ergänzen, ihre weniger heilen Facetten offenbart. *Die Fürst Alm* (kA XI, 133f.), ein 1929 entstandenes Loblied auf den »schönste[n] Punkt

am nördlichen Rande der bayrischen Alpen« (133) mit einer von
Horváth immer wieder gepriesenen Gaststätte (vgl. Tworek-Müller
1989, 48), enthält einen Seitenhieb auf die verlogene katholische
Moral (vgl. 133). *Ein sonderbares Schützenfest* (kA XI, 135–138) aus
demselben Jahr formuliert eine scharfe Kritik an der »entarteten
Heimatliebe«, an »sträflich leichtsinniger Gedankenlosigkeit, politischer Wurschtigkeit und Unwissenheit – das typisch politische
Merkmal breiter Schichten des Mittelstandes« (137), der in einem
»sogenannten schmucken Markt« im bayrischen Oberland (135) »einen Tag« festlich mit einem Schützenfest begeht, »an dem Deutsche
auf Deutsche geschossen haben« (136). In diesem wie in anderen
Texten, die die bayrische Provinz aufs Korn nehmen, verarbeitet der
Autor eigene Erfahrungen und dokumentarisches Material aus Zei-
tungen und historischen Studien (vgl. Tworek-Müller 1989, 42f.)
meist in anekdotischer Form und zugespitzt, wie in den drei vermutlich 1928 (vgl. kA XI, 267) verfaßten Texten unter dem Titel
Aus den weißblauen Kalkalpen (kA XI, 139f.). Die ersten beiden machen sich pointiert lustig über Begleiterscheinungen des Fremden-
verkehrs, über die Prostitution von »Bauernburschen« für »unbefrie-
digte Damen« (139) oder über erzwungene Freundlichkeit, der
letzte prangert politische Engstirnigkeit an.

Wie wenig »heil«, gar »heilig« die Welt der Provinz ist, demaskiert Horváth am schärfsten in dem 1929 verfaßten, 1930 im *Berliner Tagblatt* erschienenen kurzen Prosatext *Souvenir de Hinterhornbach* (kA XI, 144f.). Dieser basiert, wie aus den Erinnerungen an
Ödön von Horváths Jugendzeit seiner Freundin Gustl Schneider-Emhardt (1983, 74) hervorgeht, auf einer authentischen Erfahrung des
Autors. Er besuchte Hinterhornbach mehrere Male auf Einladung
eines befreundeten Ehepaares und studierte bei dieser Gelegenheit
»die Bauern und die dortigen Gepflogenheiten sehr genau«.

Der Stil des Textes ähnelt in seiner scheinbar oberflächlichen
Naivität dem Duktus einer typischen Ferienschilderung im Aufsatz
eines unbegabten Schülers. Aber die Naivität ist eben nur oberflächlich, sie ist eindeutig eine angestrengte, ja überanstrengte: »Wir waren nun drei Wochen lang in Hinterhornbach, in einem der finstersten Winkel des heiligen Landes Tirol [...] Wir sind auf die Berge
gestiegen und sind auch wieder hinabgestiegen, wir haben dort dro-
ben die seltsam stille Luft ein- und ausgeatmet und dabei das Wild
im Walde geärgert« (144). Der Einleitungssatz mit dem alarmieren-
den Gegensatz von »finster« und »heilig« signalisiert bereits die
Doppelbödigkeit dieser Prosa. Das Ärgern des Wildes stört dann die
vermeintliche Idylle nachhaltiger, endgültig unterlaufen wird allfälli-
ge Kitscherwartung durch die für Horváth, man denke an die Re-

gieanweisung »*fast fasziniert*« in den *Geschichten aus dem Wiener
Wald* (kA IV, 118), nicht untypische Ironisierung von »wildroman-
tisch« durch »fast«. Diese Ironisierung wird weitergeführt durch die
Erklärung des Ich-Erzählers, an die »dreiundachtzig Seelen« von
Hinterhornbach »hintereinander« denken zu müssen, durch die em-
phatische Betonung des »Hintereinander«. In der Erinnerung ver-
lebendigen sich dem Erzähler Szenen, die die Unmenschlichkeit und
Unterdrückung in der religiösen Praxis sowie die Engstirnigkeit,
Bösartigkeit und das Misstrauen im Zusammenleben dieser kleinen
Gemeinde entlarvt. Im Verlaufe des Textes wird klar, wie wenig
harmlos die Kontrastierung von »finster« und »heilig« im ersten Satz
ist. Im wahrhaft »finstersten Winkel« des keinesfalls »heiligen«, vielmehr schein-»heiligen Landes Tirol« erscheint wie auf einem Röntgenschirm, was die Krankhaftigkeit der sich als christlich verstehenden Gesellschaft ausmacht, besonders deutlich. Scheinbar arglos
entlarvt Horváth das Bewusstsein der Menschen. Und da wird deutlich: Es sind, mit Brecht (1967/IX, 722) gesprochen, »finstere Zeiten«, keineswegs aufgeklärte: kaum zu glauben, man schreibt »den
15. März 1930« (145); Die Welt ist im scheinbar idyllischen »Dorf«
Hinterhornbach, das »damals derart versteckt und unbekannt« war,
»daß man das Gefühl hatte, von der Gegenwart in die Vergangenheit zu kommen« (Schneider-Emhardt 1983, 74) ebenso wenig in
Ordnung wie im Großstadtdschungel, der zu Horváths Zeiten viel-
fach für den moralischen Verfall verantwortlich gemacht wird.

Die Verkommenheit der Gesellschaft in der vermeintlich intak-
ten Welt der Provinz nimmt Horváth in weiteren Erzählungen
aufs Korn, so in dem kurzen, 1932 veröffentlichten Prosatext *Der
Fliegenfänger* (kA XI, 153f.) durch die (in der räumlichen Zusammenstellung von Kreuz und Fliegenfänger auch blasphemische) Ironisierung der Bigotterie, tatsächlich der Pietätlosigkeit bei Leichen-
schmäusen, bei denen der Gegenstand des Gedächtnisses in
Vergessenheit gerät, oder auch in dem fiktiven Zeitungsartikel mit
dem Herausgebertitel *Der Stolz Altenaus* (kA XI, 155–157), der sich,
angeregt von der Lektüre des Heftes *Murnau und der Staffelsee* der
übrigens im *Sonderbaren Schützenfest* (kA XI, 136) explizit erwähnten Illustrierten *Das Bayerland*, auf die Geschichte Murnaus bezieht.
Mit dem Erscheinungstermin des genannten Heftes im April 1929
(vgl. Tworek-Müller 1989, 43) ergibt sich auch der terminus post
quem für die Entstehung von Horváths Text. Der Autor lässt seinen
Erzähler, einen Journalisten, mit den historischen Fakten sehr frei
umgehen. Dies aber nicht, um den Generaldirektor eines Trusts,
dem auch seine Zeitung angehört, einen brutalen Aufsteiger aus
dem Mittelstand in einem Jubelartikel als »Stolz Altenaus« erstrah-

len zu lassen, vielmehr um schärfer satirisch, ja sarkastisch herausstreichen zu können, daß Religion nicht nur in der (gegenreformatorischen) Vergangenheit als Deckmantel von Herrschaftsinteressen gedient hat, sondern auch, wie das verlogene Verhalten eines Pfarrers beweist, in der Gegenwart politisch funktionalisiert wird. Kirche und Kapital, »entartete Heimatliebe« – wie es im *Sonderbaren Schützenfest* (kA XI, 137) treffend heißt – und Manipulation der Medien durch das Kapital gehen in der aktuellen Gegenwart eine unheilvolle Allianz ein und lassen sie als finstere Zeit erscheinen.

Die Provinz erscheint bei Horváth als gar nicht heil auch noch in anderer Hinsicht: Mit wachsender Besorgnis hat der Autor den zunehmenden Rechtsruck in den politischen Anschauungen der bayrischen Provinzbevölkerung beobachtet und unter anderem in den Erzählungen *Wie der Tafelhuber Toni seinen Hitler verleugnet hat* (kA XI, 141–143, Erstdruck Anfang 1930 im *Simplicissimus*) und *Der mildernde Umstand* (kA XI, 146–148, Erstdruck Anfang 1931 in derselben Zeitschrift) thematisiert. Den beiden Texten ist die Schilderung einer kurzen Krise im Alltag von Nationalsozialisten gemeinsam. Es genügen offensichtlich unbedeutende zufällige Ereignisse, um den einzelnen zu – aus der Sicht der Partei jedenfalls – unüberlegten Handlungen hinzureißen: Der rassebewusste SA-Mann Tafelhuber Toni ist im Fasching von einer als Andalusierin verkleideten Sozialdemokratin so fasziniert, daß er »seinen Hitler verleugnet«, der Bruder des Drogisten, eines »begeisterten Nazi« (146) mit dem sprechenden Namen »Lallinger« zerschmettert bei einer Rauferei während einer Parteiversammlung einen Maßkrug auf dem Kopf eines Unbeteiligten. Das als »rabulistisch« (142) charakterisierte Lächeln eines Juden oder das zufällige Hereinirren eines Betrunkenen in eine Parteiversammlung (vgl. 147) lösen bei den kleinen Parteigängern den Verlust der Selbstkontrolle aus. Die Unverhältnismäßigkeit ihres Handelns gibt Horváth der Lächerlichkeit preis.

Da der »Satan der Fleischeslust« (141) stärker ist als alle noch so fanatische politische Überzeugung, flüchtet der Tafelhuber Toni, der sich in seinem momentanen Triebbedürfnis durch seine ideologischen Überzeugungen gestört fühlt und die Triebbefriedigung nicht gefährden will, in ein selbstauferlegtes Denkverbot und tröstet sich mit seiner menschlichen (männlichen) Natur: »Auch ein SA-Mann ist halt zu guter Letzt nur ein Mensch. Auch er ist doch nur ein Mann mit demselben Gestell wie ein Exot. Was helfen da alle guten Vorsätze, das Leben legt seine Netze aus und fragt weder nach Rasse noch nach Religion. Manchmal ist halt auch bei einem Hitlermann der Geist willig und das Fleisch schwach.« (143)

Säkularisierter religiöser Sprachgebrauch ist bekanntlich für den Nationalsozialismus typisch. Hitler hat sich selbst als Messias geriert und sich, insbesondere in Lyrik, als solcher besingen lassen. Dieses Mittel der Säkularisation des Sprachgebrauchs (»Der Geist ist zwar willig ...«) sowie der biblischen Geschichte von der Verleugnung Christi durch Petrus (»So hatte er seinen Hitler verleugnet, ehe die dritte Française getanzt war«) benützt Horváth, um sowohl den Führeranspruch Hitlers als auch die blinde Gefolgschaft von dessen Anhängern satirisch zu unterlaufen und lächerlich zu machen. Lächerlich auch dadurch, dass der Tafelhuber Toni seine »Gewissensbisse« (143) im Suff ertränkt. Der Text mündet in die Ironisierung des vaterländischen Getues der Nazis und von Heimatkitsch: »Ein feiner Nebel lag über dem Asphalt, und wenn er [Tafelhuber] sich nicht hätt übergeben müssen, dann hätt er die Sterne der Heimat gesehen.« Hier wie im *Mildernden Umstand* wird die Diskrepanz von ideellem Anspruch und wirklichem Verhalten, konkret borniertester Vulgarität, erkennbar. Insbesondere dadurch, dass in beiden Geschichten die personale Erzählsituation gewählt ist, die Vermittlung des Erzählten mithin durch eine Instanz geschieht, die sich mit der Ideologie des Tafelhuber Toni beziehungsweise des Drogisten zu identifizieren scheint, ist die satirische Wirkung gesteigert und der Lächerlichkeit preisgegeben, was von Horváth als reale Bedrohung der Zeit wahrgenommen wurde.

In weiteren Kurzprosatexten der Zeit sind bezeichnend das Ambiente kleinbürgerlicher Enge (*Vom kleinen Beamten* – kA XI, 158f.) oder eines heruntergekommenen ehemaligen Nobelviertels (*Das Café, in dem Michael Babuschke saß* – kA XI, 162f.), die mehr oder weniger harmlose Verlogenheit des Kleinbürgers und Spießers, mehr im Falle des resignativen Beamten, weniger im Falle des Babuschke, der seine Verbitterung in brutalen Frauenhass kanalisiert. Immer wieder zielt Horváth auf Entlarvung von Lügengebäuden: In dem zum Umfeld der *Geschichten aus dem Wiener Wald* gehörenden, im Programmheft der Uraufführung dieses Volksstücks erstabgedruckten Text *Die gerettete Familie* (kA XI, 149–152) entpuppt sich der Ich-Erzähler, der von sich das Selbstbild eines ehrenhaften, von edlen »Prinzipien« und »Altruismus« (150) geleiteten Menschen entwirft, als mieser Typ, der Frauen und seinen dümmlichen Freund ausnutzt und hintergeht, in *Wer den Pfennig nicht ehrt, ist des Talers nicht wert* (kA XI, 169–171) ist hinter der Fassade des treusorgenden »Familienvater[s]« und »tüchtige[n] Verkäufer[s]« Neuhuber der sexuell »ziemlich hemmungslos[e]« (170) und brutale Spießer erkennbar. In *Emil* (kA XI, 164–166) beziehungsweise *Nachruf* (kA XI, 167f.) schließlich wird neben anderen Verlogenheiten insbesondere die des De mortuis nil nisi bene sarkastisch ironisiert.

Ein wenig aus dem Rahmen fällt unter den Kurzprosatexten nur die Skizze *Mein Onkel Pepi* (kA XI, 160f.), ein liebevoll spöttisches Portrait von Horváths leichtlebigem, gleichwohl sympathisch selbstironischen Wiener Onkel Josef Prehnal, bei dem der Autor im Jahr 1919 zeitweilig wohnte. Entgegen seinem üblichen Bestreben, »Demaskierung des Bewußtseins« zu betreiben, macht er sich in dieser Skizze einfach nur lustig über Klischees vom alten Österreich-Ungarn und dessen Damen verführende Offiziere.

3.2.3.2 Die *Spießer*-Prosa

Unter den Begriff »Spießer-Prosa« sind jene Texte gefasst, die in den Kontext des Romans *Der ewige Spießer* (kA XII, 127–275) gehören (in diesem Sinn auch bei Fritz 1973, 136 passim), verschiedene Vorstufen und Entwürfe, die Kurzprosatexte *Das Märchen vom Fräulein Pollinger* und *Das Fräulein wird bekehrt* (vgl. Kap. 2.2.3.1) sowie das Fragment *Ursula. Roman einer Kellnerin* (GW IV, 409-417). Während die beiden erstgenannten Texte in mehr oder weniger modifizierter Form Eingang in den Roman gefunden haben, stellt sich das zuletzt genannte Projekt, zu dem es mehrere Entwürfe mit unterschiedlichen Titeln wie auch Namen für die Kellnerin gibt (vgl. GW IV, 34*), sowohl durch die ironische bis sarkastische Darstellungsweise als auch thematisch (Abbröckeln der Fassade bürgerlicher Wohlanständigkeit und der Münchner »Gemütlichkeit« (409) aufgrund übermäßigen Alkoholkonsums in der »Starkbiersaison«, Folgen des Ersten Weltkriegs für die kleinen Leute, Kritik an Bigotterie, verlogener Moral, Volkstümelei und rücksichtslosem Kapitalismus) in die Nähe des *Ewigen Spießers*. Hierher gehören auch die Exposés zu den Romanen *Der Mittelstand* (GW IV, 646– 50) und Verrat am Vaterland (GW IV, 651–654).

Anfang 1929 (vgl. kA XII, 317) legte Horváth dem zur Ullstein-Gruppe gehörenden Propyläen-Verlag das Manuskript eines Romans mit dem Titel *Sechsunddreißig Stunden* (kA XII, 9-125) vor, das in dieser Form erst 1976 im Horváth-*Lesebuch* (41–145) unter dem Titel *Fräulein Pollinger,* dann als selbständige Publikation 1979 in der »Bibliothek Suhrkamp« mit dem ursprünglichen Titel veröffentlicht wurde. In der Ausgabe der *Gesammelten Werke* ist eine andere Textvariante dieser Vorstufe unter dem Titel *Die Geschichte vom Fräulein Pollinger* (GW IV, 478–577) abgedruckt. *Sechsunddreißig Stunden* wurde vom Autor als eigenes Projekt ebenso aufgegeben wie »Herr Kobler wird Paneuropäer«, ein weiterer Plan für einen Roman (vgl.

kA XII, 318f.). Beide flossen, erheblich gekürzt, in die endgültige
Fassung des 1930 veröffentlichten Romans *Der ewige Spießer* ein,
dessen langsames Heranreifen auch verschiedene weitere Notizen erkennen lassen (vgl. kA XII, 318ff.).

Horváth stellt den drei Kapiteln seines »Erbaulichen Romans«
Der ewige Spießer als Vorbemerkung eine Absichtserklärung voraus
(129), die in einer signifikanten Spannung zu Titel und Untertitel
beziehungsweise zur Gattungsbezeichnung steht. Angeblich befinde
man sich in einer Übergangszeit »zwischen zwei Zeitaltern« und bilde
sich ein »neue[r] Typ des Spießers« aus, der aber doch, so suggeriert
der Titel, ein »ewiger« sein soll, vielleicht also nur den »alte[n] Typ«
fortschreibt, der allerdings »nicht mehr wert« befunden wird, »lächerlich gemacht zu werden«. Daher sei beabsichtigt, »einige Beiträge zur
Biologie dieses werdenden Spießers zu liefern«, womit wiederum die
Erwartung eines »erbaulichen Romans« unterlaufen wird. Tatsächlich
bietet der Text weder das eine noch das andere, ironisiert die zum
Kitsch herabgekommene literarische Gattung des erbaulichen Romans
ebenso wie die fragwürdige, von nationalistischen Interessen geleitete
wissenschaftliche Methode des Biologismus. *Der ewige Spießer* – und
hierin unterscheidet er sich deutlich von der Vorstufe *Sechsunddreißig
Stunden* – setzt starke Signale ironischer Distanzierung: eben durch
den genannten Untertitel in Spannung zur Vorbemerkung, durch die
den drei Kapiteln des Romans vorangestellten Motti, die jeweils in
ironischem Verhältnis zum Handlungsverlauf stehen, oder auch durch
den Schluss mit dem selbstironischen Zeugnis, das sich Reithofer
selbst ausstellt (vgl. 275). Die Vorstufe enthält dieses zwar auch (vgl.
123), es folgen ihm allerdings sentimentale Textpassagen, die die Ironie zurücknehmen.

Der Roman, so man beim geringen Umfang von einem solchen
überhaupt sprechen kann (vgl. die berechtigte Problematisierung bei
Fritz 1973, S. 265, Anm. 33), ist in drei quantitativ ungleichgewichti-
ge Teile (von 101 + 25 + 19 Seiten in der *Kommentierten Werkausgabe*) gegliedert, die durch die Handlung nur sehr lose miteinander verknüpft sind. Im Mittelpunkt des ersten Teils, »Herr Kobler wird
Paneuropäer« steht der skrupellose betrügerische Geschäftemacher Alfons Kobler aus München, der – ähnlich Alfred in den *Geschichten aus
dem Wiener Wald* – »nur mit Menschen verkehren« will, »von denen
man was hat« (184), ein Strizzi, der dementsprechend darauf aus ist,
(alternde) Frauen auszunützen. Ein unredliches Autogeschäft ver-
schafft ihm einen ansehnlichen Geldbetrag, der ihm Mitte September
1929 eine Reise zur Weltausstellung in Barcelona erlaubt, »um seinen
Horizont zu erweitern« und »sich mit den Verkaufsmethoden des
Auslands vertraut [zu] machen« (145). So gibt er vor: an nichts aller-

dings ist er weniger interessiert als am Kennenlernen neuer wissen-
schaftlich-technischer Errungenschaften, wie sie bei der Weltausstellung präsentiert werden, oder fremder Kulturen – außer an dem von
Bordellen beziehungsweise Hurenvierteln in Verona und Marseille
(vgl. 174 und 180). Dem Ratschlag eines (ökonomisch und moralisch) heruntergekommenen adeligen Freundes folgend, ist es das
Ziel seiner Reise, eine reiche Frau kennenzulernen, sie zu kompro-
mittieren und damit sanft zur Ehe zu zwingen (vgl. 142f. und 213).

Das Reisemodell des traditionellen bürgerlichen Bildungsromans,
dem als (utopisches) Telos die Entwicklung eines für unterschiedlichste Erfahrungen aufgeschlossenen Individuums zu einem voll-
wertigen und selbstbewussten Mitglied der Gesellschaft eingeschrieben ist, wird durch den Spießer, von dem nichts zu hoffen
ist und der Schein vor Sein und Eigennutz vor Gemeinnutz stellt,
ad absurdum geführt. Kobler begegnet auf der Reise Spießern unterschiedlicher Herkunft und Einstellung, deren durchwegs erbärm-
licher Charakter, politisch-gesellschaftliche Borniertheit, ideologische Verwirrungen und ebenso ungerechtfertigtes wie grenzenloses
Überheblichkeitsgefühl sich im Erzählen gewissermaßen selbst entlarven. Koblers Plan, sich eine vermögende Frau zu angeln, scheint
sich vorzeitig zu verwirklichen. Er lernt noch während der Bahn-
fahrt die Tochter eines alten Großindustriellen kennen, verbringt
auch die erste Nacht in Barcelona mit ihr, muss allerdings zur
Kenntnis nehmen, dass sie aus geschäftlichen Rücksichtnahmen mit
einem amerikanischen Millionär verlobt ist. Außer Spesen nichts gewesen: Es ist eine Fehleinschätzung des unvermögenden Spießers zu
glauben, er könne im »Zeitalter der Kaufleut« (182) unter den Reichen mitmischen. Das immerhin hat er auf seiner »Bildungsreise«
gelernt. Da er seine gesamte Barschaft (fehl)investiert hat und keine
Perspektive für die Zukunft sieht, kehrt er unverzüglich in die wirtschaftliche Tristesse Deutschlands zurück.

Der zweite und dritte Teil des Romans, »Fräulein Pollinger wird
praktisch« und »Herr Reithofer wird selbstlos«, stehen nur in einem
losen Zusammenhang mit dem ersten. Der zweite Teil erzählt davon, wie Anna Pollinger, ehemals Koblers Geliebte, zur Zeit von
dessen Barcelona-Reise »praktisch wird«, das heißt, für sich als Arbeitslose keinen anderen Ausweg mehr sieht, als ihren Körper zu
verkaufen. Im dritten Teil, zwei Monate später spielend, wird ihr
schließlich vom ebenfalls stellenlosen Kellner Eugen Reithofer eine
neue Stelle in ihrem ursprünglichen Beruf als Schneiderin vermittelt, obwohl er sich zuvor von ihr übervorteilt gefühlt hat.

Der Handlungsverlauf an sich ist wenig bemerkenswert, interessant hingegen sind die geradezu assoziativ aneinandergereihten,

131), steht mit Kobler der bornierte, skrupellose Geschäftemacher,
dessen Denken ausschließlich um Geld kreist und der auch Beziehungen ausschließlich unter dem Aspekt des Profits knüpft (vgl. u.a.
141, 146, 182, 184). Da Kunst und Kultur ihm nichts einbringen,
ist er geradezu militant kunstfeindlich (vgl. 146), und die »Frauen-
frage« als gesellschaftspolitisches Problem der Zeit berührt ihn nicht,
vielmehr »nur die Frau« (213), was für ihn heißt: die Frau als Spe-
kulationsobjekt. Chamäleonhaft passt er sich verschiedenen Situationen an (vgl. 187), wechselt scheinbar seinen ideologischen Standpunkt, wenn er sich einem vermeintlichen Spitzel der italienischen
Faschisten gegenüber als »reichsdeutscher Faschist« (172) ausgibt,
sich dann den paneuropäischen Gedanken zu eigen macht, um ihn
– im Sinne der Vorbemerkung zum Roman – »zu verfälschen«
(129), indem er ihn ausgerechnet in einem Bordell in Marseille verwirklicht sieht (vgl. 204). Er verwirft ihn in der weiteren Folge aus
taktischen Überlegungen, um mit der reichen, arbeiterfeindlich, an-
tisemitisch und »radikal« (212) nationalistisch eingestellten Frau ins
»Geschäft« zu kommen, ehe er schließlich aus Enttäuschung über
den wirtschaftlichen Erfolg des Amerikaners bei ihr im speziellen
und der Amerikaner in Europa allgemein wieder auf die antiameri-
kanische Paneuropa-Ideologie zurückgreift (vgl. 239f.).

Diese Ideologie wird ihm von seinem Hauptreisebegleiter, dem
intellektuellen Spießer Rudolf Schmitz, einem Wiener Journalisten
österreichisch-ungarischer Herkunft und gescheiterten Dichter,
vermittelt. Schmitz, keineswegs ein »Selbstbildnis« Horváths, wie
Krammer (1969, 40) meint, auch wenn die Selbstcharakterisierung
dieser Figur auf autobiographische Äußerungen des Autors anspielt, die allerdings der Ironie nicht entbehren (vgl. 180f.).
Schmitz entpuppt sich als Spießer, insofern ihm die als antinatio-
nalistische »Verständigungsidee« (189) gedachten Paneuropa-Vor-
stellungen gleichwohl zu nationalistisch motivierten Überlegungen
über die Ausgrenzung Großbritanniens (190) sowie über die stille
Aufhebung der deutschen Gebietsverluste und über den ebenso
stillen Anschluss von Österreich an Deutschland (188) dient. Seine spießerhafte Gesinnung wird in der für Horváth typischen Weise demaskiert. Mit heldenhafter Attitüde verkündet er, sich der
Paneuropa-Idee geopfert und »sogar in eine Polin verliebt« (189)
zu haben, und begründet so – leicht durchschaubar – triebbestimmtes Verhalten mit edelmütigen politischen Zielvorstellungen.
Gerade sein Frauenbild weist ihn als bornierten Spießer aus, der sich
zwar als Intellektueller eingestehen muss, »daß Frauen auch Menschen sind und sogar sogenannte Seelen haben« (209), dies aber –
seine Intellektualität diskreditierend – gefühlsmäßig »bedauert«,

mündlichem Erzählen nachempfundenen Anekdoten und Geschichten der Reisegefährten Koblers (vgl. Steets 1975, 237). Die lose Verknüpfung der einzelnen Roman-Teile und der einzelnen Erzählsequenzen wurde von der Kritik eher negativ als Gestaltungsschwäche beurteilt (vgl. z.B. Karasek 1972, 81). Dem ist überzeugend entgegengehalten worden, dass »das Prinzip Montage vorherrscht« (Steets 1975, 237) und »daß die vermeintlich ungehobelte Faktur einer durchaus stimmigen Absicht« entspreche und »Kontingenz nicht nur beredet, sondern auch praktiziert wird« (Žmegač 1989, 336f.). Das Wertvakuum und die totale Relativität, in denen sich Spießer und Kleinbürger der Zeit bewegen, sind dem (so gesehen »stimmigen«, für die Moderne auch keineswegs außergewöhnlichen) Erzählverfahren eingeschrieben: Es gibt keine verlässliche Erzählinstanz, nur ganz selten macht sich so etwas wie ein auktorialer Erzähler bemerkbar, der aber Žmegač (vgl. ebd., 344) zufolge ebenfalls ironisiert wird. Er sieht darin »Zeichen einer Pseudomorphose: der Erzähler bedient sich sozusagen einer geborgten Stimme, in der heruntergekommene literarische Klischees mit entsprechenden rhetorischen Schablonen aus der Sphäre der Presse, der Wahlredner und der Stammtische zur Deckung gelangen« (ebd.). Dementsprechend will und kann Horváths Roman auch nicht eine Epochenbilanz sein und das Werden des »neuen Typs des Spießers« in einem bestimmten Zeitraum erfassen, wie Hermann Brochs etwa gleichzeitig entstandene Trilogie *Die Schlafwandler*. Es fehlt die historische Dimension (in deren Sinn), es fehlt der Überblick, es fehlt auch bewusst eine systematische Darstellung der sich selbst und ihr Denken entlarvenden Spießer. Deshalb ist es auch nicht unproblematisch, den *Ewigen Spießer* als satirischen Roman einzustufen. Es fehlt eben die Perspektive eines »überlegenen Außenbetrachter[s]« (Müller-Funk 1989, 57), die Voraussetzung für die satirische Absicht wäre. Diesbezüglich ist mit Blick auf Horváths dramatisches Werk eine »poetologische Verwirrung« (Melzer 1976, 48) des Autors selbst beobachtet worden, der sich – wiewohl widersprüchlich – im »Interview« (kA XI, 201) vorbehaltlos, in der »Gebrauchsanweisung« (kA XI, 216) mit Einschränkungen positiv zur Satire äußert. Im Vergleich zu Karl Kraus, der »vom Standpunkt eines subjektiv gewissen Ideals« die vorgefundene Realität kritisiert, stellt Horváth dieselbe dar, »ohne sich explizit auf eine ideale Gegenwelt zu berufen« (Melzer 1976, 42). Die satirische Arbeit, jedenfalls ein Teil, ist gewissermaßen den Rezipierenden überantwortet.

Horváths Roman führt typische Züge des Spießertums der Zeit an verschiedenen Spießern vor. Im Mittelpunkt des ersten Teils, der bezeichnenderweise mit einer Geschäftsmitteilung einsetzt (vgl mithin gängigen, frauenfeindlichen Klischees anhängt, wie sie am deutlichsten in Otto Weiningers bis in die 1930er Jahre vieldiskutierter Schrift über *Geschlecht und Charakter* (1903) Niederschlag gefunden haben. Intellektuell verbrämte Geilheit demaskiert Horváth im übrigen auch an der Figur des Herrn Kastner im zweiten Teil des Romans. Er, der »sehr gewählt« spricht, »denn eigentlich wollte er Journalist werden« (235), gibt sich als »radikal selbstlos« (238), hat aber »ganz andere Dinge im Kopf«, nämlich sexuellen Erfolg bei Agnes Pollinger und finanziellen Profit durch sie, indem er ihr rät, »praktischer zu werden« (237), das heißt, sich zu prostituieren.

Keineswegs von Intellektualität, vielmehr von spießiger Borniertheit zeugen auch die politischen Analyen von Schmitz, seine verkürzte Sicht des italienischen Faschismus als »sacro egoismo« (182) und seine mit Marx-Kenntnis protzenden Reflexionen über das automatische Verschwinden von Prostitution unter geänderten Produktionsverhältnissen ausgerechnet auf dem Weg zu einem Bordellbesuch (vgl. 201). Diese Demaskierung des verfälschten politischen Bewusstseins von Schmitz spricht ebenso wie die im Falle des sozialdemokratischen Stadtrates in der *Italienischen Nacht* (vgl. kA III, 65f.) gegen die Ansicht, dass »Horváth um diese Zeit vom Marxismus als einzig möglicher Gegenposition zum Kapitalismus überzeugt ist« (Fritz 1973, 193). Dafür spricht auch nicht, dass in manchen Vorstufen zum Roman marxistische Thesen nicht als Figurenrede, sondern als »Erzählerkommentar« (ebd., 187) erscheinen, weil – wie bereits gesagt – die *Spießer*-Prosa keine verlässliche und überlegene Erzählinstanz kennt und der Erzähler irritierend falsches Bewusstsein vertritt.

Von den episodischen Begegnungen Koblers auf seiner Reise sind insbesondere zwei erwähnenswert: Erstens die mit einem dümmlichen »altösterreichischen Hofrat« in Begleitung eines »Mann[es] aus dem Volke« (164), die das Klischee, »die Österreicher« seien »sehr gemütliche Leute« (165), mit ihrer radikal antisemitischen und sozialistenfeindlichen Einstellung Lügen strafen. Man könnte sagen, sie verkörpern die austrofaschistische Variante des politischen Spießertums. Zweitens die mit »einem älteren Herrn«, dessen feindbildbestimmter Hass, »nationalistischer Schlamm« (229), sich bezeichnenderweise wiederum als Folge einer enttäuschenden Beziehung entpuppt (vgl. ebd., 229f.). Was an den Äußerungen dieser Gestalt als Gefährlichkeit, Verrohtheit und Dummheit des radikalen nationalistischen Spießertums nur angedeutet wird, hat Horváth in *Sechsunddreißig Stunden* am widerlich pervertiert völkischen Denken eines Studienrates dargestellt. Dieser freut sich über den (grausamen) Heldentod seines Sohnes im Weltkrieg aus vaterländischem Stolz (vgl. 50) ebenso wie über politische Morde an Kurt Eisner, Gustav

Landauer, Walther Rathenau und anderen republikanisch eingestellten Politikern in der Weimarer Republik (vgl. 51). Er erinnert an den Studienrat Zacharias in Brochs *Schuldlosen,* der in vier auf das Jahr des Hitler-Putsches 1923 datierten Reden, einem Kommentar des Autors zufolge, seinem »Spießergeist«, dem »Geist der Zacharias-Rasse« Ausdruck verleiht, deren »Rein-Inkarnation Hitler gewesen ist« (Broch 1974, 325). Kobler, wiewohl nationalistischem Denken durchaus nicht abgeneigt, bleibt in seiner Enttäuschung über die Fehlinvestition seines Barcelona-Unternehmens auf die kaum verstandene Paneuropa-Idee fixiert und unbeeindruckt vom »nationalistischen Schlamm« wie in weiterer Folge auch von den verdeckt marxistischen Ansichten seiner letzten Reisebegegnung (vgl. 231).

Der Spießer Kobler trifft auf seiner »Bildungs«-Reise wiederum ausschließlich auf Spießer, macht keine Entwicklung und keinen Wandel durch, wie dem Motto des ersten Romanteils, einem Zitat aus Johann Wolfgang Goethes »Selige Sehnsucht« (vgl. 131) zufolge, zu erwarten wäre. Horváth, der »die Welt so zu schildern« bestrebt ist, »wie sie halt leider ist« (kA XI, 203), ironisiert den aufklärerischen Optimismus von der Möglichkeit der geistigen und moralischen Höherentwicklung des Individuums und gestaltet das von ihm erkannte Überhandnehmen des »Spießergeistes« in Europa durch das Unterlaufen des Bildungsromankonzepts.

Auch der zweite Teil des Romans, der mit dem ersten nur lose, durch einen die zeitliche Parallelität der Ereignisse anzeigenden Überleitungssatz verknüpft ist (232), bestätigt die Herrschaft des Spießers: Die arbeitslose, aus ärmlichen kleinbürgerlichen Verhältnissen stammende Schneiderin Anna Pollinger ist umgeben von Spießern: nach der Abreise Koblers fühlt sie sich von ihrem schon genannten Wohnungsnachbarn Kastner bedrängt, der sie als Modell weitervermittelt an den spießigen Künstler Achner: dieser mimt den Bohémien und gibt sich als Buddhist und Rilke-Liebhaber aus, um sich von der Masse abzuheben, muss sich aber bezeichnenderweise selbst eingestehen, dass er »lieber ein Spießbürger geworden wäre« (242). Er vergisst seine religiöse Einstellung ebenso wie seine künstlerischen Ambitionen prompt um eines finanziellen Vorteils willen und verschachert sein Modell an den reichen, egozentrischen Spießer Harry Priegler. Bei diesem wird Anna, was Kastner ihr geraten hat, nämlich »praktisch«, das heißt, sie prostituiert sich, weil sie in ihrer wirtschaftlichen Situation keinen anderen Ausweg mehr sieht. Sie ist eine der typischen Horváthschen Fräulein-Gestalten, die leicht zu beeindrucken sind durch die Rede des Spießers oder durch einen Sportwagen (wie im Fall des Harry Priegler) und die rücksichtslos weggeworfen werden, wenn der Spießer das (sexuelle und/oder geschäftliche) Interesse an ihnen verloren hat. Es bleibt ihnen nur, sich zu verkaufen, so sie nicht in eine ungewollte Ehe schlittern.

»Fräulein Pollinger wird praktisch« macht also so etwas wie einen Wandel durch, wie wiederum durch das Motto, in diesem Fall ein Zitat aus Friedrich Nietzsches *Jenseits von Gut und Böse* (vgl. 232), signalisiert wird. Doch entspricht dieser Wandel zur Prostituierten weder dem klassischen humanistischen Menschenbild noch den Vorstellungen Nietzsches, eher schon der des ebenfalls arbeitslosen österreichischen Kellners Eugen Reithofer im dritten Teil, durch den Anna insofern ein »Zeichen für die Möglichkeit menschlicher Kultur und Zivilisation« (259) erfährt, als er trotz seiner Enttäuschung über ihr Verhalten und ihre Profession kleinbürgerliche Engstirnigkeit überwindet und ihr »selbstlos« zu einer neuen Arbeitsstelle verhilft. Auch wenn Horváth sanft ironisch darstellt, dass die erwiesene Hilfsbereitschaft und Generosität der Eitelkeit Reithofers schmeichelt (vgl. 275), zeichnet er mit ihm doch die einzige Männerfigur des Romans, die aus der Spießer-Reihe heraustritt und solidarisch statt ausschließlich egoistisch denkt. Im Sinne der Vorbemerkung könnte man sagen (129): »ein gesetzmäßiges Weltgeschehen«, die zunehmende Herrschaft der Spießer, wird solches Verhalten nicht »beeinflussen« können: »jedoch immerhin«.

Analog zu den Dramen der späten zwanziger und frühen dreißiger Jahre zielt Horváth mit dem Roman *Der ewige Spießer* darauf, Bewusstsein, eben das des Spießers, als verfälschtes, verlogenes, politisch gefährliches etc. zu entlarven. Der Spießer hat keinen festumrissenen Charakter, denn es ist typisch für ihn, dass ihm alles relativ ist. Daher zeichnet Horváth verschiedene Spielarten des Spießertums, denen eines gemeinsam zu sein scheint: Sie geben vor, aus edlen Motiven zu handeln, agieren jedoch rücksichtslos eigennützig: Ihre einzige leitende Idee ist Geld. Um des geringsten finanziellen Vorteils wegen ist der Spießer daher zu jeder (kleinen) Gaunerei ebenso bereit wie zum Verrat jeder Liebe oder Freundschaft. Die tristen sozialen und ökonomischen Verhältnisse im Gefolge des Ersten Weltkriegs, die Inflation, die Wirtschaftskrise und die Arbeitslosigkeit dienen ihm als Ausrede für seine Gaunereien. Er lehnt ab, wovon er (vage) glaubt, dass es ihm ökonomisch schadet oder schaden könnte, jedenfalls nicht nützt: die Siegermächte des Weltkriegs, das Ausland überhaupt, die Demokratie, Frauen, Kapitalisten, Juden, Arbeiter, Kunst etc. Muth (1987) erkennt, dass die politischen und gesellschaftlichen Hintergründe der Zeit und das »Lebensgefühl« (ebd., 60ff.) in Horváths erstem Roman sehr genau erfasst sind. Die politischen Überzeugungen des Spießers sind meist ein Amalgam

unverdauter Ideologeme und geborgter Ansichten. Horváth beobachtet dessen »Werden« (129) und Herrschaftsübernahme. Ideologi-
en, linken ebenso wie rechten, misstraut er, weil sie ebenso wie die
christliche Religion (zur scharfen Kritik an der katholischen Kirche
vgl. insbesondere 162, 219, 237f., 258) im großen für Macht-, im
kleinen für egoistische Interessen missbraucht werden. Eine Vorstellung, wie er »ein gesetzmäßiges Weltgeschehen beeinflussen könnte«
(129), fehlt dem Autor, »jedoch immerhin«: Die Demaskierung des
Bewusstseins des »werdenden Spießers« soll die Leser zu Selbsterkenntnis und eigenen Schlüssen provozieren.

3.3 Das literarische Werk von 1933 bis 1938

»Horváth realistisch, Horváth metaphysisch«, mit dieser einprägsamen Formel von Urs Jenny (1971, 289) wird häufig eine scharfe Zäsur zwischen dem gesellschaftskritischen »treuen Chronisten« seiner Zeit vor der Machtübernahme Hitlers in Deutschland und dem Metaphysiker nach 1933 markiert. Zwar ist diese Trennlinie, etwa mit Blick auf die im Werk durchgehend bedeutsame Todesmotivik (vgl. Gamper 1976), relativiert worden, aber eine Zäsur bildete dieses Jahr allemal. Horváth, existentiell nicht unmittelbar bedroht, jedoch im nationalsozialistischen Deutschland unerwünscht, nicht verlegt und auf den Bühnen nicht gespielt, wollte dieses Unerwünschtsein offensichtlich nicht wahrhaben und biederte sich bei den neuen Machthabern an (vgl. Kap. 2). Später verurteilte er selbst, dass er sich pekuniärer Gründe wegen prostituierte (vgl. die Abrechnung mit dem dramatischen Werk seit 1932 im Plan zu einem Zyklus *Die Komödie des Menschen*, kA XI, 227). Andere als finanzielle Gründe mögen mitgespielt haben, wie die Identitätskrise eines Mannes, der vor 1933 dem nationalistischen Gerede der Zeit opponierte und sich brüstete, aufgrund seiner Herkunft »keine Heimat« (kA XI, 184) zu kennen, und der nun plötzlich ein Exilant sein sollte (vgl. Kadrnoska 1982, 86) und doch wieder keiner war. Als ungarischer Staatsbürger, aber deutsch schreibend, in Deutschland unerwünscht, in Ungarn so wenig daheim wie in Österreich, wo er sich die meiste Zeit bis 1938 aufhielt, fühlte er sich da und dort nicht zugehörig.

Wie auch immer: die Zäsur 1933 musste Auswirkungen auf das Schreiben Horváths haben. Er verschärft nicht seine Analyse der Gesellschaft, wendet sich vielmehr allgemein humanistischen Themen und Schuldfragen, Fragen der Moral (vgl. *Was soll ein Schriftsteller heutzutag schreiben?*, kA XI, 223–226 – und *Die Komödie des Menschen*, kA XI, 227f.) sowie der Zensur und der verdeckten Schreibweise (durch Hinwendung zu ungarischen Themen etwa, vgl. Kun 1988, 27) zu. Damit befindet er sich in einem allgemeinen Trend der Exilliteratur, die humanistische Werte gegen das nationalsozialistische Unrechtsregime hochzuhalten bemüht war (vgl. Schröder 1981, 128). Horváths Freund Franz Theodor Csokor mag diesbezüglich großen Einfluss gehabt haben. In einem Schreiben aus dem Jahr 1937 meint Csokor (1992, 152), er habe dem Freund »zeigen« wollen, »daß der Mensch bei aller seiner Niedrigkeit zur Wandlung fähig ist und daß er, wenn ihm dieser Drang bewußt wird, sich nicht widerstehen möge, ja, daß er danach trachten soll, sich aus seiner Verstocktheit zu erlösen durch die Erkenntnis seiner

Schuld.« Schuld war immer ein zentrales Thema im Werk Horváths seit dem Schauspiel *Mord in der Mohrengasse*, aber in den Texten vor 1933 hatte Horváth gerade die »Niedrigkeit« und »Verstocktheit«, die Unfähigkeit des »ewigen Spießers« thematisiert, sich zu wandeln und Schuld einzusehen, weil ja die Verhältnisse schuld an der Schuld seien. Hier zeichnet sich tatsächlich nach 1933 eine grundlegende Wende im Denken des Autors ab: Er ist nicht mehr nur unbeteiligt Beobachtender, sondern Beteiligter. Er demaskiert nicht mehr nur das falsche Bewusstsein und überlässt die Schlussfolgerungen seinem Publikum, zeigt vielmehr an seinen Gestalten Erkenntnis-, Handlungs- und Wandlungsfähigkeit sowie –notwendigkeit und thematisiert die Notwendigkeit zu Einsicht und Wandel.

Diese Wende ist unterschiedlich interpretiert worden. Freunde wie Csokor, Werfel oder Zuckmayer sahen im Spätwerk, insbesondere in den Romanen *Jugend ohne Gott* und *Ein Kind unserer Zeit* sowie im Schauspiel *Der jüngste Tag* den Autor zu sich selbst gekommen und das Versprechen eines großen Werkes, das der frühe Tod verhindert habe. Spätere Kritiker und Literaturwissenschaftler (wie Axel Fritz 1973) meinten, man müsse Horváth, nämlich den Horváth der sozialkritischen Volksstücke, vor sich selbst, nämlich dem Horváth des Spätwerks, in Schutz nehmen, weil er die Faschismuskritik nicht mehr weitergetrieben habe und weil er mit einer »religiöse[n], individuell-existentielle[n] Deutung der Welt« einen »Weg nach innen« einschlage (Müller 1989, 156). Schröder (1981) registriert einen zwar zweifellos in der Veränderung der politischen Lage, vor allem aber auch in der Biographie des Autors begründeten regressiven Zug im Spätwerk. Differenzierter urteilt Bossinade (1988) aufgrund genauer Analysen der Dramen seit 1933. Sie stellt die zentrale These auf, »daß die spezifische Sprachdramaturgie des Volksstücks durch eine anders akzentuierende Figurendramaturgie abgelöst wird« (ebd., 10). »Die Dramenpersonen agieren und reagieren nicht nur mehr reflexhaft, sondern auch reflexiv«, sind daher zu der von Csokor angesprochenen Schuldeinsicht und zu Wandel fähig. Das heißt, im Bewusstsein der Figuren im Spätwerk spielen sich eben Erkenntnisprozesse ab (etwa im Sinne der Einsicht in personale Schuld), das heißt aber auch, dass dem Autor die Provokation von Erkenntnisleistung oder Katharsis beim Publikum nicht mehr so wichtig ist, dass er vielmehr auf Eindeutigkeit zielt. Bossinade (1988) beobachtet schließlich am späten Horváth verschiedene Versuche, Antworten auf deutschnationale und nationalsozialistische Konzepte zu finden, Gegenbilder zu entwerfen, die jedoch selbst nicht immer ganz unproblematisch sind. Davon wird noch die Rede sein.

3.3.1 Dramen seit 1933

3.3.1.1 Die Komödie *Eine Unbekannte aus der Seine*

Die »Komödie in drei Akten und einem Epilog« *Eine Unbekannte aus der Seine* (kA VII, 9–74) entstand nach Ausweis von Horváths Freundin Hertha Pauli, mit der gemeinsam er ursprünglich das Stück schreiben wollte (vgl. kA VII, 439), im Verlauf des Jahres 1933. Die Uraufführung, für 1934 angekündigt am Reinhardt-Seminar in Wien, fand erst 1947 in Linz-Urfahr und ohne großen Widerhall statt. Die Kritiker zeigten sich »mehr oder weniger ratlos« (Lechner 1978, 49). Den meisten war der Autor kein Begriff. Wie uninformiert man war, zeigt sich am deutlichsten am Rezensenten der kommunistischen Zeitung, dem zwar immerhin ein Horváth-Titel, nämlich *Hin und her*, einfiel, der den Autor jedoch »in der Schweizer Emigration« (nach ebd.) sterben ließ. Im Druck erschien die *Unbekannte* erstmals 1961 in der Anthologie der *Stücke*.

Die Komödie *Eine Unbekannte aus der Seine* entwickelt eine Kriminalhandlung, deren Schauplatz, eine »*Seitengasse*« (11) mit einem Uhren- und einem Blumengeschäft in einem »*alten hohen Haus*«, ein wenig an das erste Stück Horváths, *Mord in der Mohrengasse*, und – besonders durch die Fassadenhaftigkeit (vgl. Haag 1995, 111) – an die *Geschichten aus dem Wiener Wald* erinnert. Albert, »*ein ehemaliger Beamter einer Speditionsfirma*« (11), wegen einer Unterschlagung arbeitslos und auch von seiner Braut Irene, der Inhaberin des Blumengeschäfts, hinausgeworfen, plant einen vermeintlich sicheren Überfall auf den einzelgängerischen und schwerhörigen Uhrmacher, um ein eigenes Speditionsunternehmen gründen und Irene, die mittlerweile mit dem Vertreter Ernst zusammenlebt, zurückgewinnen zu können. Von ihr erneut abgewiesen, begegnet Albert der Unbekannten und schenkt ihr fast geistesabwesend eine Rose aus Irenes Laden. Die Unbekannte bemerkt die verbrecherische Absicht Alberts, versucht vergeblich, ihn abzuhalten. Er erschlägt den Uhrmacher, der ihn beim Einbruch wider Erwarten gehört hat. Die Unbekannte, vom Geschenk der Rose für Albert eingenommen, gibt ihm ein Alibi. Da Ernst sich Irene gegenüber nicht ganz korrekt verhält – er gibt gegen ihren Willen und hinter ihrem Rücken Albert eine Brosche zurück, die sie als Erinnerung an ihre Liebe behalten möchte – kehrt sie zu Albert zurück. Dieser verlässt daraufhin die Unbekannte, die nun andeutet, ins Wasser gehen zu wollen, um Albert nicht doch noch zu verraten. In einem Epilog sieht man einige Jahre später Albert und Irene mit einem kleinen Albert als wohlbestallte und wohlgeachtete Bürger vor ihrem ehemaligen Wohnhaus mit

Freunden wieder. Alle sind wieder da, alle in familiär zufriedenstellenden und ökonomisch gesicherten Verhältnissen, alle außer der Unbekannten. An sie erinnert eine faszinierende Totenmaske.

Manches an der *Unbekannten aus der Seine* gemahnt, so Bossinade (1988, 24) in einer genauen Stückanalyse, an die Volksstücke: »triviale Handlungsmuster (Mordgeschichte plus Liebesromanze), metaphorische Verklammerung der Szenen« und »die Kreisstruktur des Werks« ebenso wie floskelhafte Sprache. Aber es sind auch deutliche Differenzen, etwa durch die Verstärkung der »narrative[n] Struktur des Nebentextes« (ebd., 25), die quasi »auktorialen« Charakter (ebd., 26) annimmt, zu beobachten. Und die Sprache wird nicht durchgehend, sondern nur episodisch zum Thema gemacht, wenn sich zwischen der Rede einzelner Personen und ihrem eigentlichen Verhalten und Denken Diskrepanzen auftun (wie zum Beispiel besonders auffällig bei den Äußerungen der Hausmeisterin über den Uhrmacher, vgl. 42f.).

Zum Volksstückschema passt das Eindringen einer Fremden, die anonym bleibt (31) und keinen festen Wohnsitz hat (53), in einen gesellschaftlichen Mikrokosmos, in die mit Ausnahme des Uhrmachers geschlossene kleinbürgerliche Gesellschaft in der Seitengasse. Und es passt zu diesem Schema, dass die Ordnung, die durch die beiden Außenseiterfiguren irritiert worden ist, durch deren Vertreibung beziehungsweise Weggang aus der Gesellschaft wiederhergestellt wird. Und das bedeutet in beiden Fällen: Ausschaltung durch den Tod. Prägnant und treffend bringt es Bossinade (1988, 50) auf den Punkt: »die Kleinbürgerwelt: ihre Zone des Unheils«. Die Unbekannte verkörpert weibliches Außenseitertum, nicht nur für Albert, der – ähnlich Alfred in den *Geschichten aus dem Wiener Wald* – eine Beziehung anstrebt, die sich für ihn rechnet, und für Ernst, der »den wahren Frieden« (28) mit der Begründung, »denn das Weib repräsentiert die Natur«, nur bei einer Frau zu finden meint, sondern auch für die kitschanfällige Irene. Sie rechtfertigt ihre Rückkehr zu Albert mit einer Lektüreweisheit, die der Frau eine dienende Rolle zuweist (vgl. 64).

Kleinbürger oder Kleinbürgerin, sie sind berechenbar, und die gegenseitigen Beziehungen sind für sie berechen- und auch beliebig vertauschbar. Demgegenüber sind an der Unbekannten zurecht undinenhafte Züge erkannt worden (vgl. Walder 1974, 30; Bossinade 1988, 38). Am Undine-Mythos erweist sich die Faszination durch die Frau und die Sehnsucht nach ihr, aber auch die Angst vor dem Anderen, das sie vertritt und das aus dem Selbstverständnis des Mannes ausgegrenzt ist: Natur, Sinnlichkeit und Sexualität. Die Unbekannte, die Alberts Rosengeschenk als Liebesgabe missdeutet, ist ein undinenhaft lockendes Wesen: »so komm doch wieder, du, komm« (47), so ihr verhallender Lockruf. Am faszinierenden mystischen Lächeln der aus der Seine geborgenen unbekannten Schönen, das in einer massenhaft reproduzierten Totenmaske, einem der typisch kleinbürgerlichen »Dekorationsgegenstände« (Haag 1995, 109) der Zeit, festgehalten wurde, entzündeten sich kollektive Phantasien. Auch bei Horváth wird die Unbekannte ins Mystische entrückt. Sie wird von Albrecht »gebraucht« (65), dann gewissermaßen weggeworfen. Sie verliert den Wettstreit mit der angepassten Frau. Die Beziehung zur Unbekannten versteht Albert als eine Episode, die jederzeit zu lösen sein Recht ist. Ihr In-den-Tod-getrieben-Werden durch ihn symbolisiert die Abtötung ihrer ihm unheimlichen Ansprüche, die Abtötung von Sexualität, Liebe, Sinnlichkeit. Die Sehnsucht des Mannes danach ist da, aber er will sie nicht in seinen Alltag integrieren, vielmehr heiratet er die Geschäftsfrau Irene. In dieser Ehe ist die Unbekannte anwesend, allerdings in einem leblosen Gegenstand. Die Totenmaske, die Irene bezeichnenderweise für das gemeinsame Schlafzimmer mit Albert kauft, verweist auf das Weiterexistieren ebenso wie auf die Erstarrung der angesprochenen Ansprüche. Für Irene ist die Totenmaske ein Kitschgegenstand à la Schutzengelbild, für Albert und den kleinen Albert hingegen wirkt die mysteriöse Ausstrahlung der Unbekannten weiter (73). Bossinade (vgl. 1988, 42) sieht, wie gesagt, das Undinenhafte der Unbekannten, weist aber auch nach, dass gerade sie dem Bereich des Humanen zuzuordnen ist, ja dass sie im Vergleich zur tödlichen Kleinbürgerwelt sogar sehr menschlich ist, die einzige, die durch ihr Opfer für Albert menschliche Solidarität beweist (vgl. ebd., 48). Bossinade (ebd., 49) rückt sie als »Vertreterin mythisch-humaner Weiblichkeit«, aber vor allem durch ihre »Entscheidungsautonomie« (ebd., 50), und als handelndes Subjekt in die Nähe der Goetheschen Iphigenie. So gesehen, unterläuft Horváth dann aber auch den von Männerphantasien diktierten Undine-Mythos, demzufolge die Frau als seelenloses Wesen der Vermenschlichung in der Beziehung zum Mann bedarf. Die Unbekannte ist demnach aber auch eine im früheren Werk des Autors undenkbare Figur.

Wie Haag (1995, 112) nachweist, zeichnet sich in der *Unbekannten* von Anfang an die »Konstellation Eros/Thanatos« ab, und zwar zuallererst im leitmotivartig wiederkehrenden Bezug auf Blumen, auf Rosen als Glücksverheißer im Brautbouquet (13) und, im Gegensatz dazu, auf eine Stechpalme und einen Kranz als Zeichen für Tod. »Rosen bringen Glück«, so Irene bereits in Szene I/3 zweimal (13, 14) und Ernst in I/4 (15) gegenüber einem unschlüssigen Bräutigam namens Emil. Die Formel wird dann von diesem variiert

zum Wunschgedanken »Kinder bringen Glück« (15), schließlich
ihm gegenüber von der Hausmeistertochter »*gehässig*« (37) zu »Tote
bringen Glück«. In dieser Weise bewahrheitet sich die Formel allerdings für Albert, dessen Glück, anders als das Emils, der es durch
Rosen im Brautstrauß in der erwarteten Weise gefunden hat, tatsächlich auf dem Tod der beiden Außenseiter gründet. Unheimlich
berührt von der undinenhaften Lockung der Unbekannten fürchtet
Albert, »Ich glaub, du bist der Tod« (59), und erschrickt fast zu
Tode, als es in diesem Moment an der Türe klopft. Aber folgerichtig
ist es nicht der Tod, der anklopft, sondern mit dem Nebenbuhler
Ernst das »normale Leben«, denn es ist ja auch nicht die Unbekannte todbringend für die spießigen Kleinbürger, sondern diese sind es
für sie. Das verbindet sie mit den früheren Fräuleingestalten Horváths, wenngleich sie in ihrer Eigenart in den Volksstücken nicht
möglich gewesen wäre. Alle Fräuleins sterben ihren Tod, Marianne
in der Ehe und, der Unbekannten scheinbar vergleichbar, Elisabeth
durch Suizid. Aber die Unbekannte wird noch im Tod verdinglicht,
sie »wird zur Schau gestellt als Totenmaske, ihr Tod als Kitschgegenstand maskiert, im wahrsten Sinne des Wortes. Die Totenmaske und
ihre Verwendung verbildlicht in gültiger Form das Ende aller Fräu-
leinfiguren« (Haag 1995, 135).

3.3.1.2 Das Lustspiel *Hin und her*

Das Lustspiel *Hin und her* ist in der ersten Zeit nach dem Weggang
Horváths aus Berlin im Jahr 1933 entstanden. Im Sommer dieses
Jahres schließt er einen Vertrag mit dem Marton-Verlag in Wien
(vgl. kA VII, 440) über ein Stück, das *Die Brücke* heißen sollte. Im
Herbst kündigt der Autor in einem Interview einer Wiener Zeitung
(vgl. Krischke 1991, 245) die Uraufführung am Deutschen Volkstheater in der österreichischen Hauptstadt an und löst damit heftige
Reaktionen rechtsradikaler Kreise aus, die Horváth schließlich zu einer Klage gegen das *12-Uhr-Blatt* bewegen (vgl. ebd., 200f.). Die
Uraufführung findet schließlich nicht in Wien, sondern Ende 1934
am Zürcher Schauspielhaus statt, ohne große Resonanz beim Publikum, so daß diese Inszenierung schon nach der zweiten Aufführung
abgesetzt werden muß. Der Grundtenor der wenigen Rezensionen
war Lob für den aktuellen, »verheißungsvollen Komödienstoff«
(nach ebd., 248) und vernichtende Kritik an der konzeptlos emp-
fundenen Dramaturgie. Von »gedehnte[r] Langeweile« (nach ebd.,
247) ist die Rede.
    Ursprünglich plante Horváth *Hin und her* als eine von drei Pos-
sen (vgl. kA VII, 441). Erste Entwürfe finden sich unter dem Titel

»Die brave Fee von Felsenstadt« (443), der als deutlicher Hinweis auf das Bemühen des Autors gedeutet werden kann, sich in die Tradition des Wiener Volkstheaters zu stellen. Im schon genannten Interview, in dem er das Stück explizit als »Posse« (Krischke 1991, 245) bezeichnet, bestätigt er jedenfalls indirekt, »daß es in mancher Hinsicht an Nestroy und Raimund erinnert«. Der Erstdruck des Stücks findet sich im Band 2 der *Gesammelten Werke* (GW II, 201–272), und zwar in der etwas erweiterten Fassung der Züricher Uraufführung. Die ursprüngliche Textgestalt, im wesentlichen ohne die zum Teil mit dem Komponisten Hans Gál für die Uraufführung verfassten Chansons, bietet die *Kommentierte Werkausgabe* (kA VII, 75–156). Die Züricher Textpassagen druckt diese Edition im Anhang ab (kA VII, 405ff.).

Die Handlung des zweiteiligen possenhaften Lustspiels *Hin und her* »ereignet sich auf einer alten bescheidenen Holzbrücke, die über einen mittelgroßen Grenzfluß führt« (76) und vor den dazugehörigen Unterständen der Grenzposten. Auf der linken Seite tut der ältere verwitwete Szamek seinen Dienst, auf der rechten der junge Konstantin, der gegen den Willen Szameks ein Verhältnis mit dessen Tochter Eva hat. Aus dem linken der beiden offenbar miteinander verfeindeten Staaten soll der Pleite gegangene Drogist Havlicek abgeschoben werden. Unmittelbar nach der Geburt im rechten Staat ist er mit den Eltern in den linken ausgewandert, wo er dreißig Jahre als erfolgreicher Geschäftsmann seine Steuern gezahlt hat. Nun würde er Sozialhilfe benötigen, wird als Ausländer daher ausgewiesen. Der rechte Staat weist ihn wiederum zurück, weil es Havlicek verabsäumt hat, seine Staatsbürgerschaft rechtzeitig zu erneuern. Da ihm als Staatenlosem nun entsprechende Papiere fehlen, wird er von jeder Seite zurückgewiesen. Und so pendelt er auf der Brücke hin und her, nebenbei für Eva und Konstantin den postillon d'amour spielend. Fatalerweise verhindert Havlicek als unfreiwilliger Zeuge eines geheimen Treffens der Premierminister der beiden Staaten genau das, was zuallererst ihm nützte, nämlich die (in ihren Staaten jeweils unpopuläre, daher geheim vorzubereitende) Lockerung der Grenzbestimmungen. Aber die beiden Politiker werden einen Gnadenakt setzen, so dass er schließlich in den rechten Staat einreisen kann. Vorher gelingt es ihm noch gemeinsam mit Konstantin und Eva eine Schmugglerbande auszuschalten, auf deren Ergreifung eine hohe Summe Geldes als Belohnung ausgesetzt ist. Konstantin und Havlicek teilen das Geld. Unter diesen Umständen gibt Szamek den Widerstand gegen die Verehelichung seiner Tochter, die ohnehin schon ein Kind erwartet, auf und kann Havlicek die Witwe Hanusch, Besitzerin einer Gastwirtschaft, vor dem Konkurs retten und heiraten. Der Schlussgesang vereint alle zum Lob auf die Grenze und die Heimat.

Dass der Titel *Hin und her* an einen Nestroyschen, nämlich *Hinüber und herüber*, erinnert und damit Horváths Lustspiel in eine »Nestroy-Tradition« (Bossinade 1988, 143) stellt, ist richtig, auch wenn dieses, wie Krischke (kA VII, 458) anmerkt, mit dem Stück des älteren Dichters sonst nichts zu tun hat. Nicht nur, dass der Autor selbst die Tradition in dem angeführten Interview gerne in Anspruch genommen hat, orientiert er sich am Klassiker des Wiener Volkstheaters im 19. Jahrhundert, und zwar sowohl in der Zeichnung der Figuren (insbesondere des selbstmitleidig egoistischen und geldversessenen Szamek mit seinen stereotypen Vorurteilen gegenüber den Menschen des rechten Staates und gegenüber Frauen) als auch in der Sprachgestaltung (die Figuren sind durchaus sprachmächtig, ja sogar sprachspielerisch veranlagt). Schröders (1981, 133) Befund, dass Horváth mit *Hin und her* »zurück zu einer wahren Nestroy-Erneuerung« tendiere, findet auch mit Blick auf den Schluss des Lustspiels Bestätigung. In der Posse *Rund um den Kongreß* fordert »ein Vertreter des Publikums« die Erfüllung der durch die Gattungsbezeichnung geweckten Erwartungen: »Ich will meine Posse!« (kA I, 179), denn: »Betrug ist eine Posse anzukündigen und derweil mit einem tragischen Konflikt zu enden« (180). Gattungsreflexion ist *Hin und her* nur sehr vermittelt eingeschrieben, insofern das happy ending als ein erzwungenes erscheint. Das gilt allerdings auch schon für viele Stücke Raimunds und Nestroys, man erinnere sich an den mühsam aufrecht erhaltenen Zustand der Zufriedenheit im *Mädchen aus Feenwelt oder Der Bauer als Millionär* beziehungsweise an das labile Glück eines Knieriem und eines Zwirn in der Zauberposse *Der böse Geist Lumpazivagabundus oder Das liederliche Kleeblatt.*

Der erste Teil der Horváthschen Komödie ist geprägt von Trennungen: Havlicek ist wider Willen unverheiratet und einsam, vor allem heimatlos, Eva ist von Konstantin getrennt wie der eine Staat vom anderen. Die Brücke verbindet nicht, sie trennt eben. Dass sie kein Glück bringt, unterstreicht auch die episodische Handlung mit dem von der Brücke aus erfolglos fischenden und die Brücken zu seiner Frau abbrechenden Privatgelehrten. Im zweiten Teil wirkt dann die Brücke verbindend und führt zum Schlusstableau alle auf einer Seite zusammen (vgl. Bossinade 1988, 146): Havlicek findet eine Frau und kann in die neue Heimat, Eva und Konstantin sind vereint, der Privatgelehrte versöhnt sich mit seiner Frau (und hat auch Anglerglück) und die beiden Staaten sind auf dem Weg einer Annäherung. Bleibt die Frage, ob eine solche Posse der im Hin und

Her Havliceks angeschlagenen Exilthematik gerecht werden kann
(vgl. Bossinade 1988, 140). Horváths eigener Anspruch ist dem
schon mehrfach angesprochenen Interview zufolge bescheiden, wolle
er doch lediglich »zeigen, wie leicht sich durch eine menschliche
Geste unmenschliche Gesetze außer Kraft setzen lassen« (nach
Krischke 1991, 245). Im Namen der Menschlichkeit wendet sich alles zum Guten. Bossinade (1988, 147ff.) hat die Grenzen des Horváth-Stückes aufgezeigt, das zwar eine dezidierte »Gegenposition«
(ebd., 150) zu »Grenzland-Dramen« wie Hans Kysers *Es brennt an
der Grenze* (1931) einnimmt, denn: »Wo das deutsche Grenzland-
Drama im wortwörtlich blutigen Ernst als Konsequenz einer postu-
lierten unterschiedlichen und unüberwindbaren blutmäßigen Zuge-
hörigkeit die Legitimität nur der ›volkhaften‹ Grenzen gelten läßt
und dadurch unwiderruflich ›das Fremde‹ ausgrenzen, d.h. vernich-
ten muß, reißt das Wiener Possenspiel in komisch übertreibendem
Gestus alle Grenzen nieder und proklamiert die eine ›Familie des
Menschen‹, in der Hüben und Drüben versöhnt sind.« Aber die Relativität des »kritischen Potentials« (ebd., 151) der Horváthschen
Komödie erweist sich darin, dass sie »dem Mythos von der naturhaf-
ten [rassischen] Ungleichheit der Menschen« den mit Roland
Barthes als ahistorisch zu beurteilenden »Mythos naturhafter Gleichheit« (ebd., 153) entgegensetzt. Die Frage, ob Horváths *Hin und her*
der Exilthematik gerecht wird, wäre so gesehen mit einem Ja und einem Nein zu beantworten. Das Schlusstableau, in dem sich der herkömmlichen Komödientradition entsprechend zwei Paare finden
und ein weiteres sich versöhnt, kann nicht über ein Fehlendes hinwegtäuschen: die Beseitigung unmenschlicher Grenzbestimmungen.
Ein Akt der Menschlichkeit vermag im Einzelfall zwar unmenschliche Bedingungen mildern, aber deren Fortbestehen ist davon unberührt. Der Schlußgesang aller ist denn nicht nur Lob der Heimat,
sondern auch der Grenze.

Herauszustreichen wäre noch die Zeichnung der Identitätskrise
des Exilanten Havlicek, der im linken Staat nicht wirklich heimisch
geworden ist und im rechten Staat nicht zugelassen wird. Dem jungen Grenzer Konstantin empfiehlt er zu heiraten, denn: »so einsam
[wie er] ist man nirgends zuhaus, selbst wenn man sich noch so ein-
richtet. Zum Beispiel hab ich mir einen Spiegelschrank – -« (99).
Und auf die Frage des Grenzbeamten: »Spiegelschrank?«: »Einen
großen, schönen. Wo man sich so ganz sehen kann. Auf einmal. [...]
Ja --- *Er fährt plötzlich hoch*« (100). Das Gefühl von Heimat scheint
sich auf die Frage des Verheiratetseins zu reduzieren. Aber die Ge-
dankenstriche deuten, ähnlich der »Stille« in anderen Dramen Horváths, auf einen »Kampf des Bewußtseins gegen das Unterbewußt-

sein« (kA XI, 220). Über die Bedeutung von Spiegelszenen für die Selbstvergewisserung der Identität ist bekanntlich in der psychoanalytischen Theorie viel gesagt worden. Havlicek blickt in einen Spiegel, in dem er sich »ganz sehen kann«. Das »Auf einmal« ist aber zweideutig, verstärkt einerseits die vorangegangene Feststellung, zugleich verweist es in der momentanen Situation des Ausgegrenzten auf ein plötzliches Bewusstwerden der Brüchigkeit seiner Identität, gegen die er nun aktiv werden will. Während das Hin- und Hergeschicktwerden, vor allem auch in Verbindung mit der postillon d'amour-Funktion komisch erscheint, blitzt in diesem Moment gerade im Kontrast zur übrigen Handlung die Tragik der Situation des Exilierten auf. Ein zumindest bedingtes Ja auf die Frage nach der angemessenen Gestaltung der Exilthematik verdient also auch die Zeichnung der Figur des Havlicek.

3.3.1.3 Das »Märchen« *Himmelwärts*

Das »Märchen in zwei Teilen« *Himmelwärts* ist 1933/34 entstanden. Einen Vertrag mit dem Berliner Neuen Bühnenverlag schloss der Autor im Frühjahr 1934. Dies sowie der Plan, das Stück am Deutschen Volkstheater in Berlin aufzuführen, löste im nationalsozialistischen Deutschland heftige Reaktionen auch des Reichspropagandaministers aus (vgl. Krischke 1991, 334). Die Uraufführung fand Ende 1937 auf der Wiener Freien Bühne in der Kömödie in einer Bearbeitung und mit Musikeinlagen Philipp von Zeskas als einmalige Matinée-Vorstellung statt. Der Widerhall war daher eher schwach. Die wenigen Kritiker zeigten sich fast durchwegs amüsiert, aber von der dramaturgischen Konzeption wiederum nicht unbedingt angetan (vgl. z.B. ebd., 336).

Nicht zu verwechseln ist das Märchen in zwei Teilen mit einem früheren Dramenkonzept desselben Titels (GW IV, 65–67), das in den Kontext von *Kasimir und Karoline* gehört. Vorstufen (kA VII, 427ff.) zu dem von Horváth in einem Interview in einer Wiener Zeitung als »Märchenposse« (nach Krischke, 1991, 334) bezeichneten Stück zeigen vor allem den Teufel noch in einer aktiveren Rolle (432). Der Erstdruck der Endfassung erschien in den *Gesammelten Werken* (GW II, 273–324).

Die Handlung des Märchens *Himmelwärts* (kA VII, 157–213) spielt auf drei Ebenen, im Himmel, auf der Erde sowie in der Hölle und setzt ein mit einem Selbstzitat, nämlich des Sportmärchens *Legende vom Fußballplatz*. Der siebenjährige leidenschaftliche »Fußballwettspielzuschauer« (kA XI, 55), dessen totale Hingabe an sein Hobby zum Tod führt, findet die Seligkeit darin, dass er nun »bis in

alle Ewigkeit« beim Fußballspiel »zuschaun« kann (159). Die Seligkeit besteht also in der Sinnlosigkeit eines endlosen Wettspiels (das
ja eben nur in einem Ende mit einem Ergebnis des Wettkampfs
Sinn haben kann) und in einer Bornierung, der Ausblendung kom-
plexer Lebenszusammenhänge zugunsten bloßen Zuschauens.

Der intertextuelle Bezug der Eingangsszene von *Himmelwärts* auf
die *Legende vom Fußballplatz* wirft von vornherein ein ironisches
Licht auf den Himmel. Dies wird verstärkt durch Frau Steinthaler,
ein »*seliges Wesen*« mit »*Kopfschmerzen*« (165), die, in diesen Himmel
aufgenommen, dennoch freudlos bleibt, weil sie ihre Tochter Luise
unversorgt zurückgelassen weiß. Luise möchte eine große Sängerin
werden, wartet wochenlang vor dem Eingang eines Theaters auf den
Intendanten, um ihm vorsingen zu können. Dieser verdankt seine
künstlerische Karriere einem Pakt mit dem Teufel, den dieser nur zu
verlängern gewillt ist gegen die Versicherung des Intendanten, ihm
eine Seele für die Ewigkeit zu verschaffen. Und diese Seele ist Luise,
die ihrerseits nun einen Kontrakt mit dem Teufel eingeht. Sie verkauft ihre Seele für eine große Karriere als Sängerin. Ein Unterteufel
hat beim Vertragsabschluss jedoch einen Fehler gemacht, der »privateste Gefühle« (180) Luises nicht ausschließt und ihr tatsächlich den
Ausstieg ermöglicht, weil sie in ihren Erfolgen nicht das wahre
Glück findet und sich nach familiärer Geborgenheit und einem
Kind sehnt, also eben »privateste Gefühle« hegt. Der Teufel zerreißt
den Vertrag, Luise verliert ihre Stimme, erkrankt und verarmt. Sie
trifft den ehemaligen Hilfsregisseur Lauterbach wieder, der weder im
Himmel noch in der Hölle Aufnahme gefunden hat. Sie werden ein
Paar. Im Himmel sorgt die Mutter Luises für allgemeine Begnadi-
gung, weil sie ihrem in der Hölle schmorenden Mann verzeiht und
bei Gott Vater ein Wort für ihn einlegt. Schließlich besteht sogar für
den Teufel selbst Hoffnung auf Gnade, würde er weitere Verträge so
wie den Luises zerreißen.

Wie mit *Hin und her* knüpft Horváth mit *Himmelwärts* an eine
bestimmte Tradition an, wenn er dieses Stück als »Märchenposse«
(nach kA VII, 446) bezeichnet. Fritz (1981, 109) sieht darin einen
»Rückschritt« des Autors, ohne sich, wie wiederum Bossinade (vgl.
1981, 156), die Frage zu stellen, was dieser Traditionsbezug zu leisten vermag. Horváth selbst hält »die Form der Märchenposse gerade in der gegenwärtigen Zeit für sehr günstig, da man in dieser
Form sehr vieles sagen kann, was man sonst nicht aussprechen dürfte« (nach kA VII, 446), also kurz gesagt die Zensur zu umgehen vermag.

Die mehrstöckige Anlage hat im Volkstheater vom Barock bis
hin zu Nestroy Tradition, wird wiederum aufgegriffen von Ferdi-

nand Bruckner in seinem erfolgreichen, Horváth zweifellos bekannten Schauspiel *Die Verbrecher* aus dem Jahr 1928 (vgl. Kap. 3.2.1.4).
Die vom Barockdrama her bekannten Allegorisierungen des guten
und des bösen Prinzips werden in der Zeichnung des Petrus (Gott-
vater bleibt im szenischen out) beziehungsweise des Teufels ironisiert. Während der Himmelspförtner durchaus zu Notlügen Zu-
flucht nimmt, sehnt sich der gefallene Engel nach dem Himmel
(212f.), wo er sich »daheim« (187) gefühlt hat. Und beide sprechen
ein umgangssprachliches, saloppes Wienerisch wie Nestroyfiguren
(vgl. z.B. 193; 197). Insgesamt wird die Banalität volkstümlicher
Vorstellungen von Himmel und Hölle übertrieben und ironisiert.
Entgegen der Sicht von Axel Fritz (1981, 111) wird auch in diesem
Märchen Klischeehaftes entlarvt, wenngleich in anderer Weise als in
den früheren Volksstücken.
      Im Mittelpunkt des Geschehen steht die junge Frau Luise, die
mit ihren kulturindustriell geweckten Wünschen einer Künstlerkar-
riere Opfer des Intendanten wird und insofern an die Fräuleingestalten früherer Horváth-Dramen erinnert. Aber anders als diese kann
sie, hineingestellt in einen Kampf zwischen gutem und bösem Prinzip, selbst die Entscheidung treffen, und sie trifft sie für das gute.
Himmelwärts reiht sich damit in die Tradition des Besserungsstücks
der Wiener Volkskomödie, die in Raimund gipfelte (vgl. Bossinade
1988, 155) und von Nestroy (im *Lumpazivagabundus*) unterlaufen
wurde. Bossinade betont diese neben anderen Traditionen (der
Fausttthematik, vgl. ebd., 161ff. – und dem Strindbergschen *Traum-
spiel*, vgl. ebd., 157ff.). Zu erwähnen wäre allerdings neben Raimunds *Der Alpenkönig und der Menschenfeind* auch Franz Grillpar-
zers *Der Traum ein Leben*, scheint Luise doch, als sie am Schluss in
den Armen Lauterbachs aufwacht, ihren Pakt mit dem Teufel nur
geträumt zu haben und aus der Traumerfahrung für die weitere Le-
bensgestaltung Konsequenzen zu ziehen. Ihre Besserung erinnert
durch das Spiegel- und Doppelgängermotiv aber zweifellos an Raimund, der es in seinem Original-Zauberspiel *Der Alpenkönig und
der Menschenfeind* in sehr moderner, geradezu psychoanalytischer
Weise einsetzt. Viermal blickt Luise in den Spiegel. Erstmals als sie,
berauscht von ihrem Erfolg, scheinbar mit sich im Reinen ist
(190f.), aber durch die Frage des Intendanten, »Zufrieden?« (191),
irritiert, das heißt an den Teufelspakt erinnert wird. Das zweite Mal,
als sie den Teufel sich ihr mit seinem »walpurgatorische[n] Gefühl«
(197) nähern fühlt, »flescht« sie »die Zähne vor dem Spiegel« (198),
Gamper (1976, 73ff.) zufolge ein eindeutiges Bild des Todes. Beim
nächsten Blick in den Spiegel erlebt sie sich als gespaltene Persönlichkeit (199) – wie für den Raimundschen Menschenfeind Voraus-

setzung ihrer Errettung, denn ihre »privatesten Gefühle« artikulieren sich, auf die der Teufel keinen Einfluss hat und die ihn zum Zerreißen des Vertrages bewegen. Nach dem Verlust der Stimme, der ihre Errettung bedeutet, »betrachtet [sie] *sich aufmerksam im Spiegel und lächelt dann glücklich verschwommen*« (202). Sie wird nun, wie es in einer Vorstufe (434) heißt, ein »kleine[s] Glück« mit Mann und Kind finden.

So weit, so biedermeierlich. Stellt sich die Frage, ob das Stück leistet, was Horváth dafür in Anspruch genommen hat, nämlich »in dieser Form sehr vieles [zu] sagen, was man sonst nicht aussprechen dürfte«. Bossinade (1988, 175ff.) sieht im Gegensatz zu nationalsozialistischer Dramatik, die unter »Besserung« die Integration individueller Ansprüche in das völkische Kollektiv versteht, bei Horváth Besserung im Sinne der Selbstfindung des Individuums, dessen menschliche Ansprüche (eben auf ein »kleines Glück«) teuflischen Anfechtungen (man darf hier durchaus an den Nationalsozialismus denken) trotzen. Sie kommt daher bei *Himmelwärts* zu einem vergleichbaren Befund wie bei *Hin und her*: »In dem hiermit eröffneten Rahmen [nationalsozialistischer Dramatik] behaupten die beiden Werke der Wiener Tradition eine aus intimen und privaten Beziehungen erwachsene, das ›göttliche Prinzip‹ im Menschen bildende Humanität gegenüber der selbst-losen Heroik der ›Berliner‹ Gegenseite« (ebd., 178). Aber mit einer »quasi naiven Aufwertung [...] des Konzepts des Privaten« (ebd., 180), wie man es aus der bürgerlichen Dramatik des 19. Jahrhunderts kennt, wird das glorifiziert, was im früheren Werk des Autors als zerstörerisch demaskiert wird, nämlich der Rückzug der Frau auf die Rolle der Hausfrau und Mutter: »Luise ist vor die zwingende Entscheidung zwischen einer Karriere außerhalb des privat-familiären Bereichs, die sie zum ›seelenlosen‹ Wesen herabsinken läßt, oder einer Karriere als Gattin und Mutter im privat-familiären Bereich, durch die sie zu sich selber findet, gestellt« (ebd., 186). Damit wird kritisches Potential verschenkt: »Zu gering ist die Distanz zu den geschlechtsideologischen Mustern der ›Gegenseite‹« (ebd., 187). Und schließlich darf auch der Teufel seiner Errettung sicher sein. Wie im Falle von *Hin und her* sind auch bei *Himmelwärts* die Antworten auf die Fragen der Zeit nicht eindeutig.

3.3.1.4 Die Komödie *Mit dem Kopf durch die Wand*

Die vieraktige Komödie *Mit dem Kopf durch die Wand* (kA VII, 325–402) ist 1935 entstanden, sollte ursprünglich *L'inconnue dans la Seine, Falsche Komplexe* (vgl. kA VII, 448) beziehungsweise *Das*

unbekannte Leben (vgl. die Vorstufe unter diesem Titel, kA VII,
215–324) heißen und wurde im Dezember desselben Jahres in Wien
in der Scala unter dem endgültigen Titel (nach einem gleichnamigen, für das Stück verfassten Chanson von Fritz Eckhardt, vgl.
Krischke 1991, 280) uraufgeführt. Obwohl die Inszenierung laut
Bericht der *Wiener Zeitung* (vgl. bei Krischke 1991, 294) ganz gut
angekommen sein dürfte, gab es nur vier weitere Aufführungen.
Daß Rezensenten das Stück »geistreich und orginell« (nach Krischke
1991, 284) fanden, war die Ausnahme, eher schon wurde es als
harmlos, »hübsch, leer und wirkungsvoll« (nach ebd., 290) gesehen.
Die meisten Kritiken jedoch bemängelten die undurchsichtige, un-
strukturierte Dramaturgie (vgl. nach ebd., 287, 288, 293, 294,
296), das Kolportagehafte (vgl. nach ebd., 290, 296) beziehungsweise die Unangemessenheit der Darbietung des Stoffes (vgl. nach ebd.,
286, 296). Der Erstdruck erfolgte im Band 2 der *Gesammelten Werke* von 1970.

Das Handlungsgeschehen der Komödie *Mit dem Kopf durch die
Wand* ist im Filmmilieu angesiedelt. Semper, dem Generaldirektor
einer Filmgesellschaft, wird von einem angeblichen Irrenarzt, Professor Bossard, ein sensationeller Film angeboten, der Mitschnitt einer
Séance, bei welcher der Geist der Unbekannten aus der Seine beschworen worden sei, einer mutmaßlichen Selbstmörderin, deren
Totenmaske mit ihrem »unbeschreiblich rätselhafte[n] Lächeln«
(353) die Phantasie der Personen des Stücks wie die ihrer Zeitgenossen erregt. In Anwesenheit Sempers wird erneut Kontakt mit der
Verstorbenen hergestellt. Der sachlich nüchterne Manager fällt auf
den Schwindel herein, nicht aber sein intellektueller Assistent Huel-
sen, denn er erkennt in den Worten der Unbekannten einen eigenen, bislang nur seiner Geliebten zugänglichen Text (eigentlich ein
leicht variiertes Zitat von Worten der Unbekannten aus Horváths
Komödie, vgl. kA VII, 59, 339) wieder. Und er erkennt Bossard, der
durch das Falschspiel gemeinsam mit einigen weiteren engagement-
losen Schauspielern, darunter der Geliebten Huelsens, auf sich aufmerksam machen und ein Engagement erzwingen will. Die Aktion
verkompliziert sich durch einen Marquis, der in der Totenmaske ein
Dienstmädchen zu erkennen glaubt, das er einst irrtümlich der Unterschlagung von Geld bezichtigt und entlassen hat und für deren
Selbstmord er sich verantwortlich fühlt. Sein ganzes Leben ist seit-
her bestimmt von seinem Schuldgefühl. Er wähnt sich nun in einem
typisch komödienhaft missverständlichen Gespräch mit der Schau-
spielerin der Unbekannten durch diese entlarvt, will einer vermute-
ten Erpressung zuvorkommen und die Wahrheit gestehen. Während
er sie in seinem Haus auf seine Mitteilung warten lässt, erfährt er

von einem der beiden Mitwisser seiner vermeintlichen Tat, dass die einst Entlassene nicht die Unbekannte aus der Seine ist, sondern dessen mittlerweile »ein bisserl senil« (386) gewordene Tante. Die Verwicklungen lösen sich auf, die Schuld ist keine Schuld, die Schauspieler erhalten ein Engagement, zuversichtlich machen sich alle an die Bearbeitung des Stoffs von der *Unbekannten aus der Seine* für einen publikumswirksamen Film.

»Die Figuren, die Handlung im großen und die Situationen im kleinen sind klischeehaft, nicht dem Leben, sondern dem Klamaukfilm jener Tage abgeschaut. Die Sprache ist unecht, gekünstelt, ohne daß dahinter, wie bei anderen Stücken Horváths, eine satirische Absicht spürbar wird.« Diesem Verdikt Kurt Kahls (1966, 69) ist wenig hinzuzufügen. Tatsächlich erfüllt beispielsweise Semper alle landläufigen Vorstellungen von einem ausschließlich profitorientierten, ästhetisch unsensiblen Manager und ist gerade die von Kahl angesprochene sprachliche Gestaltung der Komödie *Mit dem Kopf durch die Wand* höchst problematisch, stellt fragwürdigen Sprachgebrauch nicht distanzierend und ironisierend aus, sondern reproduziert ihn, zum Teil mit billigsten Gags (vgl. z. B. 382, 388). Horváth selbst hat sich in seinem Programmentwurf »Die Komödie des Menschen« (kA XI, 227f.) von 1936 nachdrücklich von der im Jahr zuvor entstandenen Komödie distanziert: »Einmal beging ich einen Sündenfall. Ich schrieb ein Stück, ›Mit dem Kopf durch die Wand‹, ich machte Kompromisse, verdorben durch den neupreußischen Einfluß, und wollte ein Geschäft machen, sonst nichts. Es wurde gespielt und fiel durch. Eine gerechte Strafe« (227). Und in dem etwa zur selben Zeit entstandenen Text *Was soll ein Schriftsteller heutzutag schreiben?* (kA XI, 223–226) sieht er im »Gewissen« die einzige »wahrhafte Zensur« (225). Das Gewissen dürfe »nie verlassen« werden. »Auch ich habe es verlassen, habe für den Film z. B. geschrieben, wegen eines neuen Anzugs und so. Es war mein moralischer Tiefstand.«

Ob der Autor moralisch zu verdammen ist, sei dahingestellt. Immerhin bestätigt auch seine Freundin Wera Liessem, die in der Uraufführung dann die Unbekannte gespielt hat, den finanziellen Druck, der auf ihnen gelastet und den Autor unter Schreibzwang gesetzt habe (vgl. nach kA VII, 448). Es stellt sich nicht die Frage der moralischen, sondern der ästhetischen Bewertung. Und da sind sich Kritik und Literaturwissenschaft mit dem Autor weitgehend einig. Interessant ist *Mit dem Kopf durch die Wand* lediglich durch den intertextuellen Bezug auf die zwei Jahre zuvor entstandene Komödie *Eine Unbekannte aus der Seine* und die Anspielungen Horváths auf seine eigenen Ambitionen im Filmgeschäft. Gegenüber der früheren

Komödie, die den zeitgenössischen Kitschkult um die Gipsabdrücke
der Totenmaske der Unbekannten aus der Seine zitiert und ihm wi-
dersteht, indem am Schluss das Mysteriöse trotz des Kitschan-
spruchs von Irene nicht aufgelöst wird, wendet *Mit dem Kopf durch
die Wand* die Handlung ins Banale. Nur sehr oberflächlich auch
werden die Mechanismen der Kulturindustrie, die künstlerische
Ignoranz und die Profitorientierung im Filmgeschäft kritisiert, von
einer Abrechnung mit diesem (so Balme 1988, 108) kann nicht die
Rede sein. Krischke (kA VII, 448) hat zurecht auf die Zurücknahme
des ohnehin schwachen satirischen Anspruchs »zugunsten gängiger
Lustspieleffekte« in der Endfassung gegenüber der Vorstufe *Das unbekannte Leben* hingewiesen.

In seinem Bemühen, im Dritten Reich als Autor irgendwie zu
überleben und sein Auskommen zu finden, hat sich Horváth auf das
Verfassen von Drehbüchern eingelassen (vgl. Kap. 1). Bezüglich die-
ser moralisch fragwürdigen Anbiederung an nationalsozialistische
Institutionen ist die Selbstentrüstung des Autors durchaus gerecht-
fertigt. In ästhetischer Hinsicht erweisen sich etwa die drei in den
Gesammelten Werken abgedruckten Film-Exposés »Brüderlein fein.
Ein Film aus der Biedermeierzeit« (GW IV, 629–635), »Ein Don
Juan unserer Zeit« (GW IV, 636–624) und »Die Geschichte eines
Mannes (N), der mit seinem Gelde um ein Haar alles kann« (GW
IV, 643–645) eindeutig als Nebenprodukte, als zwar wenig an-
spruchsvoller, aber auch harmloser Verschnitt aus verschiedenen
Raimund-Stücken, als Variation des eigenen *Don Juan*-Schauspiels
sowie als Versuch, ein wenig vom kritischen Potential der Volksstük-
ke zu retten in der »Geschichte des Mannes (N)«. Sie enthält Ansätze, wie man sie vom früheren Horváth kennt, die Entlarvung eines
jungen Mannes als Spießer, für den das Geld, im Sinne Nestroys
(1930, 227), der »kategorische Imperativ« seines Handelns ist und
der dementsprechend eine ältere Frau ausnützt, die wiederum als
Opfer sowohl eines an die *Geschichten aus dem Wiener Wald* erinnernden Zugluftanschlags als auch ihres verkitschten Bewusstseins
gesehen wird. Der melodramatische Schluss scheint allerdings als
Zugeständnis an den breiten Publikumsgeschmack gedacht zu sein.
Insgesamt lassen diese Exposés sowohl das bewusstseinsanalysierende
Verfahren der früheren Werke Horváths als auch die Darstellung
von Bewusstseinswandel der späteren Dramen und Romane vermis-
sen. Und genau das gilt auch für die Komödie *Mit dem Kopf durch
die Wand.*

3.3.1.5 Die Komödie *Figaro läßt sich scheiden*

Horváths erste Überlegungen zur schließlich dreiaktigen Komödie *Figaro läßt sich scheiden*, die an die *Hochzeit des Figaro* von Beaumarchais anschließen soll (vgl. kA VIII, 11), gehen zurück bis ins Jahr 1933. »Figaro der Zweite« oder »Die Hochzeit des Figaro in unserer Zeit« waren ursprünglich vorgesehene Titel (kA VIII, 181). Im Frühjahr 1936 war die Urfassung fertiggestellt, eine vom Max Pfeiffer Verlag vervielfältigte Fassung ist mit »Rücksicht« auf Emigranten um jene Szenen gekürzt, in denen deren Situation allzu krass gezeichnet scheint (vgl. VIII, 184). Auch die Fassung der Prager Uraufführung vom Frühjahr 1937 wurde gekürzt. Vom Publikum wurde diese lebhaft akklamiert (vgl. Krischke 1991, 312), die Kritiker zeigen sich gespalten zwischen Lob für eine unterhaltsame, spritzige Komödie und Ratlosigkeit gegenüber dem diffusen, unentschiedenen Revolutionsbegriff (vgl. beispielhaft ebd., 318, 318f. oder 320). Die angesprochene Irritation sollte über die Erstaufführung der Urfassung der Komödie am Deutschen Theater in Göttingen im Jahr 1960 hinaus bis zu jüngeren literaturwissenschaftlichen Studien (Schröder 1981 oder Bossinade 1988) bestehen bleiben. Erstmals im Druck erschien die Komödie 1959 beim Wiener Bergland-Verlag.

Die Handlung der Komödie *Figaro läßt sich scheiden* (kA VIII, 9–99) beginnt in »stockdunkle[r] Nacht« (13) im »Grenzwald« zwischen einem Land, in dem die Revolution ausgebrochen ist, und einem Land, in das der Graf Almaviva, begleitet von seiner Frau und dem Dienerehepaar Figaro und Susanne, flieht, um sein Leben zu retten. Der Verkauf eines edlen Schmuckstücks gestattet den Emigranten die Fortführung des gewohnten Lebens für eine geraume Zeit, das Ende der finanziellen Mittel ist jedoch in Sicht, so dass sich Figaro von den Almavivas trennt und sich in dem kleinen Ort mit dem sprechenden Namen Großhadersdorf als selbständiger Friseur niederlässt. Susanne begleitet ihn ungern, aber in der Hoffnung, endlich ihren Wunsch nach einem Kind erfüllt zu bekommen. Figaro, wiewohl er sich als Friseur gut etabliert, blockt mit Hinweis auf die unsicheren Zeiten ab und richtet sein gesamtes Leben nach dem beruflichen Erfolg aus. Susanne verlässt ihn. Figaro, der nur ihretwegen mit in die Emigration gegangen ist, kehrt daraufhin in die Heimat zurück, arrangiert sich mit den neuen Herrschern des Landes und löst einen korrupten Revolutionsanhänger als Verwalter des ehemaligen Almaviva-Schlosses ab, in dem nun ein staatliches Heim für Findelkinder untergebracht ist. So sehr ihn diese Aufgabe befriedigt, empfindet er doch sein Leben ohne Susanne und nun auch ohne eigenes Kind unbefriedigend. Seine Frau erfüllt ihm den brieflich geäußerten Wunsch zu ihm zurückzukehren gemeinsam mit dem Grafen, der alle Tiefen eines Emigrantendaseins bis zu einer Haftstrafe durchgemacht hat. Der Schluss bringt eine allgemeine Versöhnung: »Jetzt erst hat die Revolution gesiegt, indem sie es nicht mehr nötig hat, Menschen zu verfolgen, die nichts dafür können, ihre Feinde zu sein« (99).

Horváth greift in dieser Komödie auf einen allgemein bekannten und beliebten Stoff zurück. Sind es in dem von Mozart vertonten Libretto von Beaumarchais verschiedene Hindernisse, die es zu überwinden gilt bis zur Vermählung Figaros, so lässt der Titel der neuen Komödie Trennung, aber in Zusammenspiel mit der Gattungsbezeichnung auch Wiederversöhnung erwarten. So weit erfüllt Horváths Stück die Erwartungen. Die Handlung ist aber eingebettet in die Thematisierung von Revolutions- und Emigrationsproblematik. Und damit hatten schon, wie erwähnt, die Rezensenten der Prager Uraufführung und haben Horváth-Interpretationen bis heute Schwierigkeiten. Einerseits wird das Exilelend, das Unerwünschtsein in den Gastländern (16), die erniedrigende finanzielle Situation der Emigranten (28ff.), das Bangen um Aufenthalts- und Arbeitsgenehmigungen (67, 87), die Gefahr des Abgleitens in Kriminalität (68f.), sehr genau dargestellt, andererseits völlig bewusst (vgl. 11) offengelassen, um welche Revolution es sich handle. Axel Fritz (1973, 168ff.) problematisiert die historische Unverbindlichkeit beziehungsweise die Widersprüchlichkeiten der Revolutionsvorstellung(en), deren Ursache Schröder (1981, 145) in seiner biographistischen Lesart in der Durchkreuzung der »öffentlich-politische[n] Aufklärungsabsicht« durch eine »irrationale Regressionstendenz des Autors« ortet, die auf das Werk durchschlage (vgl. ebd., 146). Einzig Balme (1988, 111) sieht in der »Diskrepanz zwischen vagem Revolutionsbegriff und exakter Schilderung des Exils« weder einen Darstellungsfehler noch Scheu des Autors vor eindeutiger Aussage. »Revolution und Exil repräsentieren zwei klar voneinander getrennte, gegensätzliche Welten: Die reale [...] Exilerfahrung und die fiktionale Welt des Schlosses und der Revolution. Dort befinden sich, mit Ausnahme der Kinder, nur Figuren aus der Literatur, d.h. aus Beaumarchais' Komödie«. Für diese Erklärung spricht auch Horváths Begleittext zu *Figaro läßt sich scheiden*, demzufolge die Handlung »einige Jahre nach Beaumarchais *Hochzeit des Figaro*« (11) einsetze und dennoch »in unserer Zeit« spiele. Innerhalb des Dramas sind demnach zwei Ebenen anzunehmen, die zeitgenössische Wirklichkeit des Exils und die zeitenthobene Fiktion einer utopischen Revolution der Menschlichkeit als Gegenbild zur Realität.

Mit dem Durchschreiten des Grenzbezirks werden die Exilierten wie Havlicek in *Hin und her* aus ihrer bisherigen Existenz herausgerissen. Im Gegensatz zu diesem finden aber der Graf und die Gräfin keinen vergleichbaren Ersatz. Das Hin und Her Havliceks ist ein transitorischer Ausnahme-, das Exil des gräflichen Paares ein Dauerzustand. Die Vorstellung des Grafen, seinen feudalen Lebensstil im Exil weiterpraktizieren zu können, erweist sich als Illusion. Bossinade (vgl. 1988, 126) beobachtet die jeweils totale Umkehrung der sozialen Stellung am Grafen und an Figaro. Die vermeintlich gottgewollte feudale Ordnung (14), deren rasche Restauration der Graf erwartet, hat realiter keine Zukunft: »Es ist eine Welt zusammengebrochen, eine alte Welt. Der Graf und die Gräfin, sie leben nicht mehr, sie wissens nur noch nicht« (35), so konstatiert Figaro nüchtern, um seine Zukunft und die Susannes durch den Absprung in die bürgerliche Existenz zu sichern. Die ehemaligen Herrscher sind »Scheintote« (34), die – im wörtlichen und übertragenen Sinn – keine Legitimation mehr haben zu leben und ohne Nachwuchs bleiben. Demgegenüber erlebt Figaro einen (wenn auch nicht geradlinigen) gesellschaftlichen Aufstieg. Er, der ursprünglich aus guten Gründen mit der Revolution sympathisiert (23), dann durch seine Hochzeit einen ersten Wandel zu einer unpolitischen Haltung durchgemacht hat und zum »Emigrant[en] aus Liebe« (73) geworden ist, distanziert sich endgültig von der obsolet gewordenen feudalen Welt, indem er sich als Barbier selbständig macht. Allerdings wird er vorerst zum Spießer unter Spießern, der nur ans Geschäft denkt und das vitale Verlangen seiner Frau ignoriert. So wie er das feudale Lebensmuster als tödlich angesehen hat, so nun Susanne das des Spießers. Sie verläßt ihn, weil er ihr »tot« (59) erscheint und zu ihrem »Tod« (56) zu werden droht, und löst damit erneut einen Wandel in der Einstellung ihres Mannes aus. Figaro nimmt das Risiko einer Rückkehr in die Heimat auf sich, löst friedlich den unmenschlichen, weil private Ansprüche ignorierenden Revolutionär ab (73) und hat, da er sich nun wie Susanne zum Kinderwunsch bekennt, eine Zukunft.

Anders als die zu einem Wandel unfähigen »ewigen Spießer« in Horváths früheren Texten macht Figaro eine Entwicklung durch, und zwar von »Illusionslosigkeit [...] zum Glauben an die Humanität«, die es erlaube, dass »die kämpfenden Parteien aller Revolutionen der Moderne friedlich zusammenleben« (Spies 1993, 107). Diese Utopie setzt sich, um Balmes Gedanken aufzugreifen, jedoch nur im zeitenthobenen fiktionalen Rahmen durch. Die (das ganze Drama hindurch undurchsichtigen) Herrschaftsverhältnisse bleiben dadurch unberührt. Ein Wunschbild wird gegen die Wirklichkeit ge-

setzt. Man kann das auch poetologisch als Forderung Horváths an
die (seine) Literatur verstehen, utopische Gegenbilder von einer Revolution der Menschlichkeit gegen totalitäre Revolutionsvorstellun-
gen zu entwerfen, die zwar an die Realität nicht heranreichen, aber
immerhin ein Fehlendes (konkret: Menschlichkeit) ins Bewusstsein
rücken können. Ein Rest von Fragwürdigkeit bleibt allerdings durch
»Susannes Reduktion auf eine apriorische, sozusagen naturgegebene
[das heißt: durch den natürlichen Kinderwunsch begründete]
Menschlichkeit, die ihrerseits der männlichen Figur als Leitbild zum
Handeln dient« (Bossinade 1988, 133), durch Vorstellungen von
Weiblichkeit und »Abwertung der kinderlosen Ehe« (ebd., 138) mithin, die als unverrückbar dargestellt werden (insofern Susannes Haltung als unveränderliches Ideal erscheint) und die nationalsozialisti-
schem Denken nicht ganz fremd sind, daher auch die Wirkung des
Gegenbildes schwächen.

3.3.1.6 Das Schauspiel *Don Juan kommt aus dem Krieg*

Die ersten Spuren der Beschäftigung Horváths mit dem Don Juan-
Stoff weisen zurück in die frühen dreißiger Jahre. Im Nachlass fin-
den sich neben zahlreichen Vorarbeiten und Fragmenten (kA X, 73-
132) verschiedene Konzepte (kA X, 135-141), von denen eines die
Nähe zum Filmexposé *Ein Don Juan unserer Zeit* (GW IV, 636–
641) und ein anderes den Plan zu einem Roman mit demselben Titel verrät (141). Fertiggestellt hat der Autor sein Schauspiel 1936.
Die Uraufführung 1952 im Wiener Theater der Courage unter dem
Titel *Don Juan kommt zurück* (kA X, 142) fiel bei Publikum und
Kritik durch (vgl. Lechner 1978, 73ff.). Die Rezensenten – nur zwei
von fünfzehn urteilten positiv (vgl. ebd., 73f.) – zeigten sich uninformiert (vgl. ebd., 73), glaubten, Horváth habe nur einen Plan zu
diesem Stück entworfen, es aber nicht ausgeführt, und waren irritiert von der losen Szenenfolge, die sie eben auf den unfertigen Zustand des Dramas zurückführten. Aber sie konnten es nicht besser
wissen, denn es erschien erst 1961 in der Ausgabe der *Stücke* erstmals im Druck.
    Das nicht näher lokalisierte Handlungsgeschehen des Schauspiels
Don Juan kommt aus dem Krieg (kA X, 9–72) erstreckt sich über
drei, jeweils mit einem eigenen Titel – »Der Krieg ist aus« (16), »Im
Taumel der Inflation« (29), »Der Schneemann« (57) – versehene
Akte und setzt am Tag des Waffenstillstandsschlusses zwischen dem
Deutschen Reich und den Siegermächten des Ersten Weltkriegs, also
am 1. November 1918 ein (16). Wie der Titel verrät, ist Don Juan
ein Heimkehrer. Er begegnet insgesamt 35 Frauen, deren jede ihn

sowohl wiederzuerkennen meint wie auch jede ihn an eine andere
erinnert, nämlich an seine Braut, die er vor dem Krieg verlassen hat
und zu der er nun reuig zurückkehren möchte. Er weiß nicht, dass
sie seinetwegen irrsinnig geworden und in einer Irrenanstalt gestorben ist. Seine Briefe erreichen daher nur ihre Großmutter, die sie
nicht beantwortet, die vielmehr auf seine Rückkehr wartet, um mit
ihm abrechnen zu können. Diese verzögert sich durch seine 35 Affä-
ren, deren letzte – mit einer Minderjährigen – ihn mit der Polizei in
Konflikt bringt. Er will nun endgültig zu seiner Braut zurückkehren, um bei ihr Schutz zu suchen, erfährt von ihrem Tod und lässt
sich auf ihrem Grab einschneien. Er stirbt, wie der Soldat im Roman *Ein Kind unserer Zeit*, als »Schneemann« (72).

Den geschichtlichen Hintergrund des Dramas bilden, wie die Titel der ersten beiden Akte signalisieren, die Folgen des Ersten Weltkriegs und insbesondere die Inflation. Die sozialen und ökonomischen Bedingungen entsprechen denen in den Horváth-Dramen der
späteren zwanziger und frühen dreißiger Jahre, im *Sladek* und in
den Volksstücken etwa (vgl. Bossinade 1988, 56ff.). Der Heimkehrer Don Juan ähnelt oberflächlich den dort gestalteten Kleinbürger-
figuren. Er gehört als sozialer Absteiger (»Als noch Frieden war, hatte ich es nicht nötig, zu arbeiten, aber ich sollte durch diesen Krieg
alles verlieren«, 37), durch seine apolitische Haltung und mit verschiedenen Meinungsäußerungen (z.B.: »Kriege wirds immer geben«, 39) dem depossedierten und orientierungslosen Kleinbürgertum an, dem auch die Frauen fast alle zuzurechnen sind, von denen
es in Horváths »Vorwort« zum Drama heißt, dass Don Juan ihnen
»nicht entrinnen« (11) könne. Sie wollen ihn erlösen in dem Sinne,
wie die Männer in Horváths Volksstücken in Beziehungen von
Frauen erlöst sein wollen, von denen sie was haben. Der Kleinbürger der Volksstücke würde sich in seinem kleinen Glück einrichten,
wie das Karl in der *Italienischen Nacht* tut, der »immer von der Erlösung durch das Weib [eigentlich »viertausend Mark« = »Gott«] geträumt« hat (kA III, 110f.). Don Juan hingegen ist getrieben von
der Suche nach der toten Braut, nach einem Ideal, von dem er in jeder Frau nur einen matten Abglanz sehen kann. Diese Frauen können ihnen daher nur vorübergehend faszinieren und an sich binden,
er wirft sie geradezu ärgerlich weg, sobald er sich in seinem Idealbild
getäuscht sieht. Wenn es im »Vorwort« heißt, er werde »den Damen
nicht entrinnen« so stimmt das nur in dem Sinne, dass sie ihn alle
an die Braut erinnern (vgl. 43). Tatsächlich entrinnt Don Juan jedoch nur seiner Braut nicht (»Du hältst mich?«, 71), das heißt, einer abstrakten Vorstellung von der idealen Frau, die auf die ehemalige Braut projiziert erscheint, die er ja aber auch verlassen hat. Die

Erfüllung ist aufgeschoben, sie ist in der Wirklichkeit unerreichbar. So wie die Braut tot ist, ist sein abstraktes Idealbild nichts Lebendiges. Deshalb erscheint Don Juan den Frauen auch von vornherein unheimlich. Er sucht, durchaus folgerichtig, im eigenen Tod, mit dem er zugleich die Treulosigkeit gegenüber der Braut zu sühnen meint, die Erfüllung seiner Sehnsucht.

Der Don Juan-Stoff ist seit dem 17. Jahrhundert ein überaus beliebter und hat – Horváth spielt darauf im »Vorwort« auch an (11) – zahlreiche und unterschiedlichste Realisationen gefunden (vgl. zusammenfassend Müller-Kampel 1993, 234ff.), deren populärste zweifellos das von Mozart vertonte Da Ponte-Libretto *Don Giovanni* ist. Müller-Kampel (vgl. auch 1999, 19f.) beobachtet die Entwicklung vom ursprünglich brutalen Frauenverführer (vgl. ebd., 19) über den »kultivierten Frauenliebling« (ebd., 20) zum Don Juan der »Wende vom 19. zum 20. Jahrhundert«, der »vollends jede Freude an der selbstgenügsamen Befriedigung seiner sexuellen Bedürfnisse verloren« hat. »Don Juan kämpft immer seltener mit äußeren Feinden [...] und immer stärker gegen die eigene donjuaneske ›Natur‹ an. Er liegt in Fehde mit sich selber.« Horváth wollte »nicht allein die männliche Sexualität, deren stärkster Repräsentant er [Don Juan] ohne Zweifel ist« (11), beachtet wissen, sondern ebenso und vor allem den metaphysischen Aspekt der Suche nach Vollkommenheit. In diesem Drang übt er zwar nicht körperliche, aber doch seelische Gewalt aus, deren Opfer jedenfalls seine Braut geworden ist. Ähnlich Charlotte Mager in der kurzen Prosaskizze *Lachkrampf* (kA XI, 95-98) ist sie in ein irrsinniges, letztlich tödliches Lachen verfallen. Und er wird – wie andere Don Juans seit der Jahrhundertwende – eine Art »Steinerner Gast seiner selbst« (Müller-Kampel 1999, 21), nämlich zum Schneemann. Seiner Suche nach Vollkommenheit ist Todessehnsucht eingeschrieben, die – wie schon im Frühwerk, im *Buch der Tänze* und im *Mord in der Mohrengasse*, sowie im Roman *Ein Kind unserer Zeit* – der Sehnsucht nach der Mutter, dem Idealbild der Frau, gleichgesetzt wird.

Bossinade (1988, 64) spricht von der »Destruktion eines kulturellen Mythos«. Dies meint nicht nur, dass Don Juan zu einem »müden Kavalier« (11) geworden ist, der weniger selbst verführt, als verführt wird – »Hier ist mein Schloß«, lockt eine der Frauen in Umkehrung der üblichen Situation (23; vgl. auch 33) –, sondern dass der Mythos als solcher, »die ›Legende der Männlichkeit‹ [...] auf das Niveau der Handelsware herabgesunken« (Bossinade 1988, 64) ist, daß Don Juan als »Kunsthändler« (37) beziehungsweise »Geschäftsreisender« (66), das heißt, als »Reisender in eigener Sache« auftritt, dessen Ware »der Mythos Don Juan« ist (Bossinade 1988, 57).

Die Finalisierungen der Horváthschen Dramen von der Komödie *Eine Unbekannte aus der Seine* bis zum *Don Juan* haben ein Vergleichbares darin, dass sie fehlende Menschlichkeit, fehlende
menschliche Solidarität und fehlende menschliche Ideale ins Bewusstsein rücken, unabhängig davon, ob die jeweilige zentrale Figur
des Stücks den Tod sucht (Unbekannte, Don Juan) oder ein happy
ending erlebt (Havlicek, Luise, Figaro), dem das (durch das Komödienschema) Erzwungene eingeschrieben ist. Es sind durchwegs Gegenbilder zur schlechten Wirklichkeit, die Horváth entwirft. So ist
auch der Sucher Don Juan zu den Gegenfiguren der »nationalsozialistischen ›Sucher-Gestalten‹« zu zählen (Bossinade 1988, 76ff.), die
für die Verwirklichung eines völkischen Ideals sterben, während er
dem Ideal einer menschlichen Liebe nachhängt. Ein Gegenbild,
auch wenn dieses Ideal nicht lebbar ist.

3.3.1.7　Das Schauspiel *Der jüngste Tag*

Das Schauspiel *Der jüngste Tag*, entstanden 1936, uraufgeführt Ende
1937 in Mährisch-Ostrau, ist das letzte zu Lebzeiten des Autors auf-
geführte Stück Horváths, zugleich das erste, das nach Ende des
Zweiten Weltkriegs wieder auf einer Bühne, nämlich im Theater in
der Josefstadt in Wien, realisiert wurde. In Krischkes (1991, 345–
347) Dokumentationsband *Horváth auf der Bühne* findet sich nur
eine Rezension der Uraufführung, die von »wahrhaft große[r] Dichtung« (ebd., 345) und von »nachhaltiger« Wirkung beim allerdings
nicht sehr zahlreichen Publikum (ebd., 347) spricht. Größeren Widerhall fand die Wiener Aufführung 1945. Der Tenor lässt sich, so
Lechner (vgl. 1978, 43), mit zwei Sätzen aus einer Kritik zusam-
menfassen: »Ödön von Horváths Drama ›Der Jüngste Tag‹ erlebte
[...] eine hervorragende Aufführung. Das Mysterium der unpersönli-
chen menschlichen Schuld wird in einer dramatischen Mischung
aus Realistik, Dämonie und Überirdischem bis zum Ursprung verfolgt.«
　　Im Nachlass finden sich mehrere handschriftliche Konzepte, zum
Teil unter dem Titel *Freigesprochen* (kA X, 423ff.) sowie Varianten
zum Schluss des Dramas (kA X, 297–310). In Buchfassung erschien
es erstmals 1955 im Verlag Lechte, dann 1961 in der Auswahl der
Stücke.
　　Das »in unseren Tagen« (10) angesiedelte Schauspiel in sieben
Bildern *Der jüngste Tag* (kA X, 9–77) kreist vordergründig um die
juridische Aufdeckung der Schuld an einem Eisenbahnunglück.
Thomas Hudetz, der Stationsvorsteher der »kleine[n] Bahnstation«
(10) eines unter der schlechten Wirtschaftslage leidenden 2364-See-

len-Nestes (13), scheint, abgelenkt von der Wirtstochter Anna, ein Signal zu spät gestellt zu haben. Sie, die eben ihren Bräutigam zur Bahn gebracht hat, küsst Hudetz, um ihn, der in einer unglücklichen, ja toten Ehe mit seiner um 13 Jahre älteren Frau lebt, zu reizen und um ihn in seinem in Pflichterfüllung erstarrten Leben zu irritieren. Bei der Gerichtsverhandlung sagt Frau Hudetz gegen ihren Mann aus, Anna schwört jedoch einen Meineid zugunsten des Bahnhofsvorstands, der freigesprochen und von den Dorfbewohnern triumphal gefeiert wird. Anna plagt in der Folge zunehmend ihr schlechtes Gewissen. Um Ruhe zu finden, ohne Hudetz zu verraten, fordert sie ihre Ermordung durch ihn heraus. Der Bahnhofsvorstand erwägt vorerst Flucht und Selbstmord, stellt sich aber schließlich, von der Erscheinung der toten Anna bewogen, der Justiz.

Oberflächlich betrachtet ist das Stück ein wenig sensationeller, im Finale mit dem Auftreten von Toten des Eisenbahnunglücks und von Anna ins Irrationale gewendeter Kriminalfall. Aber die Schuldfrage ist, so gesehen, alles andere als geklärt, dies umso weniger, als der Titel des Schauspiels das Jüngste Gericht apostrophiert, das bekanntlich eine Generalabrechnung aller guten und schlechten Taten im Angesicht Gottes verspricht. »Schuld« ist das Leitwort des *Jüngsten Tags*, Schuld das zentrale Thema. Zuerst nimmt Volkes Stimme, die verleumderische und wetterwendische Bäckersgattin mit dem sprechenden Namen Leimgruber, den Begriff trivialisierend und missbrauchend in den Mund. Zielscheibe ihrer Verleumdungen ist insbesondere die Frau des Bahnhofsvorstands. Durchaus in Übereinstimmung mit dem öffentlichen Bild seiner Person ist das Selbstbild des Thomas Hudetz, der sich von Schuld frei fühlt, weil er »immer ein pflichttreuer Beamter« gewesen ist und »nie ein Signal versäumt« hat (29). Hudetz ist ein Spießer durch und durch, kennt nur seine Arbeit (»Ich hab halt immer Dienst« – 21), begegnet aber vor allem seiner Frau kalt abweisend (»Er spricht seit Tagen kein Wort mehr mit mir« – 15). Die Abwehr von Schuld am Eisenbahnunglück ist, wie Herbert Gamper (vgl. 1994, 16), der genaueste (und diesbezüglich bislang einzig genaue) Horváth-Leser, nachgewiesen hat, objektiv durchaus gerechtfertigt. Dreimal stellt Hudetz das Signal zeitgerecht (13, 15, 20), dreimal spielt sich das Geschehen in der gleichen Reihenfolge ab: Dem Läuten des Läutwerks folgt das Bedienen des Signalhebels durch Hudetz, ehe schließlich der jeweilige Zug vorbei- beziehungsweise (einmal) in die Station einfährt. Vor dem Unglück jedoch ertönt das akustische Signal, auf das hin der Bahnhofsvorstand tätig wird, erst nach dem Vorbeifahren des Zugs und nach dem panischen Herumreißen des Signalhebels durch Hudetz. Demnach wäre dieser nicht nur wider Willen von Anna abgelenkt, sondern auch zu spät durch das Signal alarmiert worden.

Dieser »Fehler« muss einen Grund haben. Es geht Horváth offensichtlich nicht um eine Schuldzuweisung im juridischen Sinne, weshalb ja auch die Aktivitäten des Gerichts im Fall des Eisenbahnunglücks streng genommen fragwürdig bleiben. Horváth geht es vielmehr um den Verweis auf Schuldzusammenhänge, die jenseits juridischer Beweisbarkeit liegen. Schon im ersten Bild weist Hudetz die böse Nachrede Annas auf seine Frau mit den Worten zurück: »Sie werden erst noch manches lernen müssen, bis Sie anfangen werden, zu begreifen« (22). Tatsächlich trifft die Prophezeiung die junge Frau ebenso wie ihn selbst und auch seine Ehefrau. Alle fühlen sich unschuldig, Hudetz, weil immer pflichtbewusst und korrekt gegenüber seiner Frau, Anna, weil sie nur einen »Witz« (51) gemacht habe, um Frau Hudetz zu ärgern, und diese, weil sie sich »keines Verbrechens bewußt« (63) ist. Ihre Selbstgerechtigkeit demaskiert ihr Bruder Alfons, indem er sie daran erinnert, dass sie Thomas weniger geliebt, als vielmehr die Liebe des jüngeren Mannes zu »erpressen« versucht und ihm in ihrem Hass sogar den Tod gewünscht hat (64). Alfons sieht einen Schuldzusammenhang, in den alle miteinbezogen sind, und nimmt damit eine Erkenntnis vorweg, die die Erscheinung der toten Anna aussprechen wird (74). Diese hat nach und nach durch ihre inneren Stimmen (51) Einsicht in ihre Schuld gewonnen und löst auch Schuldeinsicht bei Hudetz aus, indem sie ihn verführt, mit ihr das zu tun, was er ohne körperliche Gewaltanwendung mit seiner Frau getan hat, nämlich sie zu töten. Erst nach der Ermordung Annas, nachdem er »etwas Größeres« verbrochen hat, um »bestraft werden [zu] können« (52), wie sie ihm prophezeit hat, findet Hudetz wieder Schlaf (66). Durch diesen Mord wird nicht nur sein vorgeblich gutes Gewissen (48) als falsches demaskiert, die Tat erleichtert kurioserweise auch dieses Gewissen durch eine (wenn auch nicht endgültige) Klärung der Situation. Seine Schuld macht ihm aber erst die tote Anna bewusst, die Schuld nämlich, seiner Frau die Liebe entzogen zu haben. Über das Volksstück *Kasimir und Karoline* hat Horváth das Motto »Und die Liebe höret nimmer auf« (kA V, 67) gestellt, ein Zitat aus dem *Hohelied der Liebe* (Vers 13,8) des ersten Korintherbriefs. Auch das letzte Volksstück Horváths, sein »kleiner Totentanz« *Glaube Liebe Hoffnung* spielt mit dem Titel auf diese *Hohelied* (Vers 13,13) an. Beide Dramen leisten nicht nur vermittelt über Bewusstseinsanalyse Gesellschaftskritik, sondern thematisieren, verschränkt mit dieser, den Verstoß gegen das neutestamentarische Gebot der Liebe, wie es im Paulusbrief am deutlichsten, jedenfalls am poetischsten formuliert ist, als eine der Ursachen der Misere zwischenmenschlicher Beziehungen. *Der jüngste Tag* schließt hier an. Hudetz hat ebenso wie seine Frau Schuld auf sich geladen, er, weil er ihr eben seine Liebe entzogen, ja sie vielleicht niemals geliebt hat (wenn denn wirkliche Liebe, wie es im Korintherbrief heißt und worin der Autor offenbar zustimmt, niemals aufhörte), und sie, weil sie ihn nicht geliebt, sondern besitzergreifend an sich gebunden hat. Beider Schuld ist jedoch juridisch selbstverständlich nicht belangbar.

Bei seinem Versuch, sich mit Hilfe seines Schwagers der Gerichtsbarkeit nach dem Mord an Anna zu entziehen, entdeckt er das Sterbebildchen »Zur frommen Erinnerung an die ehrengeachtete Jungfrau Anna Lechner« (67), das an den »jüngsten Tag« gemahnt (68). Es ist Ausdruck naivster Religiosität und nicht ohne Verlogenheit in der Einschätzung Annas, löst allerdings einen Bewusstseinswandel des Flüchtigen aus. Das Sterbebildchen enthält einen doppelten Imperativ, nämlich innezuhalten und an das Jüngste Gericht zu denken. Hudetz will sich nun diesem statt der irdischen Jurisdiktion stellen, denn: »Wenn es einen lieben Gott gibt, der wird mich schon verstehen« (74). Darin drückt sich aus, dass Hudetz erwartet, der Allwissende würde in seinem Urteil berücksichtigen, dass er »eigentlich unschuldig« ist. Sein endgültiges Schuldbekenntnis löst die Einsicht der toten Anna aus: »Er hat das Signal vergessen, weil ich ihm einen Kuß gegeben hab, aber ich hätt ihm nie einen Kuß gegeben, wenn er nicht eine Frau gehabt hätte, die er nie geliebt –«.

Dreimal verführt Anna den Bahnhofsvorstand. Im ersten Bild ist sie eine typische Horváthsche Fräuleingestalt, die mit ihrer Sehnsucht auf kulturindustriell vermittelte Glücks- und Idealvorstellungen (Schönheit durch Kosmetik) hereinfällt und letztlich daran zugrunde geht. Anna ist eine (eben kulturindustriell, insbesondere durch den Film) verführte Verführerin. Die Parallelen zum paradiesischen Sündenfall sind offensichtlich (vgl. Gamper 1994). Nach der zweiten Verführung des Hudetz fragt sie diesen »Erkennst mich wieder?« (53). Der Teufel hat bekanntlich Erkenntnis als Folge der Sünde versprochen, Adam und Eva erkennen sich in ihrer Geschlechtlichkeit und verfallen dem Tod. Und Bilder des Todes und der Todesverfallenheit sind es, die Anna und Hudetz zugleich mit ihrem sexuellen Begehren begleiten (52f.) und in einen das Erkennen, zugleich Annas Tod besiegelnden Kuss münden (53). Der Zusammenhang von Liebe und Tod wird weitergeführt, wenn Anna lächelnd feststellt: »Oh, wie oft hast du mich schon erschlagen, und wie oft wirst du mich noch erschlagen – es tut schon gar nicht mehr weh – –« (75). Stellvertretend spricht Anna über das Erschlagen durch Lieblosigkeit (wie es auch Frau Hudetz erfahren hat). Schließlich verführt sie Hudetz gewissermaßen ein drittes Mal, diesmal jedoch zum Weiterleben und zur Auseinandersetzung mit seiner Schuld.

In der Schlussszene erkennt Hudetz Anna wieder. Das kann sich aber nicht auf Anna als Person beziehen, sondern zielt auf das Andere der Liebe, das sich für ihn in der ehelichen Beziehung nicht verwirklicht, weshalb er auch beim Vollzug der Ehe »immer an eine andere« (66f.) denkt. Das Andere personifiziert sich für Hudetz in Anna, die er als »Verlobte« (67) bezeichnet. Durch das Wiedererkennen des Anderen in Anna wird die versäumte Liebe als Ursache für alle Vergehen und Verbrechen evident. Im Sinne des »Hohelieds der Liebe« ist sein »Erkennen Stückwerk« und »unklar«, aber vielleicht doch eine kleine Vorwegnahme der höchsten Erkenntnis, die der Paulusbrief (I Kor. 13, 12) prophezeit, denn Hudetz vermeint nach seiner Verhaftung »Posaunen« (77), die Posaunen des Jüngsten Gerichts, zu hören.

Annas Rolle ist nicht nur die einer Verführerin. Nach seinem Freispruch bezeichnet Hudetz sie mystifizierend als »Mein rettender Engel« (43). Am Schluss ist sie es tatsächlich, weil sie ihn zur Anerkennung einer höheren Wahrheit leitet. Dazu gehört die Einsicht, dass es »die Hauptsach« sei, »daß man sich nicht selber verurteilt oder freispricht« (76). Dies macht Hudetz gelassen sowohl gegenüber atavistischen Rachegelüsten von Annas Bräutigam und Vater als auch gegenüber dem zu erwartenden Gerichtsverfahren. Damit ist aber die Frage der Beurteilung und Bestrafung von Schuld wiederum ins Irdische verwiesen. In der Tat hört Hudetz die »Posaunen«, die als Ankündigung des Jüngsten Gerichts gedeutet werden können, als er verhaftet abgeführt, also der irdischen Gerichtsbarkeit übergeben wird. Mit dem Jüngsten Gericht jedoch hat diese nichts zu tun.

Im Blick auf den Roman *Jugend ohne Gott* lässt sich das Finale besser verstehen. Der Gottesbegriff des Lehrers, der die Erzählperspektive des Romans bestimmt, ist weder identisch mit der naiven, verkitschten Vorstellung eines lieben Gottes, wie sie seine Eltern pflegen, noch mit dem Gott der Amtskirche. Gott offenbart sich dem Lehrer als »andere Stimme« (kA XIII, 95), die ihn zwingt, in einem Mordprozess gegen einen Schüler ohne Rücksicht auf die sozialen Folgen für ihn selbst die Wahrheit auszusagen, so dass der Lehrer zur ultimativen Einsicht gelangt: »Gott ist die Wahrheit« (kA XIII, 148). So wie für den Lehrer der Begriff »Gott« zum Synonym für »Wahrheit« wird, so ist für Hudetz das Jüngste Gericht identisch mit dem Erkennen und Anerkennen einer höheren Wahrheit. Und so wie dieser Gott des Lehrers im Roman mit dem herkömmlichen

Gottesbegriff nur den Namen teilt, so differiert offensichtlich die
Vorstellung vom Jüngsten Gericht in Horváths Schauspiel sowohl
von einer naiven landläufigen als auch der theologischen Auffassung.

Bossinade (vgl. 1988, 107) hat auf die Vermittlung sozialkriti-
scher Ausrichtung – wie in den Volksstücken, und zwar in diesem
Fall mit Bezug auf den österreichischen Kontext (vgl. ebd., 83ff.)
– sowie religiöser Thematik im *Jüngsten Tag* verwiesen, die offensichtlich auch den Reiz für didaktische Aufbereitungen dieses Stücks ausmacht (vgl. Müller 1995). Anna ist, wie gesagt, vorerst eine typische
Horváthsche Fräuleingestalt, Hudetz ein Spießer. Aber anders als die
Volksstückfiguren erweisen sie sich als wandelbar, werden zu Außen-
seitern in der kleinbürgerlichen, spießbürgerlich aggressiven Gesellschaft (vgl. Bossinade 1988, 87). Sie arbeiten einen Schuldzusammenhang auf, der sich von der ersten Verführungsszene, einem Kuss
nicht aus Liebe, sondern als »Witz«, als Kränkung, herleitet. Die religiöse Metaphorik dient Horváth nicht zur Verkündung oder Illu-
stration einer theologischen Wahrheit (auch wenn er dem neutesta-
mentarischen Liebesgebot zustimmt), sondern gewissermaßen als
Gegensprache gegen den vernichtenden Bildungsjargon der Spießer,
die die Macht im Dorf wie auch in der zeitgenössischen Realität haben. Die religiöse Metaphorik verweist also wiederum auf ein noch
Einzulösendes.

3.3.1.8 Die Komödie des Menschen: Dorf ohne Männer, Pompeij

Ende 1936 verfasste Horváth den Plan zu einer siebenteiligen »Komödie des Menschen« (kA XI, 227f.). Offensichtlich war er nicht
nur ökonomisch (227) in eine Krise geraten, verwirft er in diesem
programmatischen Entwurf doch sein gesamtes dramatisches Werk
seit 1932, beginnend mit *Kasimir und Karoline*. Sieht man von seinem »Sündenfall«, der Komödie *Mit dem Kopf durch die Wand* ab,
wo er sich, »verdorben durch den neupreußischen Einfluß« und aus
pekuniären Gründen zu »Kompromisse[n]« habe hinreißen lassen,
darf man – ohne die exilbedingte Krise verharmlosen zu wollen –
wohl eine vorübergehende Verdrossenheit bezüglich der eigenen literarischen Leistung annehmen (vgl. dazu schon Hildebrandt 1975,
106), die auch auf die schwache Resonanz auf die Aufführungen seiner Stücke zurückgeführt werden kann. Jedenfalls wollte er sich nun
»frei von Verwirrung« der Aufgabe widmen, »die Komödie des Menschen zu schreiben, ohne Kompromisse, ohne Gedanken ans Geschäft«. Alle zukünftigen Stücke sollten unter dem programmati-

schen Titel »Komödie des Menschen« stehen, wiewohl ihm bewusst
sei, »daß im ganzen genommen das menschliche Leben immer ein
Trauerspiel, nur im einzelnen eine Komödie sei« (228). Diese an
Schopenhauer erinnernde »pessimistische Grundintention« (Balme
1988, 112) hat zweifellos mit der ausweglos scheinenden politischen
Lage zu tun.

Der Plan einer »KOMOEDIE DES MENSCHEN« (N 14b) sah
sieben Stücke über die Entwicklung der Menschheit vor, von der
»Urzeit« (I) über »Die Diadochen« (II), »Die Völkerwanderung«
(III), »Das Mittelalter« (IV), »Die Entdeckung der Welt« (V), »Die
Maschinen« (VI) bis zu einem absoluten Endpunkt: »Das jüngste
Gericht« (VII). Eine fragmentarische Notiz zu einem Exposé von
Teil I lässt den pessimistischen Grundzug erahnen: Von den noch in
Höhlen lebenden Menschen heißt es: »sie haben noch keine Spra-
che, sie haben auch noch keine Namen, aber sie wissen bereits, wer
Freund und wer Feind ist«. Und bezeichnenderweise sollte ein »Go-
rilla« den Prolog sprechen. Auf einer anderen handschriftlichen
Skizze notiert Horváth Stücktitel für seine »Komödie des Men-
schen«: »I Pompeij. Das Dorf ohne Männer / II Die Pythagoraeer.
Die Diadochen«. Wie die ausgeführten Dramen in den Kontext des
Zyklus »Komödie des Menschen« eingebaut sein sollten, lässt sich
bestenfalls mutmaßen.

Eva Kun (1988, 27) erkennt bereits in der Wahl des Titels für
den Zyklus einen der häufig verdeckten »antideutsche[n] Hinweise«
beim späten Horváth, insofern er sich auf Imre Madáchs *Die Tragödie des Menschen* bezieht, die vor einem vergleichbaren historischen
Hintergrund der österreichisch-ungarischen Geschichte ein durchaus ähnliches Konzept der Darstellung der Menschheitsentwicklung
(vgl. ebd., 28) verfolgt hat, mit dem gegen die totalitäre Unterdrük-
kung (der Ungarn durch Österreich) opponiert wird. Insgesamt hat
sich Horváth offensichtlich bei diesem kurzzeitig erwogenen Programm eines Dramenzyklus »Komödie der Menschheit« eher von
(wie auch immer zu beurteilenden) moralischen, im Selbstverständnis wohl auch politischen Überlegungen leiten lassen, zweifelsohne
weniger von ästhetischen. Sonst hätte er wohl nicht pauschal das
Dramenwerk seit *Kasimir und Karoline* verworfen und die ver-
gleichsweise unbedeutenderen Komödien *Ein Dorf ohne Männer*
und *Pompeij* dagegen ausgespielt.

Die Komödie *Ein Dorf ohne Männer*, wohl Anfang 1937 entstanden
(vgl. kA X, 428), wurde im Herbst desselben Jahres in Prag uraufgeführt und sehr positiv aufgenommen als amüsante Unterhaltung,
»ein Lustspiel [...] ohne ernstere Absicht« (nach Krischke 1991,

326). Diesem wohlwollenden Urteil folgen die anderen Rezensenten (vgl. ebd., 327, 328, 330), allenfalls wird sanfte Kritik an der Flüchtigkeit der dramaturgischen Ausarbeitung des Stücks angemeldet (vgl. ebd., 330). Erstaunlich ist, dass in keiner Besprechung auch nur ansatzweise Versuche unternommen wurden, Bezüge zum zeitgeschichtlichen Kontext herzustellen.

Im Nachlass finden sich einige handschriftliche Konzepte (kA X, 429–431) und Varianten (kA X, 311–349). Nach dem Abdruck einer Fassung mit modifiziertem Schluss in den *Gesammelten Werken* (GW II, 465-538) ist die Urfassung erstmals in der *Kommentierten Werkausgabe* publiziert (kA X, 79–170).

Die Komödie *Ein Dorf ohne Männer* spielt in Ungarn »während der Türkenkriege – – in der frühen Renaissance« (81), also in einer Übergangszeit und in einer Zeit der Verarmung in Folge der kriegerischen Auseinandersetzungen. »Das Volk murrt« (82) gegen den alten Adel, der es ausbeutet, nicht aber gegen den neuen König, Matthias, der gegen die Willkür eben dieses Adels und für Frieden eintritt. Eine Abordnung der ob ihrer Hässlichkeit berüchtigten Frauen des Dorfes Selischtje, das alle Männer im Krieg verloren hat, erbittet die Zuweisung von Männern, die ihnen vom König unter der Bedingung zugesagt wird, dass es im Dorf schöne Frauen gibt. Der verarmte Graf von Hermannstadt, in dessen Zuständigkeit das Dorf gehört, soll dem König ein »Muster« (91) vorführen. Der Bader von Hermannstadt rät ihm zu dem Trick, drei Frauen anderer Herkunft als Bürgerinnen von Selischtje auszugeben, und wählt neben einer Prostituierten und einer ehrbaren Bürgerin die Frau des Grafen ohne dessen Wissen aus. Der Graf hält abergläubisch die Familie seiner Frau für »verflucht« (119), vollzieht daher die Ehe nicht und hält seine Frau, die ihn nach wie vor liebt, »wie eine Gefangene« (118). Sie sieht in der Aktion eine Möglichkeit, aus ihrem Kerker auszubrechen und dem König die Lage der Frauen in seinem Reich bewusst zu machen. Der König durchschaut den Betrug, ist aber beeindruckt von der Raffinesse des Manövers und der Haltung der Gräfin. Um den Grafen zu bestrafen, täuscht er diesem gegenüber vor, die Gräfin zu seiner Geliebten machen und die dem Dorf Selischtje zugesprochenen Männer selbst übergeben zu wollen. Sollte er bezüglich der Schönheit der Frauen getäuscht worden sein, wolle er den Grafen köpfen lassen. Dieser muss nun hunderte Frauen anderer Herkunft in das Dorf bringen. Schließlich klärt ihn der König über sein Täuschungsmanöver auf, übernimmt die Schulden des Grafen und heilt ihn von seinem Aberglauben. Und die Gräfin ernennt er zu seiner »Stellvertreterin« (170).

Horváths Komödie ist ein historisches Drama über eine Anekdote aus dem Leben des von den Ungarn hochverehrten Königs Mat-

thias Corvinus aus der zweiten Hälfte des 15. Jahrhunderts, genannt
»Matthias, der Gerechte« (vgl. Kun 1988, 30). *Ein Dorf ohne Männer* basiert aber weniger auf historischen Quellen als vielmehr auf
dem Roman *Szelistye, das Dorf ohne Männer*, der 1905 in deutscher
Übersetzung bei Reclam in Leipzig erschienen ist. Berczik (vgl. 1973,
74ff.) hat auf die Übernahme von längeren wörtlichen Passagen aus
dieser Übersetzung hingewiesen, aber auch auf die bewusste sprachliche Aktualisierung durch Austriazismen (vgl. ebd., 79f.). Kun (vgl.
1988, 31f.) und Cyron-Hawryluk (vgl. 1974, 78), diese allerdings
mit zum Teil merkwürdigen Parallelisierungen (vgl. ebd., 80), heben
insbesondere die politische Aktualisierung hervor (es wird darauf zu-
rückzukommen sein), Balme (vgl. 1988, 113) sieht in seinem Vergleich von Romanvorlage und Drama ebenso wie Bossinade (vgl.
1988, 209, 227) und Szendi (vgl. 1999, 156) die Frauenthematik
besonders akzentuiert, weiters den Zeitenwandel vom finsteren Mittelalter in ein humaneres, aufgeklärtes Zeitalter (vgl. Balme 1988,
113). Abweichend von geschichtlichen Tatsachen und / oder von
der Romanvorlage fallen die Stilisierung von Matthias zu einem
Friedenskönig auf (vgl. Bossinade 1988, 208) beziehungsweise der
Ersatz nationalistischer durch soziologische Kriterien bei der Auswahl des »Musters« (vgl. Szendi 1999, 155).

Mit seiner Programmschrift »Komödie des Menschen« hat Horváth die Forderung erhoben, Fragen der Menschlichkeit in den
Mittelpunkt seiner Dramen zu stellen. *Ein Dorf ohne Männer* ist in
einer bereits im ersten Bild verdeutlichten Umbruchsituation angesiedelt, und zwar am Übergang von einem barbarisch angesehenen Mittelalter zur humanistisch ausgerichteten Renaissance. Die
Figur des Königs verkörpert die Prinzipien der »Aufklärung« gegen
den herrschenden »Aberglauben« und der »Gerechtigkeit« gegen die
»Willkür« des alten Adels (Bossinade 1988, 193). Er agiert nicht wie
dieser aus eigenem Machtinteresse, sondern »im Namen des Volkes«
(106). Bescheiden sieht er, der sich als aufgeschlossener aufgeklärter
Monarch zum neuen, umstrittenen heliozentrischen Weltbild bekennt, sich selbst nicht als »Sonne«, um die sich alles dreht, sondern
als »Erde« (144). Zum Teil in deutlicher Abweichung von historischen Tatsachen – der gegen die Türken erfolgreiche Feldherr wird
als antimilitaristisch dargestellt – zeichnet Horváth mit Matthias einen idealen aufgeklärten Monarchen, in dessen Person die Menschlichkeit einen Sieg feiert. In seiner Güte ist er allerdings auch über-
zeichnet, pointiert formuliert: unmenschlich menschlich. Das
weibliche Pendant ist die Gräfin, die engagiert an ihrer Emanzipation arbeitet, für die Sache der Frauen des Landes kämpft und eine
Liebesbeziehung zu ihrem Mann anstrebt, in der sie nicht mehr »in

der Gefangenschaft der Ehe noch ihrer Einsamkeit« (Szendi 1999,
158) verkommt. Bossinade (vgl. 1988, 226) sieht in ihrer Rückkehr
zum Grafen einen Rückschritt. Zu bedenken ist jedoch, daß die
Gräfin nicht mehr dieselbe ist und zweifelsohne ihren Spielraum er-
weitert hat. Richtig ist aber auch, daß sie »Bittstellerin« bleibt, die
auf »das offene Ohr des aufgeklärten Herrschers« (ebd., 227) angewiesen ist, und dass das paternalistische System nicht in Frage gestellt wird.

Unterschiedlich interpretiert werden kann die vermeintliche Zu-
gehörigkeit der Gräfin zu einem »verfluchten Geschlecht« (143). Da
diese Vorstellung sich in der Horváthschen Komödie »mit der Gestalt einer (zentralen) weiblichen Figur verknüpft«, kann der Fluch
»im Sinne des Abfalls der Menschheit von Gott« (Bossinade 1988,
216) verstanden werden, für den der Frau die Schuld angelastet
wird (vgl. ebd., 217). Balme hingegen (1988, 114) sieht darin »eine
vieldeutige Metapher für all diejenigen, die außerhalb gesellschaftli-
cher Normen und sanktionierter Ideen stehen. Sie umfaßt also Frau-
en per se sowie Andersdenkende« und – so könnte man, mit Kun
(vgl. 1988, 31) den aktuellen Zeitkontext beachtend, ergänzen –
rassisch Verfehmte. An König Matthias, der heftig gegen jegliche
Diskriminierung auftritt, und zum Teil an der Gräfin macht Horváth seine Vorstellungen von Menschlichkeit fest, mit denen sich
eben Aufgeklärtheit, Antimilitarismus, Ablehnung sozialdarwinisti-
schen Überlegenheitswahns etc., also Opposition zu nationalsozialistischen Idealen und »Tugenden« verbindet. Horváth schreibt sich
damit in den aktuellen, antinationalsozialistisch verstandenen Hu-
manismus-Diskurs deutscher Exilanten ein (vgl. Balme 1988, 114;
Bossinade 1988, 229). Fragwürdig bleibt ein antidemokratischer
Grundzug, insofern Horváth durch die Bindung des humanistischen
Ideals an den König suggeriert, dass es zur Verwirklichung einer
menschlicheren Welt nur darauf ankäme, *den* Führer gegen einen
anderen, aufgeklärten, gerechten etc. auszutauschen. Dieser spricht
zwar »im Namen des Volkes«, das heißt aber auch, dass das Volk
nicht selbst spricht, sondern entmündigt bleibt.

Horváths Arbeit an seinem letzten Stück, *Pompeij*, lässt sich nicht
genau datieren. Es ist wohl 1937 entstanden, angeregt durch die
Plautus-Komödie *Persa* beziehungsweise die Einleitung des Überset-
zers Ludwig Gurlitt zu dieser Komödie (vgl. die Herausgebernotiz,
kA X, 432). Zuerst entstand das an Traditionen der Wiener Komödie orientierte dreiaktige Stück *Sklavenball mit Gesang und Tanz* (kA
X, 171–227). Unter Zurücknahme der possenhaften Elemente (Gesang, Ballgeschehen, der »neue Gott« (226) als deus ex machina in

Form eines Blitzes) und unter stärkerer Betonung der inneren
Wandlungsfähigkeit der Personen entstand auf dessen Basis *Pompeij.
Komödie eines Erdbebens* (kA X, 229–293). Horváth bezieht sich in
der Sklaven-Thematik und der bei ihm allerdings keineswegs neuen
gesellschaftlichen Funktionszuschreibung des Geldes als Motor von
Beziehungen auf die Plautus-Komödie. Der Handlungsverlauf deckt
sich nicht mit dieser. Zum Teil bezieht der Autor sich auf weitere
Plautus-Texte, aber auch auf andere Autoren wie Edward Bulwer-
Lyttons und dessen 1834 erschienenen Roman *Die letzten Tage von
Pompeij* (vgl. Gros, 1996, 106ff.), auf Madáchs bereits erwähnte
Tragödie des Menschen (vgl. ebd., 127ff. bzw. Kun 1988, 27ff.) und
besonders auch auf den Korintherbrief (vgl. Gros 1996, 122ff.). Der
Erstdruck von *Slavenball* findet sich in den *Gesammelten Werken* (II,
537–590), der von *Pompeij* in der Auswahl der *Stücke* von 1961.

Die Uraufführung von *Pompeij* Anfang 1959 an der kleinen
Wiener »Tribüne« fand wenig Gefallen. Die Kritik, die sich zum Teil
wiederum uninformiert zeigte, insbesondere auch über den Grad
der Ausarbeitung des Stücks durch den Autor selbst (vgl. Lechner
1978, 130f.), sprach von »dramaturgisch unbeholfen« (nach ebd.,
132) oder vom »Abgesang eines grausamen Gesellschaftskritikers«
(nach ebd., 131), wie der spätere Verfasser der ersten Horváth-Mo-
nographie Kurt Kahl (1966).

Die Handlung spielt in Pompeij unmittelbar vor dem Ausbruch
des Vesuvs im Jahr 79 n. Chr. Der »Präsident des Romanisch-phöni-
zischen Kreditinstitutes« (230) K.R. Thago verlässt seine Villa am
Meer nahe Pompeij, um mit seiner Familie die Sommerferien auf
Kreta zu verbringen und vertraut in der Zwischenzeit sein Haus
dem Oberkammersklaven Toxilus an. Dieser verliebt sich in die He-
täre Lemniselenis, die Thago nicht mehr braucht und daher weiterverkauft haben will. Toxilus verhilft ihr zur Flucht, weigert sich jedoch vorerst, seinem Herrn das Lösegeld zu stehlen, um sie
freikaufen zu können. Als er dies schließlich doch tut, ist sie bereits
an den Prätor verkauft, der ihn wegen Diebstahls anklagen und zum
Tod verurteilen lässt. Lemniselenis erkennt nun die Selbstlosigkeit
der Liebe des Toxilus, ändert ihre Einstellung und verhilft ihm ihrerseits zur Flucht. Gemeinsam mit ihrer Dienerin Matrosa, die zum
neuen Glauben an den Gott der Christen übergetreten ist, und mit
einem briefeschreibenden Herrn, in dem unschwer der Apostel Paulus erkennbar ist, können sich die beiden in Katakomben vor dem
alles vernichtenden Ausbruch des Vesuvs retten.

Wie *Ein Dorf ohne Männer* ist *Pompeij* also in einer historischen
Umbruchsituation, in diesem Fall des Übergangs von der antiken
zur christlichen Welt, angesiedelt. Und wiederum gibt der Blick in

die Vergangenheit zugleich einen Blick auf die Gegenwart frei, so
dass sich auch diese Komödie keineswegs im Regressiven erschöpft
(vgl. Schröder 1981, 133). Der Vergleich der *Sklavenball*-Fassung
mit der Endfassung lässt erkennen, dass Horváth den Akzent auf die
innere Wandlungsfähigkeit gelegt wissen will. Es ist der Umbruch
von dem Glauben an die alten Götter, mit dem sich Barbarei und
die unmenschliche Trennung in Herren und Sklaven verbindet, sowie dem Glauben an den »neuen Gott«, der Menschlichkeit und
Gleichheit verheißt und der sich konkret im Wandel von Lemniselenis
und von Thago niederschlägt. An die Stelle käuflicher Liebe tritt
selbstlose, der rein profitorientierte Kapitalist wird zum Sklaven und
damit menschlich fühlend und handelnd. Er hat daher auch die
Maske abgelegt, die er wie alle Figuren, außer Toxilus, der von Anfang an menschlich erscheint, zu Beginn des Stücks trägt. Hinter
Masken verbergen sich wahre Gesichter, sie sind unmenschlich, weil
sie den Menschen nicht erlauben, wahr zu erscheinen. Vom Demas-
kierungsverfahren der früheren Stücke Horváths unterscheidet sich
das Maskenablegen in *Pompeij* daher grundsätzlich, denn es bleibt
dank dem »Angebot eines ›wahren Gesichts‹« eben »nicht bei der
Entlarvung des Rollenspiels« (Bossinade 1988, 271).

Im Rückgriff auf die Antike entwirft Horváth ein Gegenkonzept
zum nationalsozialistischen Staat. Aus der Sicht der Machthaber in
Deutschland finden Umkehrungen statt. Während für die Nazis
»die Römer die heroische Herrenrasse« (Bossinade 1988, 251) waren
und Sklaven als Dekadenzerscheinung galten (vgl. ebd., 252), erscheinen in *Pompeij* diese als Träger einer Hoffnung, die sich mit
dem Glauben an einen verbindet, der selbst wie ein Sklave hinge-
richtet wurde. Und Paulus, im Nationalsozialismus eine »Negativ-
Figur« (ebd., 253), steht für persönliche Umkehr, für die Vorstellungen von einer »Wende zum Guten« (ebd., 254). Bossinade (ebd.)
schränkt allerdings ein: »Es mochte darin, in sehr vermittelter Weise, ein Zeichen der Hoffnung auf eine radikale Umkehr der Deutschen im NS-Staat zu lesen gewesen sein.« Horváth wollte dies aber
wohl nicht nur als »Zeichen der Hoffung« verstanden wissen, sondern auch und vor allem als Hinweis auf die Notwendigkeit einer
Wende und als Appell. Bossinades Vorwurf, dass die Finalisierung
der Komödie eine »Gemeinschaft selbstseiender Menschen ohne Gesellschaft« (ebd., 279) konstruiere, die sich eben vor dem Untergang
in die Katakomben gerettet hat, sich also gewissermaßen in eine
»machtgeschützte Innerlichkeit« zurückgezogen habe, blendet die
Konnotationen aus, die sich mit dieser Gemeinschaft verbinden,
nämlich dass sich aus eben solch kleinen Keimzellen eine mächtige
Bewegung, ein politisches Erdbeben, entwickeln kann. »Komödie ei-

nes Erdbebens«: der Widerspruch, der sich zwischen Gattungsbezeichnung und Thematik aufzutun scheint (vgl. Balme 1988, 114),
löst sich im Finale auf. Eine Komödie ist das Stück nicht nur, insofern es in der Vereinigung eines sich nun selbstlos liebenden Paares
dem Schema entspricht, sondern gerade auch durch das Erdbeben,
das Signal ist für den Aufbruch zu einer neuen Ordnung. Die Hoffnung, die sich mit dieser Finalisierung verknüpft, ist gewissermaßen
die letzte Äußerung, das Testament des Dramatikers Ödön von
Horváth. Die kurze Zeit, die er noch leben sollte, widmete er dem
Schreiben seiner Romane.

3.3.2 Späte Prosa

3.3.2.1 Das *Schlamperl*-Fragment, Kurzprosa

So wie im dramatischen lassen sich auch im erzählerischen Werk
Horváths nach 1933 sowohl Kontinuitäten als auch Brüche beobachten. Besonders augenfällig ist das Ringen des Autors um eine
Neuorientierung in Fragmenten, die unter dem Herausgebertitel
Schlamperl. Romantischer Roman in den *Gesammelten Werken* (GW
IV, 418–455) veröffentlicht wurden. Horváth hatte den Titel »Himmelwärts« vorgesehen (GW IV, 34*), den die Herausgeber änderten,
»um Verwechslungen [mit dem gleichnamigen dramatischen »Märchen in zwei Teilen«] vorzubeugen«. Mit dieser kuriosen, aber immerhin nachvollziehbaren Entscheidung ließe sich noch leben, nicht
jedoch mit der verfälschenden Wiedergabe der erhaltenen Textzeugen. Axel Fritz (1981, 152f., Anm. 65) gibt einen Überblick über
diese und stellt richtig:

Im Nachlass existieren mindestens drei verschiedene Fassungen (I–III), alle
Fragment, von unterschiedlicher Länge mit teilweise verschiedenen Motiven und Episoden, teilweise identischen in variierter Form, ausserdem einige Einzelblätter, die sich in keine der vorhandenen Versionen einfügen lassen, was die Existenz weiterer Fassungen, die verloren gegangen sind,
wahrscheinlich macht. Die Reihenfolge I–III stellt eine mutmassliche chro-
nologische Abfolge dar auf Grund der handschriftlichen Korrekturen Horváths, u. a. die Änderung des Vornamens Christian in Ludwig (II), die auch
in III im Typoskript erscheint. In I sind Christian und Ludwig zwei verschiedene Figuren, II ist die längste Fassung (32 S.), also wie alle Prosa
Horváths sehr konzentriert dargestellt, teilweise nur skizziert. Im Bd. IV
der Werkausgabe sind I und II abgedruckt [...], wobei die Herausgeber für
II die zahlreichen und gut lesbaren handschriftlichen Korrekturen und Ergänzungen Horváths so gut wie unberücksichtigt gelassen haben. Dadurch
erklärt sich auch die völlig unverständliche Textfolge auf S. 446–448, weil

man die von Horváth deutlich durch Ziffern markierten Umstellungen einzelner Abschnitte nicht zur Kenntnis genommen hat. Diese wahrhaft
›schlampigen‹ Fehllesungen sind auch in der 3.[,] ›verbesserten‹ Aufl. völlig
unverbessert mit unverändertem Satzspiegel übernommen worden.

In der *Kommentierten Werkausgabe* fehlt das Fragment. Eine kritische Edition wäre im Falle dieses Textes besonders wünschenswert,
um Genaueres über die eingangs angesprochene Umorientierung
aussagen zu können.

Für die erste Fassung gelten die von Žmegač vor allem an der
Spießer-Prosa beobachteten Charakteristika Horváthschen Erzäh-
lens, die »komplexe Einfachheit« und der »diffuse Diskurs« (Žmegač
1989, 336) sowie die »Standpunktlosigkeit« (ebd., 341) des Erzählers. Auf dieser Textstufe gehört Schlamperl vorerst zu einem lieder-
lichen Kleeblatt verkrachter Existenzen, das auf die allgemeine wirtschaftliche Notlage nicht anders als mit Flucht aus der Wirklichkeit
in Alkohol-Exzesse, schließlich in ein (wie der Untertitel verheißt)
»romantisches« Seeabenteuer zu reagieren vermag. Die Erzählsituation ist allerdings nicht endgültig festgelegt, der Text beginnt als Ich-
Erzählung, wechselt zur Er-Form, auktoriale und personale Situationen gehen ineinander über. Die Werkausgabe (427f.) bietet als
letzten Textzeugen der ersten Fassung eine Absichtserklärung des
»Verfasser[s]«, die möglicherweise schon einer weiteren Fassung zu-
gehört. Sie bezieht sich fast wörtlich auf die »Randbemerkung« zu
Glaube Liebe Hoffnung (kA VI, 12f.): »Nach wie vor gilt aber dem
Verfasser als höchster Spruch: gegen Lüge und Dummheit. Werdet
aufrichtig, erkennt euch selbst! Nehmt euch nicht zu ernst, es steht
euch weder an noch gut« (428). Das schließt an das bewusstseins-
analytische Verfahren der Volksstücke und der Spießer-Prosa an.
Der moralische Appell richtet sich an die Leserschaft.

Gegenüber den angesprochenen Textzeugen, in denen Schlamperl als einzelner keine besondere Beachtung findet, steht diese Figur mit sprechendem Namen in der von den Herausgebern der *Gesammelten Werke* als »*Variante*« (428) bezeichneten Fassung im
Mittelpunkt. Auf dieser Textstufe macht nun Schlamperl mehrere
Wandlungen durch. Weil arbeitswillig, aber stellenlos, startet der ge-
lernte Kellner mit einem Segelboot allein und bezeichnenderweise
ziellos ein Abenteuer. Horváth nimmt so nebenbei die offizielle Be-
schäftigungspolitik der Weimarer Republik aufs Korn, derzufolge es
nur auf den einzelnen ankäme, um die Arbeitslosigkeit zu überwinden. Dementsprechend findet Schlamperls Privatinitiative zwar Gefallen beim Landesvater, aber gerade sie wird es sein, die ihn späterhin für die Aufnahme in eine Narrengesellschaft qualifiziert. Er
macht allerlei abenteuerliche Erfahrungen, mit einem exzentrischen,

seit mehreren Jahren in einer Badewanne die Welt umschiffenden, alkoholabhängigen »Kavalier« (432), mit einem Robinson, der auf seiner Insel eine grotesk anmutende Kolonie von etwa tausend Möpsen aufgezüchtet hat (433), mit einer ziellos auf einem Ozeandampfer dahintreibenden Narrengesellschaft (440), mit einer – wie in den *Sportmärchen* ironisch gesehenen – bornierten Sportlergesellschaft, in der körperliche Fähigkeiten des Affen die Norm (445) darstellen und strenge hierarchische Strukturen und Ausbeutungsverhältnisse (444) herrschen. Des Weiteren begegnet er in der Venusberggesellschaft einer verführerischen Frau, die als »Göttin der Liebe« (446f.) erscheint und vorgibt »der Tod« (447) zu sein. Schließlich findet er sein »Glück« (448) in einer gut-, das heißt klein-bürgerlichen Ehe.

Das neue »Glück der Zufriedenheit« ist ein transitorisches, ironisiert in einem mit biblischen Anspielungen (»Und sie gebar ihm einen Sohn«, »der alte ›junge‹ Schlamperl war tot«, 449) durchsetzten Lobpreis. Die politische Blindheit des Kleinbürgers, der sich in einer korrupten, fremdenfeindlichen und kriegsgeilen Gesellschaft behaglich einrichten möchte, wird bestraft. Er wird sehend, macht also einen weiteren Wandel durch, allerdings erst, als es zu spät ist (452). Er verweigert den Militärdienst, wird eingesperrt und zuletzt »von der Revolution befreit« (454), an deren »Spitze« er sich nun stellt. Die Fassung bricht ab mit der möglichen Korrumpierung Schlamperls durch den alten Kriegsminister (455). Wie es weitergehen sollte, lässt sich aber nicht einmal mutmaßen.

Zweifellos ist Horváth seinem bewusstseinsanalytischen Verfahren treu geblieben mit der Ironisierung des im landläufigen Sinne »Romantischen« (kitschiger Robinsonaden, des Venusbergmotivs etc.) und mit der Entlarvung von Kriegsideologie: Religion und Fremdenangst legitimieren materialistische Kriegsgründe. Allerdings zeichnet sich in den Schlamperl-Texten die Absicht des Autors ab, eine Läuterung zumindest denkbar erscheinen zu lassen, wie sie für die Spießer der Volksstücke und des ersten Romans eben undenkbar ist. Mag sein, dass Horváth mit dieser Umorientierung ästhetisch nicht zu Rande gekommen ist. Der fragmentarische und zum Teil skizzenhafte Charakter der nachgelassenen Textzeugen lässt diesbezüglich gültige Aussagen nicht zu. Eine kritische Edition könnte, wie gesagt, Abhilfe schaffen.

Wieweit sich historische Anspielungen in den Schlamperl-Texten auf konkrete Ereignisse (Erster Weltkrieg, Revolution 1918/19) beziehen lassen, bleibe dahingestellt. Es ist dies wohl von geringerer Bedeutung, als Axel Fritz (vgl. 1973, 165 u.ö.) annimmt, zielt der Autor doch auf Demaskierung von verlogenem und politisch gefähr-

lichem Bewusstsein der Spießer, beziehungsweise auf die Fähigkeit
des Kleinbürgers, sich zu wandeln. Fritz beobachtet allerdings
auch, dass »dem Märchencharakter dieser Gesellschaftssatire entsprechend« konkrete Ereignisse »losgelöst von der historisch veran-
kerten Wirklichkeit« dargestellt, »aber trotzdem als Modellsituati-
on auf die Wirklichkeit applizierbar« sind (ebd.). Die als
»*Variante*« bezeichnete Textstufe ist aufgrund der einleitenden
Märchenformel (»Es war einmal ein junger Mensch [...]«, 428)
von vornherein unter dem Aspekt des Märchenhaften zu lesen.
Und so gesehen, reiht sich das Fragment (jedenfalls im fortge-
schrittenen Stadium) dem ja nicht erst im späten Werk Horváths
sowohl im Drama als auch in der Prosa zu beobachtenden starken
Hang zum Märchenhaften ein.

Geradezu programmatisch thematisiert das etwa 1936 entstandene *Märchen in unserer Zeit* die Verknüpfung von zeitenthobener
Märchenhaftigkeit gemäß der Formel »Es war einmal« mit direktem
Bezug auf die Gegenwart (vgl. Kap. 3.2.3.1). Sie gilt auch für Horváths Plan, gemeinsam mit seinem Bruder Lajos, einem Graphiker,
»einen illustrierten Roman« (GW IV, 459) über eine märchenhafte
Zeitreise in einem Auto unter dem Titel *Die Reise ins Paradies* (GW
IV, 456–464) zu verfassen, ein Plan, den er offensichtlich schon vor
der Information seines Bruders wieder aufgegeben hat (vgl. Krischke
1980, 209–212). Und sie gilt weiters auch für dramatische Projekte
wie das *Original Zaubermärchen* (GW IV, 55–61), in dem es motivi-
sche und wörtliche Parallelen zum *Schlamperl*-Fragment gibt (vgl.
den Hinweis GW IV, 9*). Die *Kommentierte Werkausgabe* reiht auch
den Text *Neue Wellen* (kA XI, 177f.) unter die »kleine Prosa« ein,
wiewohl er nach übereinstimmender Auffassung der Horváth-Forschung in den Kontext eines letzten Roman-Projekts des Autors,
Adieu, Europa!, gehört (so auch der Herausgeberkommentar, kA XI,
268). Die wenigen Textzeugen lassen keine eindeutige Entscheidung
zu, ob Horváth an eine Autobiographie (so Tworek 1999, 156) oder
an einen Roman mit zweifellos autobiographischem Substrat gedacht hat (so Huish 1983, 11f. mit guten Gründen). Autobiogra-
phisch ist jedenfalls die Situation des Ich-Erzählers, eines Schriftstellers, vor der Emigration nach Übersee, fiktiv sind jedoch diverse
Details; ja die Wirklichkeit wird märchenhaft erfahren (vgl. 177).
Das Übergewicht der Realität und der düsteren Zukunftsaussichten
(178) verbietet Zeitenthobenheit. Während in den *Neuen Wellen* die
Wirklichkeit erdrückend wahrgenommen und das Märchenhafte auf
einen Vergleich zurückgenommen wird, verzichtet einzig der »Ein
Märchen« genannte Kurzprosatext *Der Gedanke* (kA XI, 174–176),
eine Parabel vom Tod als einem gedanklich nicht fassbaren Nichts,

auf die Verknüpfung des Märchenhaften mit aktuell und konkret Zeitkritischem.

3.3.2.2 Der Roman *Jugend ohne Gott*

Der Roman *Jugend ohne Gott* (kA XIII, 9-149) erschien 1937 im Amsterdamer Exilverlag Allert de Lange. Während das Buch in Hitler-Deutschland bereits Anfang 1938 »wegen seiner pazifistischen Tendenz auf die Liste des schädlichen und unerwünschten Schrifttums« (zit. nach kA XIII, 159) gesetzt wird, erfährt es im Ausland durchwegs positive Aufnahme, einerseits unter den Exilierten als eine konkrete Wortmeldung wider den nationalsozialistischen Unrechtsstaat, andererseits durch die Literaturkritik in den Exilländern als zwar unpolitische, aber gelungene Darstellung eines moralischen Konflikts. Als Zeichen hoher Wertschätzung kann gelten, dass der Roman innerhalb von zwei Jahren zehn Übersetzungen erlebte (vgl. die Aufstellung im Anhang zu stm.JoG., 260f.). 1948 wurde er im Wiener Bergland-Verlag wieder aufgelegt, im selben Verlag erneut 1953 gemeinsam mit *Ein Kind unserer Zeit* unter dem Titel *Zeitalter der Fische*. Heute gehört *Jugend ohne Gott* neben den *Geschichten aus dem Wiener Wald* zum Kanon der Schullektüre, ist dementsprechend auch immer wieder Gegenstand einschlägiger methodisch-didaktischer Überlegungen (vgl. u.a. Schlemmer 1993; Wickert 1996, 59ff.; Keufgens 1996, 1998; Tworek 1999).

Vorarbeiten zum Roman gehen jedenfalls bis ins Jahr 1935, wahrscheinlich sogar bis 1934 zurück, auf Entwürfe mit der späteren Kapitelüberschrift »Auf der Suche nach den Idealen der Menschheit« (kA XIII, 153), auf einige weitere handschriftliche Skizzen (154ff.) sowie auf ein Dramenfragment in fünf Bildern mit dem Titel »Der Lenz ist da! Ein Frühlingserwachen in unserer Zeit« (GW IV, 100–116) und ein Exposé zu diesem Drama (GW IV, 116–121). Dieses gänzlich ausgeführte Exposé sieht vier Akte vor. In personeller, topographischer und motivischer Hinsicht weist das Projekt »Der Lenz ist da!« auf den Zeltlager-Teil des späteren Romans voraus. »Trotz dieser weitreichenden Parallelen« liege, so Steets (1975, 78) »das thematische Anliegen jeweils auf anderer Ebene«. Während sich nämlich das Romangeschehen auf »die Figur des Lehrers, seine Beziehung zur jungen Generation und sein Verhalten [...] in einem faschistischen Staat« konzentriert, gilt im früheren Dramen-Fragment das »Interesse« einem »jungen Menschen, Peter«, der laut Exposé als »Repräsentant des Geistes, des kritischen Intellekts« (117) eingeführt wird. Sein Kontrahent ist »der Führer des Zeltlagers, der neunzehnjährige Schmidt, eine Sportnatur«. Die Entscheidung fällt – wie im Sportmärchen *Der Faustkampf, das Harfenkonzert und die Meinung des lieben Gottes* (kA XI, 47) – für den Sport und gegen den Geist. In einem Entwurf für einen Begleittext zum Roman bezeichnet der Autor diesen selbst als »ein Buch gegen die [geistigen] [!] Analphabeten« (kA XIII, 154), dem die Hoffnung auf »eine neue Jugend« eingeschrieben sei. Der Grundtenor ist demnach beibehalten, die Perspektive durch Einführung der Lehrer-Figur jedoch eine andere.

Jugend ohne Gott, ein kurzer Roman (Fritz 1973, 265, Anm. 33 sowie 1981, 2 und 144, Anm. 3, sieht in ihm bloß eine umfangreiche Erzählung), ist in 44 sehr knappe, nicht durchnummerierte, aber jeweils mit kommentierenden und strukturierenden Titeln versehene und leitmotivisch eng verknüpfte Kapitel eingeteilt. Im Mittelpunkt des Romans, der wie ein Tagebuch mit einer Datumsnotiz (11) einsetzt, steht der Ich-Erzähler, ein 34jähriger Gymnasiallehrer für Geschichte und Geographie, der innerlich distanziert ist vom herrschenden geistfeindlichen, militaristischen und rassistischen Regime, sich aber des persönlichen Vorteils, der sicheren Anstellung und des Pensionsanspruchs willen in seinem Verhalten angepasst zeigt. Seine Schüler nimmt er unterschiedslos als indoktriniert von der herrschenden Ideologie und anonym (daher auch nur mit Initialen bezeichnet) wahr. Er gerät in Schwierigkeiten, als er, gegen seine Absicht, nationalistische und rassistische Phrasen der Schüler zu ignorieren, die Meinung des N., »Alle Neger sind hinterlistig, feig und faul« (13), zwar im Aufsatzheft unkommentiert lässt, weil »kein Lehrer im Schulheft streichen« darf, »was einer im Radio redet«, nicht aber bei der mündlichen Besprechung. Seine Anmerkung, »Auch die Neger sind doch Menschen« (17), trägt ihm Schwierigkeiten mit Eltern, Schulbehörde und Schülern ein.

Während eines auf die zukünftige militärische Laufbahn vorbereitenden Zeltlagers wird ausgerechnet der Schüler N. ermordet. Der Verdacht fällt auf den Schüler Z., der mit N. in handgreiflichen Streit geraten ist, weil er diesen verdächtigt, ein Kästchen aufgebrochen zu haben, in dem er ein Tagebuch mit seinen »innersten Geheimnisse[n]« (69) unter Verschluss hält. Zu diesen gehört ein Liebeserlebnis mit einem vagabundierenden Mädchen namens Eva, Verführerin des Z., deren erotische Ausstrahlung auch den Lehrer nicht unberührt lässt, zugleich Anführerin einer jugendlichen Diebsbande. Z. nimmt den Mord an N. auf sich.

Erst nach innerem Ringen, bei dem er die Stimme Gottes zu hören vermeint, bekennt der Lehrer während der Gerichtsverhandlung, dass er selbst das Kästchen geöffnet habe, um einem Lagerdiebstahl auf die Spur zu kommen, die über Z. zu dessen heimlicher

Geliebter führt. Dieses Wahrheitsbekenntnis, das den Lehrer seine Anstellung kostet, ermutigt Eva, ihrerseits zu gestehen, dass sie bei der Tat anwesend gewesen sei. Aber weder Z. noch sie, sondern ein plötzlich hinzukommender fremder Jugendlicher habe N. hinterrücks mit einem Stein erschlagen. Weil das Gericht diese unwahrscheinliche Version des Tathergangs nicht glaubt, lastet man ihr das Verbrechen an. Der Lehrer jedoch schöpft aufgrund der Äußerung Evas, der fremde Jugendliche habe Fischaugen gehabt, Verdacht gegen den Schüler T. Diesen von kalter Neugier beherrschten Schüler treibt er mit Hilfe eines ehemaligen Kollegen, genannt Julius Caesar, und einem Klub nicht angepasster Schüler in die Enge, so dass er sich selbst tötet. Der Lehrer freut sich zu seinem eigenen Erstaunen über den Tod von T.: »Denn trotz aller eigenen Schuld an dem Bösen ist es herrlich und wunderschön, wenn ein Böser vernichtet wird!« (146). Zum Schluss verlässt der Lehrer das Land in Richtung Afrika, um in einer Missionsschule tätig zu werden: »Der Neger [so wird er von seinen Schülern genannt] fährt zu den Negern.« (149)

Die bestimmende Perspektive des Romans ist die des Lehrers, dessen tagebuchartige Selbstreflexionen allerdings Ergänzungen und Korrekturen erfahren in Dialogen mit und Briefen von anderen Personen oder auch im Tagebuch des Z. Abgesehen von einigen Berichten im Präteritum wird weitgehend im Präsens in lakonisch knappem Stil erzählt, somit der Eindruck von dramatischer Unmittelbarkeit des Geschehens erzeugt. Auch für *Jugend ohne Gott*, das Bance (1988, 137ff.) daher mit gutem Grund wie ein Drama liest, gilt das von Žmegač (1989, 336) an der früheren Prosa hervorgehobene Charakteristikum der »komplexe[n] Einfachheit« von Horváths Erzählweise. Oberflächlich leicht erscheinend, verschränken sich in der Geschichte vom Wandel des Lehrers ästhetisch raffiniert eine (unkonventionelle) Detektivgeschichte, eine »Bekehrungsgeschichte« (Holl 1984, 150) und eine Geschichte über einen von Zweifeln gepackten »Menschen im faschistischen Staate«, wie es Horváth selbst Ende 1937 in einem Brief an Csokor (1992, 155) ausgedrückt hat.

Am einfachsten scheint es mit der »detektivischen Struktur« (Haslinger 1981, 197) zu sein. Vor der Ermordung des Schülers N. (etwa in der Mitte des Romans) kommt es bereits zu kleineren Vergehen, die mehr sind als ein kriminelles Vorgeplänkel, fordert doch ein Diebstahl im Lager den Lehrer erstmals zu detektivischer Recherche heraus, durch die er selbst in Schuld verstrickt wird. Ab dem Auffinden der Leiche des N. folgt das Handlungsgeschehen dem typischen Detektivromanschema (vgl. ebd., 198). Z. glaubt, Eva habe N. ermordet, und gesteht daher die Tat, die er eben nicht begangen hat. Sein Geständnis klingt allerdings plausibel, weil sich in seinem Tagebuch die Drohung findet, »jeder, der mein Kästchen anrührt, stirbt!« (69), und weil er N. aufgrund des Schweigens des Lehrers verdächtigen muss, es aufgebrochen zu haben. Der Lehrer fühlt sich mitschuldig, und aus diesem Gefühl heraus übernimmt er nach seinem Geständnis und dem Evas zum zweitenmal die Rolle des Detektivs, diesmal – und darin vom üblichen Schema abweichend – als Mitschuldiger. Ungewöhnlich ist auch das Tatmotiv des Schülers T., der den kalten Blick eines Fisches hat und aus reiner Neugier einen Menschen sterben sehen will. Er ist als »Doppelgänger des Lehrers, eine Projektion seiner bösen, zu bestrafenden Ich-Anteile« (Schröder 1981, 136), gesehen worden. Das stimmt aber nur partiell. Zwar wird vom Lehrer gesagt, »Sie heißen der Fisch« (111), und wird ihm vorgeworfen, er beobachte bloß. Es ist jedoch »nur der T.« (120), der dies so sieht. Der Lehrer will zweifellos die Rolle des unbeteiligten, sachlichen Beobachters spielen, aber er hält sie nicht durch. Seine humane Grundeinstellung lässt ihn die rassistische Äußerung Ns. nicht hinnehmen und seine Selbstreflexionen bewegen ihn zum Geständnis, gerade auch, weil er an T. durchaus etwas von sich selbst entdeckt. Er ist jedoch alles andere als ein eiskalter Voyeur wie T. Und ein solcher war auch Ödön von Horváth nie, weshalb die Annahme, dass der Autor in *Jugend ohne Gott* »sein rücksichtslos demaskierendes Verfahren bis 1933 als inhuman« (Schröder 1981, 136) thematisiere, etwas weit hergeholt erscheint.

Die detektivische Struktur ist eng verknüpft mit der Hinwendung des Lehrers zu Gott. Adolf Holl (1984, 155) hat »die Unterschiede zwischen den drei Gottesbegriffen in *Jugend ohne Gott*« herausgearbeitet. Die naive Frömmigkeit und inhaltslose Religiosität der Eltern des Lehrers (vgl. 96, 121) hat dem Ich-Erzähler in einer Krisensituation keinen Rückhalt zu bieten vermocht. Er habe »im Krieg« – wie er es in »Umkehrung des Psalms 22,2« (168) ausdrückt – »Gott verlassen« (46), weil er als »Kerl in den Flegeljahren« mit dem Theodizee-Problem nicht zu Rande gekommen ist. Und in der gegenwärtigen Situation als Lehrer in einem autoritären, menschenverachtenden Gesellschaftssystem, konfrontiert mit einer gottlosen Jugend, die er unterschiedslos angepasst an diese Gesellschaft wahrnimmt, hilft ihm die naive Gottesvorstellung der Eltern ebenso wenig.

Der Lehrer ist – und hierin unterscheidet er sich grundsätzlich von den Spießerfiguren des ersten Romans und der Volksstücke – wandlungsfähig und »auf der Suche nach den Idealen der Menschheit« (47), wie eines der längeren Kapitel überschrieben ist. In diesem setzt er sich mit einem von der gottlosen Gesellschaft und von der Amtskirche gleichermaßen distanzierten Pfarrer über Gott und die Kirche auseinander. Der Geistliche, der sich auf die Vorsokratiker und Pascal, aber nicht auf die Heilige Schrift bezieht, vertritt die Auffassung, »Gott [... sei] das Schrecklichste auf der Welt« (52), und provoziert damit eine erste Wende im Denken und Verhalten des Erzählers. »Am letzten Tag unseres Lagerlebens kam Gott« (80) – »*Der letzte Tag*«, das ist der Jüngste Tag, an dem Gott Gericht hält. Es ist der schreckliche und strafende Gott des Pfarrers, dem der Lehrer »einen Strich durch die Rechnung [zu] machen« (72) beabsichtigt hat und der ihn durch die Ermordung des N. heimsucht, an der er sich zum Zeitpunkt der Entdeckung mitschuldig fühlen muss. Mit einem neuen Begriff von Gott, den er allerdings nicht »mag« (94), weil er »stechende, tückische Augen« habe und »nicht gut« sei, entwickelt der Lehrer auch ein persönliches Schuldbewusstsein (78, 81). Zum Geständnis vor Gericht kann ihn allerdings erst eine weitere Offenbarung Gottes bewegen. In den Besitzern eines Tabakgeschäftes lernt er ein altes Ehepaar kennen, dessen naive Frömmigkeit der der eigenen Eltern ähnlich, aber anders als bei diesen nicht bloße Fassade, sondern tatsächlich gelebte Religiosität ist. Diese Erfahrung ist Voraussetzung einer zweiten Theophanie. Der Lehrer hört in der Stimme des Alten »eine andere Stimme« (95), die ihn zum Bekenntnis der Wahrheit bewegt. Und das ist ein Bekenntnis zu Gott: »Denn Gott ist die Wahrheit.« (148)

Die neue Gottesvorstellung des Lehrers ist – wenig überzeugend – existentialphilosophisch als »Durchgang zur Eigentlichkeit« (Bossinade 1989, 87), aber auch »metaphorisch« (Krückeberg 1991, 491) beziehungsweise als »Gleichnis für das Bedürfnis« interpretiert worden, »welches dem Exilschriftsteller Horváth durch die Erfahrung seiner Gegenwart unverzichtbar geworden ist«, nämlich für die Suche nach einer »Möglichkeit, einen universellen geistigen Weltzusammenhang vorstellbar zu machen und ein Minimum an Versöhnung mit der gegebenen Realität zu erringen« (Spies 1993, 115). Jedenfalls lassen sich die Umkehrungen und Verschiebungen der religiösen Vorstellungen weder mit denen der Amtskirche und der Eltern noch mit denen des Pfarrers vereinen. Gott offenbart sich durch eine »andere Stimme« und »andere Augen« (142). Auf eine kurze Formel gebracht: »Gott« als die »Wahrheit« ist das Andere der schlechten, konkret faschistischen »Wirklichkeit«. Vom kalten Beobachter T. heißt es: »Und seine Liebe zur Wirklichkeit war nur der Haß auf die Wahrheit« (146). Holl (1984, 151) verweist auf Parallelen zwischen dieser Auffassung von der Differenz von Wahrheit und Wirklichkeit in *Jugend ohne Gott* und der in Max Horkheimers New Yorker Vorlesungen von 1994 über *Die Verfinsterung der Vernunft*, derzufolge »die führenden Religionen und Philosophien« eben »diese Unterscheidung stets getroffen« haben. Denn nur wenn der einzelne »gelernt hat, der schlechten Wirklichkeit im Namen der Wahrheit zu widerstehen, wird er mit sich selbst identisch«. Darin sieht Holl »das theologische Thema des Romans« (ebd.).

In einem Brief an den Freund Franz Theodor Csokor (1992, 159) vom März 1938, also unmittelbar nach dem Anschluss Österreichs an Hitler-Deutschland und seinem Weggang aus Wien, fordert Horváth, dass sie in ihrer Literatur »der Wahrheit und der Gerechtigkeit« verpflichtet bleiben sollten. Denn dann würden sie nicht untergehen, »immer Freunde haben und immer eine Heimat [!], überall eine Heimat, denn wir tragen sie mit uns — unsere Heimat ist der Geist.« Zwischen der »Wahrheit«, die »Gott« ist, und der »Heimat« ist auch im Roman *Jugend ohne Gott* ein Zusammenhang hergestellt. Durch die »anderen Augen«, durch die »Gott zu uns herein«-schaut (148), fühlt sich der Lehrer an »die dunklen Seen in den Wäldern [... seiner] Heimat« erinnert. Von der zitierten Briefstelle aus gesehen ist die Kindheitssehnsucht des Lehrers und damit die Deutung seiner Entwicklung als »Regression« (Schröder 1981, 138) zu relativieren. Der Wunsch nach einem unentfremdeten Dasein in Übereinstimmung mit seinem neuen Gottesverständnis ist zweifellos gegeben, jedoch nicht als ein Rückfall in die ursprüngliche kindliche Naivität, sondern als Antrieb, sich bewusst und realitätsgerecht einer neuen Aufgabe zu stellen (vgl. das letzte Kapitel »Über den Wassern«, 148f.).

Wolf Kaiser (1984, 48ff.) hat die Frage gestellt, ob *Jugend ohne Gott* »ein antifaschistischer Roman« (ebd., 48) sei, und darauf hingewiesen, dass zwar der kriminalistische eher als der politische Aspekt im Vordergrund stehe (vgl. ebd., 54), aber »zwei für die antifaschistische Literatur wichtige Themen eindringlich« dargestellt werden, nämlich »die ideologische und moralische Deformierung der Jugend im Faschismus (andeutungsweise auch ein Widerstandspotential) und die Überwindung opportunistischer Anpassung an den Faschismus« (ebd., 62). Horváth selbst hat gegenüber Csokor (1992, 155) gemeint, dass er »den sozusagen faschistischen Menschen (in der Person des Lehrers) geschildert habe, an den [sic!] die Zweifel nagen – oder besser gesagt: den Menschen im faschistischen Staate.« Konkrete historische Bezüge (vgl. ausführlich vor allem Fuhrmann 1984, 129ff., jüngst auch Tworek, 1999, 158ff.) lassen in erster Linie an den nationalsozialistischen Staat denken, es fließen aber in Horváths Text auch offensichtlich Erfahrungen mit dem Austrofaschismus ein. Jedenfalls erweist sich die faschistische als eine gottlose Gesellschaft, die durch Indoktrination über die Massenmedien, insbesondere das Radio, auf gleichgeschaltetes inhumanes Denken zielt. Ihre Intellektuellen, die sich nicht mit ihrer Ideologie identifizieren, drängt sie ins soziale Abseits, ihre Kinder lässt sie »moralisch zum Krieg erziehen« (20), ja – Mädchen eingeschlossen (40) – auf den »*totale[n] Krieg*« (34) vorbereiten, schwört sie ein auf Militarismus, Rassismus, Nationalismus, kurz: den »Standpunkt des Verbrechers« (24). Es sollen Sladeks herangebildet werden, die an die Naturgesetzlichkeit des Krieges (vgl. kA II, 17 passim), an die Legitimität kolonialistischer Bestrebungen aufgrund rassischer Überlegenheit (ebd.) etc. glauben. Von hier aus sind die aggressive und brutale Haltung des N. und seiner Eltern (vgl. insbesondere das Schreiben der Mutter, 63) ebenso zu verstehen wie das Verbrechen des T. Sie gehören gewissermaßen zur »Normalität dieser Gesellschaft« (Spies 1993, 99), deren »moralischer Zustand« (ebd., 101) den »Nährboden eines Kapitalverbrechens« aufbereitet (vgl. auch Krückeberg 1991, 496).

Schlemmer (1993, 29) sieht im Schluss von *Jugend ohne Gott* »motivisch« einen »Kreis zum Romananfang« geschlossen »durch den Blumenstrauß der Wirtin, den Brief der Eltern und den letzten Satz des Romans«. In den Volksstücken war die Kreisstruktur Signum der Unfähigkeit des Kleinbürgers und der Unwilligkeit des Spießers sich zu wandeln. Im Roman hebt sich aber gerade vom Hintergrund dieser motivischen Verknüpfung von Anfang und Ende der Wandel des Ich-Erzählers besonders deutlich ab. Im Zentrum des Romans steht zweifelsohne das, was Holl (1984, 150) die »Bekehrungsgeschichte« des Lehrers nennt, dessen Einsicht in die Schuld des zwar innerlich distanzierten, aber im Verhalten nach außen weitestgehend angepassten, bloß registrierenden Zeitgenossen. Er will unbeteiligt bleiben, muss jedoch lernen, dass das im autoritär faschistischen Staat nicht geht. Er entwickelt sich auch von einem passiv Erduldenden (des Schulsystems und der gängigen Erziehungspraxis) zu einem (wie beschränkt auch immer) aktiv Handelnden. Kaiser (1984, 59) zufolge »ist das Verhalten des Lehrers« keinesfalls »als politischer Widerstand anzusehen«. Zweifellos übt er »keine organisierte politische Tätigkeit« aus. Sein Handlungsantrieb liegt auf einer anderen Ebene, sein Protest ist ein moralischer. Es fragt sich jedoch, ob ein solcher in der faschistischen, gottlosen Gesellschaft nicht eo ipso politische Widerständigkeit bedeutet. Jenseits der Frage politischer Effektivität gibt es sehr verschiedene Verhaltensweisen, die – wie Marie-Thérèse Kerschbaumer in ihrem Roman *Der weibliche Name des Widerstands. Sieben Berichte* (1980) eindrucksvoll dargestellt hat – als Widerstand angesehen werden können.

Die Schuld des Lehrers liegt nicht zuletzt in der menschenver-
achtend undifferenzierten Sicht seiner Schüler zu Beginn der Handlung. Er hält sie allesamt für angepasst und vom System verdorben
wie N., der – ebenso wie seine Eltern – die internalisierte faschistische Ideologie rücksichtlos umgesetzt haben will. Erst im Verlauf
der Kriminalhandlung und seiner detektivischen Tätigkeit lernt er
ihre individuellen Eigenschaften und Lebensbedingungen kennen:
den eiskalten Voyeurismus des wohlstandsverwahrlosten T. (128,
130), an dem ihm seine eigene Gefährdung als unbeteiligt Beobachtender bewusst wird, die Maskenhaftigkeit und Unnahbarkeit der
Mutter von Z. (88, 98), der – durchaus ähnlich dem Lehrer – als
selbstreflektierender Tagebuchschreiber im faschistischen Kollektiv
ein Außenseiter ist, und schließlich die widerständische Tätigkeit
des Schülerklubs, der – mit Berufung auf das Vorbild des Lehrers –
die Losung »Für Wahrheit und Gerechtigkeit« (120) vertritt. Die
Schüler, übrigens durchwegs bürgerlicher Herkunft (»Arbeiter war
keiner darunter«, 17) sind also kein total böses (faschistisches) Kollektiv. Dass eine »individuell verantwortliche, sinnvolle Existenz«
möglich erscheint, entkräftet die ursprüngliche »Annahme einer her-
metischen negativen Totalität« (Spies 1993, 107). Der Lehrer gibt
seine fatalistische Haltung auf.

Auch sprachlich macht der Lehrer eine Entwicklung durch. Zwar
kritisiert er schon anfangs die »hohle[n] Phrasen« seiner Schüler und
glaubt ihnen mit einer »andere[n] Sprache« (16) zu begegnen, greift
jedoch selbst auch auf faschistischen Sprachgebrauch zurück, wenn
er die Gesellschaft als eine von »Pest« (24) befallene bezeichnet und
die totale Vernichtung des Gegners wünscht (25). Wie von den Nationalsozialisten »werden gesellschaftliche Widersprüche und Aggres-
sionen auf das denunzierte Rollenbild abgeladen, die historische Dimension wird jeder politischen Vermitteltheit enthoben durch die
Fixierung auf naturgegeben Biologisches bzw. Krankhaftes« (Kadrnoska 1984, 77). Steets (1989, 122f.) beobachtet am Lehrer, dass
er nicht in der Lage sei, »der offiziellen Sprache eine individuelle,
eine Anti-Sprache entgegenzusetzen, die systematische Kritik und
aktiven Widerstand möglich machte. Er geht auch sprachlich in die
Emigration, indem er abwandert in den Bereich der religiösen Bildsprache, der von der politischen Sprache weit entfernt und durch
das christliche Bezugssystem allgemein vertraut ist. Er muss sich
sprachlich dadurch nicht zu erkennen geben. Er bleibt anonym.«
Diese Argumentation erscheint etwas wirr: Wie sollte eine Individu-
al- oder eine »Anti-Sprache« ausgerechnet »systematische Kritik« erlauben? Aus welchen Quellen sollte sich eine »Anti-Sprache« spei-
sen? Was disqualifiziert eine offensichtlich ihrer Jargonhaftigkeit

entkleidete, ungewöhnlich eingesetzte »religiöse Bildsprache« als »Anti-Sprache« gegen den faschistischen Sprachgebrauch? Steets hat selbst andernorts (1975, 215) unter Berufung auf Axel Fritz die zunehmende Bedeutung des »metaphorischen Erzählen[s]« im Spätwerk Horváths allgemein und speziell im Verlauf der Handlung von *Jugend ohne Gott* beobachtet, allgemein, um »erhöhte Bedeutsamkeit und Allgemeinverbindlichkeit des Dargestellten« im Gegensatz zur bedrückenden Wirklichkeit zu erreichen, im Fall des Romans, um »der wachsenden Thematisierung der Schuldfrage« im sprachlichen Ausdruck gerecht werden zu können. Aber auch, so wäre zu ergänzen, um den Totalitätsanspruch des faschistischen Diskurses zu durchbrechen. Gerade im Unterlaufen eben des Totalitätsanspruchs des einen Jargons, ohne den Totalitätsanspruch eines anderen zu erheben, also in der Widerständigkeit gegen ideologische Verführung liegt wirkungsgeschichtlich einer der Gründe für den Erfolg des Romans *Jugend ohne Gott.*

3.3.2.3 Der Roman *Ein Kind unserer Zeit*

Horváths letzter Roman, *Ein Kind unserer Zeit* (kA XIV, 9–127), ist 1937 zum Teil parallel zur Arbeit an *Jugend ohne Gott* entstanden und Anfang 1938 fertiggestellt worden. Die verschiedenen, oft rasch hingeworfenen Konzepte sowie die Vorarbeiten und Varianten sind zu einem Großteil (kA XIV, 129–203 bzw. 207–219) veröffentlicht, aber bislang nicht in einen textgenetischen Zusammenhang gebracht worden (vgl. die entsprechende Herausgebernotiz 216). Die meisten der zahlreichen in Aussicht genommenen Titel wie »Ein Soldat« (207f.), »Ein Soldat seiner Zeit« (208), »Ein Soldatenroman« (209), »Ein Heldenleben« (209), »Krieg ohne Kriegserklärung« (215) oder »Ein Soldat der Diktatur« (218) lassen die geplante Ausrichtung auf die Thematisierung der soldatischen Existenz erkennen. *Ein Kind unserer Zeit* ist nach dem Ableben des Autors im Sommer 1938 wie *Jugend ohne Gott* im Amsterdamer Exilverlag Allert de Lange mit einem Begleitwort von Franz Werfel sowie der Grabrede Carl Zuckmayers erschienen. Horváths zweiter Exilroman fand zwar durchaus auch positive Aufnahme, aber insgesamt doch weniger Echo als der erste. Immerhin wurde er zwischen 1938 und 1941 in fünf Sprachen übersetzt. Ende 1938 setzten ihn die Nationalsozialisten auf die »Liste des schädlichen unerwünschten Schrifttums«. Nach dem Zweiten Weltkrieg wurde der Roman zuerst im Wiener Bergland-Verlag 1951 als Einzelausgabe, dann 1953 gemeinsam mit *Jugend ohne Gott* unter dem Titel *Zeitalter der Fische* wieder aufgelegt.

Ein Kind unserer Zeit ist von noch geringerem Umfang als *Jugend ohne Gott*, so dass Axel Fritz (vgl. 1973, 265, Anm. 33, sowie 1981, 2 und 144, Anm. 3) auch in diesem Fall nicht zu unrecht die Gattungsbezeichnung »Erzählung« vorzieht. Der Text ist in elf nicht allzu lange, wiederum nicht durchnummerierte, aber mit kommentierenden Titeln versehene Kapitel eingeteilt. Erneut in äußerst lakonischer, verknappter Sprache handelt der Roman von Gedanken und Erlebnissen eines jungen Mannes, des 1917 geborenen (18) Ich-Erzählers, der nach einer Zeit der Arbeitslosigkeit seine Erfüllung in einer militärischen Laufbahn (er bringt es immerhin auf drei Sterne) zu finden scheint. Der Roman setzt ein mit dem Kapitel »Der Vater aller Dinge« (11ff.), also einer Anspielung auf die heraklitische Auffassung vom Krieg als dem »Vater aller Dinge«. Die geistlos unterwürfige soldatische Existenz und die herrschende völkische Ideologie verleihen seinem »Dasein plötzlich wieder Sinn« (11) und eine Zukunftsperspektive. Der Soldat, ein willenloser Mitläufer und willfähriges Werkzeug in der Hand seiner »Führer« (16), denen er blind vertraut, erlebt als Höhepunkt und zugleich absoluten Tiefschlag seiner soldatischen Karriere einen brutalen Überfall auf einen kleinen schwachen Nachbarstaat, der mit der angeblichen Bedrohung des Vaterlandes begründet wird. Sein unmittelbarer militärischer Vorgesetzter, ein Hauptmann, den er und seine Mitsoldaten wie einen »Vater« (14) verehren und achten, kann die fortgesetzten Verbrechen dieser kriegerischen Auseinandersetzung, insbesondere gegen die Zivilbevölkerung nicht mehr ertragen und sucht in einem Gefecht den Tod. Der Soldat versucht vergeblich, ihn zu retten, wird dabei jedoch selbst am Arm schwer verwundet. Nach einem längeren Lazarettaufenthalt bringt er der Witwe des Hauptmanns einen Brief, den er aus der Hand seines sterbenden Vorgesetzten genommen hat. Da erfährt er die Wahrheit über den Hauptmann. Die Witwe liegt während der gemeinsam mit ihm verbrachten Nacht auf seinem noch nicht ausgeheilten Arm, so dass dieser für immer unbrauchbar wird. Der Ich-Erzähler muss daher Abschied nehmen vom Militär, wird ein arbeitsloser Kriegsinvalide, der auf die Hilfe anderer angewiesen ist. Er zieht zu seinem ihm bislang wegen pazifistischer Ansichten verhassten Vater, der jedoch angesichts der jüngsten Eroberungen des Landes eine Kehrtwendung in seiner Einstellung vollzogen hat. Dem Soldaten dämmert langsam, dass er ein Betrogener ist. Schließlich bewegt ihn ein Ereignis zu handeln. Auf einem Rummelplatz sucht er, Erinnerungen nachhängend, nach einer Schaubude, einem verwunschenen Schloss, dessen Kassierin ihm einst gefallen, der er sich aber nicht zu nähern gewagt hat. Auf dem Standplatz des Schlosses befindet sich nun ein Autodrom. Der

Soldat erfährt, dass die Kassierin wegen einer Abtreibung zu einer Haftstrafe verurteilt worden ist, und beschließt, die Verursacher ihres Unglücks zu suchen und zur Rechenschaft zu ziehen. Er gerät dabei an den Oberbuchhalter der Rummelplatzgesellschaft, stellt ihn zur Rede und bringt ihn schließlich um, weil dieser eine Meinung äußert, die ihm früher selbst als Rechtfertigung der militärischen Verbrechen immer leicht über die Lippen gekommen ist (vgl. 23), nämlich, dass »der einzelne keine Rolle mehr spielt« (118). Jetzt, nachdem er selbst Opfer der völkischen Politik und des militaristischen Kollektivismus geworden ist, protestiert der Soldat: »Denn jeder, der da sagt, auf den einzelnen kommt es nicht an, der gehört weg« (121). Der Totschlag am Oberbuchhalter wird zwar von der Polizei nicht als solcher erkannt, man glaubt an einen Unfall, aber der Soldat hat keine Perspektive mehr für die Zukunft und sucht den Freitod durch Erfrieren, wird zum »Schneemann« (126). Aus dem inneren Monolog des Erfrierenden wechselt der Roman in der letzten Sequenz in die auktoriale Erzählsituation und endet mit dem Appell (127): »Bedenk es doch: er wußt sich nicht anders zu helfen, er war eben ein Kind seiner Zeit.«

Wie mit dem etwa eine Generation jüngeren Lehrer in *Jugend ohne Gott* schildert Horváth auch mit dem Soldaten einen »Menschen im faschistischen Staate« (Csokor 1992, 155). Wie jener gewinnt auch er Abstand von der schlechten Wirklichkeit dieser faschistischen Gesellschaft, ohne jedoch Handlungsspielraum zu gewinnen. Mit der Entscheidung, als Freiwilliger zum Militär zu gehen, hat er gewissermaßen seinen Tod gewählt. Bereits im *Sladek* von 1929 hat Horváth das Tödliche der durch inhumane völkische Ideologie legitimierten soldatischen Existenz entlarvt. In *Jugend ohne Gott* ist die prämilitaristische Erziehung der Schüler zu Sladeks ein Thema, im *Kind unserer Zeit* wird deutlich, dass sich seit dem *Sladek* durch die Politik des Nationalsozialismus die Erfahrungen mit totalitärer Vereinnahmung und Anpassungsdruck verdichtet und verschärft haben.

Alexander Fuhrmann (1989, 98ff.) hat in seinem Aufsatz *Der verschwiegene Krieg* auf deutliche zeitgeschichtliche Bezüge in Horváths Roman *Ein Kind unserer Zeit* hingewiesen (die historischen Angaben in den folgenden Ausführungen sind diesem Beitrag entnommen). Die Scheinfriedenspolitik seiner Führer, die der Soldat zu durchschauen vorgibt und die ihn nicht vom begeisterten Mitmachen des Falschen abhält, entspricht genau der Adolf Hitlers. Im Frühjahr 1935 verkündete er den Wiederaufbau einer deutschen Luftwaffe und die Einführung der allgemeinen Wehrpflicht entgegen den Bestimmungen des Versailler Vertrags, ein Jahr später be-

setzte er – ebenfalls im Widerspruch zu diesen Verträgen – das ent-
militarisierte Rheinland. »Der verschwiegene Krieg« ist möglicherweise eine Anspielung auf die offiziell nie zugegebene Beteiligung
des Dritten Reichs am Spanischen Bürgerkrieg. Da der Soldat verletzt im Lazarett liegt, wird er von einem Oberleutnant nachdrücklich daran erinnert, dass er als »Freiwilliger« (42) mitgekämpft habe:
»Im Feindesland tobe nämlich nach offizieller Lesart kein Krieg,
sondern eine abscheuliche Revolution, und es stünden unsererseits
keine militärischen Einheiten drüben, sondern, wie gesagt, nur frei-
willige Kämpfer auf Seite aller Aufbauwilligen gegen organisiertes
Untermenschentum.« Einerseits wird auf die verschwiegene Teilnah-
me deutscher »Freiwilliger« im Spanischen Bürgerkrieg auf Seiten
des Faschisten Franco angespielt, andererseits durch die Thematisierung von »Vorbereitung und Verlauf eines Blitzkrieges« (Fritz 1973,
87) seismographisch das Schielen Hitlers auf die kleinen Nachbar-
staaten registriert, das im Erscheinungsjahr des Romans in realen
Besetzungen Niederschlag finden sollte – da aber nicht mehr als verschwiegene militärische Aktion. Die Verschwiegenheit wird besonders an einer Stelle des Romans deutlich in Bezug gesetzt zur Praxis
mit Spanienfreiwilligen. In Spanien Gefallene wurden den Angehö-
rigen in Deutschland als Unglücksopfer von Manövern gemeldet.
Verwandte durften an den Begräbnissen nicht teilnehmen, keine
Trauerkleidung tragen, mit Dritten nicht über die Unfälle sprechen.
Fuhrmann hat sehr deutlich gemacht, dass Horváth auch noch in
seinem letzten Roman ein »treuer Chronist« seiner Zeit geblieben
ist. Das lässt sich auch am Sprachgebrauch beobachten.

Im Roman *Der ewige Spießer* wie in den Volksstücken hat Horváth das Hinwegtäuschen über die Wirklichkeit durch Sprache zum
Thema gemacht. Dabei spielt faschistischer Sprachgebrauch *auch*
eine Rolle. In *Jugend ohne Gott* wird das konkret wirksam. Die Leh-
rerfigur ist nicht nur in ihrer Haltung, sondern auch sprachlich
zwiespältig, der Soldat hingegen in seiner Begeisterung für den faschistischen Staat eindeutig (vgl. Steets 1989, 123). Die Horváth-
Forschung sieht übereinstimmend den »Sprachgebrauch des Soldaten […] nach dem Vorbild der NS-Sprache gestaltet« (Fritz 1973,
88; ähnlich Krischke: vgl. kA XIV, 220). Steets (1989, 123) beobachtet des Weiteren, dass »das Eindringen der faschistischen Sprach-
elemente in die Alltagssprache« beim Soldaten im Gegensatz zum
Lehrer »auf keinen intellektuellen Widerstand« stoße, weshalb »die
sprachlichen Mechanismen« auch »noch klarer zutage« treten als im
ersten Exilroman Horváths, als da sind denunziatorische, militaristi-
sche, nationalistische, rassistische Komponenten, die der sprachlichen Vorbreitung des kriegerischen Einsatzes dienen.

Bereits zu Beginn konfrontiert der Roman *Ein Kind unserer Zeit* – so Steets (1989, 123ff.) – mit einem eindeutigen Sprachgebrauch. Die Aussage des ersten Satzes, »Ich bin Soldat« (11), wird im zweiten intensiviert, »Und ich bin gerne Soldat«, dann mit lyrischen Klischees emphatisch gesteigert: »Wenn morgens der Reif auf den Wiesen liegt oder wenn abends die Nebel aus den Wäldern kommen [...] immer wieder freut es mich, in Reih und Glied zu stehen.« Der geistlose, menschenerniedrigende militärische Drill erfährt eine »Ästhetisierung« (Steets 1989, 124), durch die sich der Soldat über alltägliche Widrigkeiten erhaben erfährt: »Jetzt hat mein Dasein plötzlich wieder Sinn.« Er fühlt sich »auferstanden aus der Gruft« und geradezu auserwählt. Dieses Gefühl des Auserwähltseins steht trotz der Forderung der offiziellen Doktrin nach totaler Unterordnung des einzelnen unter das Volksganze nicht im Widerspruch, vielmehr wird er gerade durch die Einordnung in dieses zum Besonderen (vgl. ebd.). Die militärische Ordnung wird nicht nur absolut gesetzt, sondern ins Religiöse überhöht (vgl. ebd., 125), allerdings in einer Umkehrung der überkommenen Werte. »Ordnung« und Disziplin« (14) sind Leitworte der militärischen Existenz, die als paradiesische erfahren wird, paradiesisch allerdings im Sinne einer völkischen, christliche Vorstellungen kippenden Utopie:

»Liebe deine Feinde« – das sagt uns nichts mehr. Wir sagen: »Hasse deine Feinde!« Mit der Liebe kommt man in den Himmel, mit dem Haß werden wir weiterkommen – – Denn wir brauchen keine himmlische Ewigkeit mehr, seit wirs wissen, daß der einzelne nichts zählt – er wird erst etwas in Reih und Glied. Für uns gibts nur eine Ewigkeit: das Leben unseres Volkes. Und nur eine himmlische Pflicht: für das Leben unseres Volkes zu sterben. Alles andere ist überlebt. (23)

Rückgriff auf biblische Diktion und Metaphorik ist im Faschismus bekanntlich durchaus nichts Außergewöhnliches, im Gegenteil. Durch Säkularisierung religiösen Sprachgebrauchs hat der Nationalsozialismus den Führer zum Messias und die völkische Ordnung zum ersehnten Heilszustand stilisiert.

Der Soldat verfügt nur über einen sehr restringierten, mit Leitwörtern der nationalsozialistischen Ideologie »angereicherten« Code. Steets (1989, 126) hat auf die Tendenz zur »radikale[n] Vereinfachung des Satzbaus« (die allerdings auch in den beiden anderen Romanen zu beobachten ist) und auf die schiefe Logik insbesondere in den wenigen Konditionalsätzen hingewiesen: »Wenn es dem Vaterland gut geht, geht es jedem seiner Kinder gut. Gehts ihm schlecht, geht es zwar nicht allen seinen Kindern schlecht, aber auf die paar Ausnahmen kommts nicht an im Angesicht des lebendigen Volkskörpers. Und gut gehts dem Vaterland nur, wenn es gefürchtet wird, wenn es nämlich eine scharfe Waffe sein eigen nennt – Und diese Waffe sind wir. Auch ich gehör dazu.« (17) Der Soldat ist nicht in der Lage, die Scheinlogik seiner »Argumentation«, die der offiziellen Propaganda nacheifert, zu durchschauen. Er wird zwangsläufig zum Opfer der Politik, die sich solcher Ideologie bedient.

Der Soldat macht jedoch auch aufgrund seiner Erfahrungen einen Bewusstseinswandel durch, es geht ihm »der Sinn für die Verantwortlichkeit des Einzelmenschen auf« (Fritz 1973, 102). Als er dem Buchhalter gegenübersteht, hört er aus dessen Mund wieder »all die hohlen Sprüche und Phrasen, unverschämt und überheblich, nachgeplappert, nachgebetet« (118), mit denen er selbst ständig operiert hat. Dadurch wird ihm »seine eigene Verlogenheit und Brutalität« (Steets 1989, 127) bewusst. Wenn er den Buchhalter ermordet, so stellvertretend für das, was er an sich selbst loszuwerden trachtet (vgl. Schröder 1981, 142). Der Mord ist gewissermaßen die einzige ihm mögliche Form der Bewältigung der eigenen Vergangenheit. Aber es ist eben eine Form, durch die er im Kreislauf der Gewalt und im Sprachgebrauch der Gewalt befangen bleibt. Nicht nur sagt er: »Denn jeder, der da sagt, auf den einzelnen kommt es nicht an, der gehört weg« (121), sondern noch krasser: »Es darf nicht sein, daß der einzelne keine Rolle spielt, und wärs auch nur ein letztes Fräulein. Und jeder, der das Gegenteil behauptet, der gehört ausradiert – mit Haut und Haar!« (123). Der Soldat ist mithin nach wie vor dem faschistischen Sprachgebrauch verfallen, er ist und bleibt »ein Kind seiner Zeit« (127).

In *Jugend ohne Gott* verkündet der ehemalige Kollege des Lehrers Julius Caesar: »Es kommen kalte Zeiten, das Zeitalter der Fische« (kA XIII, 30). Salopp formuliert könnte man sagen: im Roman *Ein Kind unserer Zeit* sind sie angebrochen. Leitmotivisch durchziehen das letzte vollendete Werk Horváths Bilder der Kälte. Kälte dominiert das Private wie das gesellschaftliche Allgemeine, sie steht als Metapher für das Gefühl des Ausgesetztseins, für Schuld und für die Zeit allgemein. Die Existenz des Ich-Erzählers steht von Anfang an eben unter der Erfahrung von Kälte: »›Es ist kalt‹, das ist meine erste Erinnerung. Mein erstes Gefühl, das mir blieb« (32) und das weniger eine Folge des nachkriegsbedingten Kohlenmangels ist, als vielmehr in Zusammenhang steht mit einer existentiellen Verlusterfahrung, nämlich dem frühen Ableben der Mutter. Als dem Soldaten Invalidität droht und sich ihm in der Fieberphantasie Bilder der Vergangenheit aufdrängen, fühlt er Kälte: »Ich friere. Es schneit auf das Grab meiner Zukunft« (41), »›Es ist kalt‹, das bleibt deine erste Erinnerung« (43). Mit der zunehmenden Verzweiflung wegen seiner

Verletzung nimmt auch die Kälte zu (85). Und Gedanken über die vormals als Heilsversprechen empfundene völkische Bewegung, über die Rüstungsindustrie etc. lösen frostige Empfindungen aus (»Mein Herz beginnt zu frieren«, 85). Als er auf dem Rummelplatz entdeckt, dass das verwunschene Schloss durch ein Autodrom ersetzt ist, weht »eisige Luft« (89). Eine neue Zeit ist angebrochen, in der das Romantische (Schloss) verdrängt ist von fragwürdigem technischen Fortschritt. Und das überangepasste Kind der Zeit beginnt zu zweifeln, dass es in diese Zeit passt (92). Es durchströmt den Soldaten ein wärmender, verklärender »Gedanke« (102). Man erinnert sich an das gleichnamige Märchen (kA XI, 174–176), in dem ein rational nicht fassbarer Gedanke der Tod ist. In beiden Fällen heißt es auch: »Ich hatte so etwas Schönes noch nie gesehen« (102 bzw. orthographisch geringfügig anders: kA XI, 174). Bevor der Soldat der Kälte tatsächlich in den Tod entkommt, steigert sich seine Kälteerfahrung ein letztes Mal. Seit dem Totschlag »ist es bitterkalt [...] jetzt regiert das Eis« (123). Der Tod durch Einschneien schließlich wärmt ihn (126), erlöst ihn von seiner bleibenden »erste[n] Erinnerung« (126).

Diese Urerfahrung des Soldaten ist, wie gesagt, an den Tod der Mutter gebunden und Ursache seiner Sehnsucht nach dem mütterlich Weiblichen ebenso wie von dessen aggressiver Ablehnung, die sich in frauenverächtlicher (»Die Weiber sind ein notwendiges Übel«, 23) und männerbündisch soldatischer Einstellung (»Ich bewege mich lieber in männlicher Gesellschaft«, 24), in Unfähigkeit zu lieben (28, 63) sowie Liebe als Drohung (»Dann gibts nichts zu lachen«, 34) manifestiert. In den Gedanken an die Kassiererin des verwunschenen Schlosses (32) sowie in der Beziehung zur Frau des Hauptmanns (62), einer offensichtlich ödipalen Situation, da der Soldat den Hauptmann wie einen »Vater« (14) erlebt hat, spielt jeweils die Erinnerung an die Mutter eine wichtige Rolle. Und in beiden Begegnungen, besonders augenfällig in der mit dem Fräulein, verbindet sich Eros mit Thanatos. Der Soldat reflektiert darüber, was ihn an ihr fasziniert: »Sie hat große Augen, die junge Frau, aber es waren nicht ihre Augen, nicht der Mund und nicht die Haare – ich glaube, es war eine Linie« (29). Die »Linie« ist, so eine Herausgebererläuterung (240) eine »Metapher Horváths, die sich aus Skizzen und Vorarbeiten aus seinem Roman erklärt: *Und das verwunschene Schloss, das war meine Liebe = die Sehnsucht nach dem Frieden. Und das Fräulein an der Kasse, das lud mich dazu ein. Sie wollte mich nicht sehen. Denn sie war mein Tod und die Linie, das sind unsere Seelen. Und jetzt kommt mein schöner Gedanke = er ist der Tod.«* In der Erinnerung an das Fräulein fliegt dem Soldaten der wärmende »Gedanke«, der – wie gesagt – für den Tod steht, in die »Seele hinein« (102) und lockt ihn mit der traditionellen Verführungsformel: »Komm nur, komm – du hast nimmer weit« (103). Er kehrt schließlich an einen Ort der Kindheit zurück, einen Kinderspielplatz, auf dem er sich einschneien lässt. Es ist – ähnlich wie in Horváths *Don Juan* – eine Rückkehr in die Kindheit, zugleich zur Mutter und mithin, anders als im Fall der Rückbesinnung des Lehrers, dessen neuer Begriff von Gott nur auf den ersten Blick mit dem kindheitlichen identisch ist, tatsächlich eine Regression (vgl. Schröder 1981, 143). Mit dieser identifiziert sich der Autor allerdings nicht, er kann sich mit ihr nicht identifizieren, denn sie endet in einem Akt von Aggression des Kindes der Zeit, einer Aggression nach außen und gegen sich selbst.

4. Anhang

4.1 Werkausgaben

Zu Lebzeiten Horváths erschienen die Ballettpantomime *Das Buch der Tänze* (1922), die Dramen *Italienische Nacht* (1930) und *Geschichten aus dem Wiener Wald* (1931) sowie die Romane *Der ewige Spießer* (1930), *Jugend ohne Gott* (1938, Auslieferung schon 1937) und *Ein Kind unserer Zeit* (1938). Eine für 1933 geplante Veröffentlichung von *Kasimir und Karoline* und *Glaube Liebe Hoffung* war im nationalsozialistischen Deutschland nicht mehr möglich. Die beiden späten Romane Horváths wurden als erste seiner Werke nach 1945 neu aufgelegt, zuerst einzeln 1948 beziehungsweise 1951, dann 1953 gemeinsam unter dem Titel *Zeitalter der Fische*. Von den Dramen wurden *Der jüngste Tag* (1955) und *Figaro läßt sich scheiden* (1959) einzeln veröffentlicht, ehe 1961 eine Anthologie von neun *Stücken* (mit dem Erstdruck von *Kasimir und Karoline, Glaube Liebe Hoffnung*, der *Unbekannten aus der Seine, Don Juan kommt aus dem Krieg* und *Pompeij*) einen ersten Überblick über das dramatische Schaffen des Autors erlaubte.

Mit dem Erscheinen der *Gesammelten Werke* Horváths in einer vierbändigen Dünndruckausgabe (1970/71) und in einer nahezu textidentischen achtbändigen Taschenbuchausgabe in der »edition suhrkamp« (1972) glaubte man, endlich eine einigermaßen vollständige Werkedition sowie eine verlässliche Textgrundlage für die wissenschaftliche Beschäftigung mit dem Oeuvre Horváths in Händen zu haben. Doch schon 1972 klagte Walter Huder, selbst Mitherausgeber der Bände 1-3 der Dünndruckausgabe, dann wegen der Schludrigkeit des Unternehmens ausgestiegen, dass vor allem der 4. Band mit den Lesarten, Entwürfen, Varianten und Anmerkungen »übereilt auf den Buchmarkt« geworfen wurde (Huder 1972, 128f.). Indirekt entlarvte in den folgenden Jahren der Nachlassbetreuer und Hauptherausgeber Horváths, Traugott Krischke, selbst die Zweifelhaftigkeit der Ausgabe der *Gesammelten Werke*: Ein unbekanntes Textzeugnis nach dem anderen wurde nach dem Erscheinen der *Gesammelten Werke*, immer in Verbindung mit längst Bekanntem, veröffentlicht. Beinahe alle Einzelveröffentlichungen von Horváthschen Werken und alle Materialienbände brachten Ergänzungen und Korrekturen der Ausgabe: Die Bibliothek Suhrkamp-Ausgabe der *Italie-*

nischen Nacht (1971) bietet die Vorstufe zu diesem Drama unter dem Titel *Ein Wochenendspiel* und »Szenen aus dem Nachlaß«, in den Materialienbänden zu *Geschichten aus dem Wiener Wald, Kasimir und Karoline* sowie *Glaube Liebe Hoffnung* finden sich diverse Fassungen und Lesarten zu den theoretischen Texten, zum »Interview«, zur »Gebrauchsanweisung« und zur »Randbemerkung«. Das 1976 erschienene *Lesebuch,* das »einen Querschnitt durch Ödön von Horváths Gesamtwerk« (291) verspricht, aber befremdlicherweise kein einziges Drama in seiner endgültigen Fassung enthält, stellt eine bislang unveröffentlichte Vorstufe der *Geschichten aus dem Wiener Wald* »in sieben Bildern« vor, die textgenetisch zwar schon recht weit entwickelt ist, aber ein noch unbefriedigendes Szenenarrangement bietet und daher für die an einem *Lesebuch* Interessierten wertlos ist. So wie z.B. im 6. Band der Taschenbuchausgabe der *Gesammelten Werke* Nachträge zu den *Sportmärchen* zu finden sind – ohne Angabe von Gründen, warum sie nicht schon in der Dünndruckausgabe enthalten sind –, so erfährt die Geschichte vom *Fräulein Pollinger* im *Lesebuch* eine andere Ergänzung als in den *Gesammelten Werken* – ebenfalls unbegründet. Es ist die Variante jener Vorstufe zum Roman *Der ewige Spießer,* die Horváth ursprünglich unter dem Titel *Sechsunddreißig Stunden* beim Propyläen-Verlag eingereicht hat. Mit diesem Titel erscheint das Textzeugnis dann erstmals 1979 als selbständige Publikation in der Reihe »Bibliothek Suhrkamp«.

Die Liste der Ungereimtheiten ließe sich fortsetzen. »Ein Autor wird geschlachtet«, so könnte man in Abwandlung der von Herbert Gamper (1975, 46) für die Marianne-Handlung in den *Geschichten aus dem Wiener Wald* geprägten Formel »Ein Fräulein wird geschlachtet«, das Zusammenspiel von profitorientierter Verlagspolitik und philologischer Verantwortungslosigkeit überschreiben. Allenthalben wurde in der Horváth-Forschung auf irreführende Lesefehler verwiesen (vgl. Hillach 1971, 620; Kurzenberger 1974, 167, Anm. 27; Houtmann 1972, 207; Lechner, 1978, 298ff.; Schulte, 1980, 90ff.), blamabel auch die Veröffentlichung von Horváth-Texten, die den Herausgebern entgangen sind, durch Jean-Claude François in den *Recherches Germaniques* von 1975 oder von Uwe Baur in *Literatur und Kritik* von 1978.

Zwischen 1983 und 1988 ist eine neue Edition erschienen, *Gesammelte Werke. Kommentierte Werkausgabe in Einzelbänden,* herausgegeben wiederum von Traugott Krischke, diesmal unter Mitarbeit von Susanne Foral-Krischke. 15 Bände waren geplant, der letzte Band, für den *Skizzen und Fragmente* vorgesehen waren, ist nicht erschienen. Daher fehlen auch nicht unwichtige Texte wie beispielsweise das in der vierbändigen Ausgabe von 1970/71 bereits veröffentlichte *Dósa*-Fragment (vgl. GW IV, 9-20) oder der in den *Ge-sammelten Werken* unter dem Herausgebertitel *Der Fall E.* (GW IV, 21–48) veröffentlichte und auf 1927 datierte, mittlerweile von Schröder (1982) kritisch und mit dem naheliegenderen Titel *Die Lehrerin von Regensburg* edierte dramatische Text. Schröder, der umfangreiches dokumentarisches Material vorlegt, weist August 1930 als frühestes Entstehungsdatum nach. Weiters fehlt das sendereife Hörspiel *Stunde der Liebe.*

Ausgerechnet der problematischste Teil der Ausgabe von 1970/71 ist mithin durch die *Kommentierte Werkausgabe* nur unzureichend korrigiert. Was Textgestalt und Vollständigkeit betrifft, so ist dennoch gegenüber den *Gesammelten Werken* von 1970/71 zweifellos eine Verbesserung gegeben. Jedem einzelnen Band ist ein Anhang nachgestellt mit Materialien zur »Entstehung, Überlieferung, Textgestaltung« mit »Erläuterungen« sowie ein Abschnitt »Quellen und Hinweise«. Bedauerlicherweise ist die Ausgabe, vermutlich wegen des Fehlens von Band 15, unübersichtlich. Es gibt keine Register, die Inhaltsverzeichnisse mancher Bände sind schlichtweg benutzerfeindlich. So enthält beispielsweise der Band 11, auf dem Cover mit dem Titel *Sportmärchen,* auf dem Titelblatt mit *Sportmärchen, andere Prosa und Verse* versehen, ein gattungsmäßiges Potpourri: »Verse«, *Das Buch der Tänze,* »Lieder für Siegfried Kallenberg«, *Sportmärchen, Weitere Sportmärchen,* »Kleine Prosa« von den frühen zwanziger bis zu den mittleren dreißiger Jahren, »Autobiographisches und Theoretisches« sowie »Entwürfe und Varianten«. Auf der Suche nach einem der kleinen Prosatexte muss man 80 Seiten durchblättern, sie sind nur ohne Seitengaben unübersichtlich aufgelistet (vgl. kA XI, 92). Was die »Erläuterungen« betrifft, so erscheinen naturgemäß einige unnötig – wer wüsste nicht, was ein »Souvenir« oder eine »Soiree« (vgl. kA XI, 285 bzw. 288) ist –, die meisten jedoch, insbesondere mit Querverweisen auf andere Texte des Autors bzw. auf seine Biographie, sind überaus nützlich.

1988 ist dann eine weitere gebundene Ausgabe der *Gesammelten Werke* in vier Bänden erschienen. Der 5. Band, der dem 15. der Taschenbuchausgabe entsprechen sollte, ist nicht erschienen. Die gebundene Ausgabe weicht in Anordnung und Paginierung von der Taschenbuchausgabe ab und enthält keine Anhänge. Sie ist aus literaturwissenschaftlicher Sicht unbrauchbar.

4.2   Der Nachlaß

1962 wurde am Archiv der Akademie der Künste in Berlin unter
der Leitung von Walter Huder ein Ödön von Horváth-Archiv eingerichtet, dessen Herzstück der etwa 3.800 Blätter umfassende hand-
und maschinenschriftliche Nachlass des Autors bildete (zum Materi-
albestand des Archivs im Jahr 1970 vgl. Mat.ÖH., 205f.). Mittlerweile wurde der Nachlaß nach Wien transferiert. Dazu (in einer
Mitteilung vom Februar 1999) Klaus Kastberger, der wissenschaftliche Betreuer des Nachlasses: »1990 wurde der Bestand gemeinsam
von der Österreichischen Nationalbibliothek und der Wiener Stadt-
bibliothek erworben. Heute wird der Nachlass vom Österreichischen Literaturarchiv der Österreichischen Nationalbibliothek in
Wien betreut und kann für Zwecke der wissenschaftlichen Forschung eingesehen und benutzt werden. Neben Manuskripten und
Typoskripten des Autors zu fast allen seinen Werken, wozu auch
Vorstufen, Skizzen, Pläne und Fragmente zu zählen sind, umfasst
der Bestand einige wenige Briefe, Fotos und Erstausgaben. Der Hor-
váth-Forschung steht am Österreichischen Literaturarchiv darüber
hinaus ein ausgedehnter Handapparat mit Sekundärliteratur zur
Verfügung; dieser wird laufend um die neuesten Arbeiten ergänzt.«
Unter den Materialien und Dokumenten sind hervorzuheben: die
Korrespondenz des Thomas Sessler-Verlags mit dem Georg Morton-
Verlag sowie mit Lajos von Horváth, Sammlungen von Programm-
heften, Theaterzetteln, Plakaten, Rezensionen sowie diverse andere
Materialien zu Aufführungen, Verfilmungen, Fernseh- und Rund-
funkbearbeitung der Werke Horváths, Themenkonvolute zur Horváth-Rezeption, schließlich ein Bestandsverzeichnis »Theaterdoku-
mentation Ödön von Horváth« (derzeitiger Stand: Oktober 1998),
erstellt von Klaus Kastberger. Eine erste Umordnung des Nachlasses
durch die Nationalbibliothek ist nach der Übernahme durch das Literaturarchiv teilweise hinfällig. Nach der abgeschlossenen Neuord-
nung werden die (in der Forschung vielzitierten) Berliner Signaturen
dank Konkordanz nach wie vor weiterführend sein.

5. Literaturverzeichnis

5.1 Textausgaben Ödön von Horváth

Gesammelte Werke. Bde 1-4. Hrsg. von Dieter Hildebrandt, Walter Huder [ausgen. Bd 4.], Traugott Krischke. Frankfurt a.M.: Suhrkamp 1970/1971.
Bd 1: Volksstücke, Schauspiele (1970).
Bd 2: Komödien (1970).
Bd 3: Lyrik, Prosa, Romane (1971).
Bd 4: Fragmente und Varianten, Exposés, Theoretisches, Briefe, Verse. (1971).
Gesammelte Werke. Kommentierte Werkausgabe in Einzelbänden. Hrsg. von Traugott Krischke unter Mitarbeit von Susanne Foral-Krischke. Bde 1-14. Frankfurt a.M. 1983-1988. (= suhrkamp taschenbuch 1051-1064).
Bd 1: *Zur schönen Aussicht* und andere Stücke (1985).
Bd 2: *Sladek* (1983).
Bd 3: *Italienische Nacht* (1984).
Bd 4: *Geschichten aus dem Wiener Wald* (1986).
Bd 5: *Kasimir und Karoline* (1986).
Bd 6: *Glaube Liebe Hoffnung* (1986).
Bd 7: *Eine Unbekannte aus der Seine* und andere Stücke (1988).
Bd 8: *Figaro läßt sich scheiden* (1987).
Bd 9: *Don Juan kommt aus dem Krieg* (1987).
Bd 10: *Der jüngste Tag* und andere Stücke (1988).
Bd 11: *Sportmärchen,* andere Prosa und Verse (1988).
Bd 12: *Der ewige Spießer* (1987).
Bd 13: *Jugend ohne Gott* (1983).
Bd 14: *Ein Kind unserer Zeit* (1985).

Stücke. Mit einer Einführung hrsg. von Traugott Krischke und einem Nachwort von Ulrich Becher. Reinbek 1961. (= Rowohlt Paperback 3).
Ödön von Horváth. Ein Lesebuch. Hrsg. von Traugott Krischke. Frankfurt a.M.: Suhrkamp 1976.
»Der Fall E.« oder Die Lehrerin von Regensburg. Hrsg. von Jürgen Schröder. Frankfurt a.M. 1982. (= suhrkamp taschenbuch 2014).

5.2 Horváth-Blätter, Materialienbände

Alle Materialienbände sind, herausgegeben von Traugott Krischke, in Frankfurt a.M. bei Suhrkamp erschienen. Sie sind daher im folgenden ohne Herausgeber-, Orts- und Verlagsangabe angeführt.

Horváth-Blätter. Göttingen: Edition Herodot. 1 (1983) – 2 (1984). [Keine weiteren Nummern erschienen.]

Materialien zu Ödön von Horváth. 1970. (= edition suhrkamp 436).
Materialien zu Ödön von Horváths »Geschichten aus dem Wiener Wald«. 1972. (= edition suhrkamp 533).
Materialien zu Ödön von Horváths »Glaube Liebe Hoffung«. 1973. (= edition suhrkamp 671).
Materialien zu Ödön von Horváths »Kasimir und Karoline«. 1973. (= edition suhrkamp 611).

Horváths »Geschichten aus dem Wiener Wald«. 1983. (= suhrkamp taschenbuch materialien 2019).
Horváths »Jugend ohne Gott«. 1984. (= suhrkamp taschenbuch materialien 2027).
Ödön von Horváth. 1981. (= suhrkamp taschenbuch materialien 2005).
Horváths Prosa. 1989. (= suhrkamp taschenbuch materialien 2094).
Horváths Stücke. 1988. (= suhrkamp taschenbuch materialien 2092).

Über Horváth. (Mithrsg. Dieter Hildebrandt.) 1972. (= edition suhrkamp 584).

5.3   Texte anderer Autoren

Brecht, Bertolt: An die Nachgeborenen. In: B.B. Gesammelte Werke. Bd 9: Gedichte 2. Frankfurt a.M. 1967. (= werkausgabe edition suhrkamp), S. 722-725.
Brecht, Bertolt: Anmerkungen zum Volksstück. In: B.B.: Gesammelte Werke. Bd 17: Schriften zum Theater 3. Frankfurt a.M. 1967. (= werkausgabe edition suhrkamp), S. 1162-1169.
Brecht, Bertolt: Herr Puntila und sein Knecht Matti. In: B.B.: Gesammelte Werke. Bd 4: Stücke 4. Frankfurt a.M. 1967. (= werkausgabe edition suhrkamp), S. 1609-1717.
Brecht, Bertolt: Die Kleinbürgerhochzeit. In: B.B.: Gesammelte Werke. Bd 7: Stücke 7. Frankfurt a.M. 1967. (= werkausgabe edition suhrkamp), S. 2713-2744.
Broch, Hermann: Einige Bemerkungen zum Problem des Kitsches. In: H.B.: Kommentierte Werkausgabe. Bd 9/2: Schriften zur Literatur 2. Theorie. Frankfurt a.M. 1975. (= suhrkamp taschenbuch 247), S. 158-173.
Broch, Hermann: Kommentierte Werkausgabe. Hrsg. von Paul Michael Lützeler. Bd 1: Die Schlafwandler. Frankfurt a.M. 1978. (= suhrkamp taschenbuch 472).
Broch, Hermann: Kommentierte Werkausgabe. Bd 5: Die Schuldlosen. Frankfurt a.M. 1974. (= suhrkamp taschenbuch 209).

Bruckner, Ferdinand: Die Verbrecher. In: F.B.: Dramen. Hrsg. von Hansjörg Schneider. Wien, Köln: Böhlau 1990. (= Österreichische Bibliothek 12), S. 91-200.

Fleißer, Marieluise: Gesammelte Werke. Bd 1: Dramen. Hrsg. von Günther Rühle. Frankfurt a.M.: Suhrkamp 1972.

Handke, Peter: Totenstille beim Heurigen. Versuch einer Analyse mit Hilfe einer Nacherzählung von Ödön von Horváths, [!] »Geschichten aus dem Wienerwald«. In: P.H.: Ich bin ein Bewohner des Elfenbeinturms. Frankfurt a.M. 1972. (= suhrkamp taschenbuch 56), S. 217-227.

Kaiser, Georg: Nebeneinander. Volksstück 1923. In: G.K.: Werke. Bd 2: Stücke 1918-1927. Hrsg. von Walther Huder. Frankfurt a.M., Berlin, Wien: Propyläen 1971, S. 277-342.

Kroetz, Franz Xaver: Horváth von heute für heute. In: ÜH, S. 91-101.

Meyrink, Gustav: Gesammelte Werke. Bd 4, 5: Des deutschen Spießers Wunderhorn. München: Langen/Leipzig: Wolff 1913.

Nestroy, Johann: Sämtliche Werke. Hist.-krit. Gesamtausgabe. Hrsg. von Fritz Brukner und Otto Rommel. Bd 14: Die Possen 6. Wien: Schroll 1930, S. 165-310.

Schnitzler, Arthur: Anatol. In: A.Sch.: Gesammelte Werke in Einzelbänden. Das dramatische Werk. Bd 1. Frankfurt a.M. 1977. (= Fischer Taschenbuch 1967), S. 27-104.

Schönherr, Karl: Herr Doktor, haben Sie zu essen? In: K. Sch.: Bühnenwerke. Wien: Kremayr & Scheriau 1967, S. 719-779.

Soyfer, Jura: So starb eine Partei. In: J.S.: Das Gesamtwerk. Hrsg. von Horst Jarka. Wien, München, Zürich: Europaverlag 1980, S. 324-451.

Zuckmayer, Carl: Der fröhliche Weinberg. In: C.Z.: Gesammelte Werke. Bd 3: Dramen. [Frankfurt a.M.:] Fischer 1960, S. 89-144.

5.4   Sekundärliteratur

Balázs, Béla: Der Film des Kleinbürgers (1930). In: stm.GWW., 188-193.

Balme, Christopher: Die »sachliche« Liebe: Zu Ödön von Horváths Hörspielen. In: Seminar 23 H.1 (1987), S. 23-41.

Balme, Christopher: The Reformation of Comedy: Genre Critique in the Comedies of Ödön von Horváth. Dunedin: University of Otago 1985. (= Otago German Studies 3).

Balme, Christopher B.: Zwischen Imitation und Innovation. Zur Funktion der literarischen Vorbilder in den späten Komödien Ödön von Horváths. In: stm.St., S. 103-120.

Bance, Alan: The Overcoming of the Collective. »Jugend ohne Gott« as drama. In: Sprachkunst 19 (1988), S. 137-147.

Bauer, Johann: Totentanzadaptionen im modernen Drama und Hörspiel: Hofmannsthal, Horváth, Brecht, Hausmann, Weyrauch und Hochhuth. In: Franz Link (Hrsg.): Tanz und Tod in Kunst und Literatur. Berlin: Duncker & Humblot 1993. (= Schriften zur Literaturwissenschaft 8), S. 463-488.

Baumgartner, Wilhelm Martin: Lied und Musik in den Volksstücken Ödön
   von Horváths. In: stm.St., S. 154-180.
Baur, Uwe: Horváth und die kleinen Nationalsozialisten. (Zwei wiederaufge-
   fundene Prosatexte) In: Literatur und Kritik H. 125 (1978), S. 291-294.
Baur, Uwe: Horváth und die Sportbewegung der Zwanzigerjahre. Seine
   Sportmärchen im Kontext der Münchner Nonsense-Dichtung. In:
   H.BL. 2, S. 75-97.
Baur, Uwe: Horváth und die Sportbewegung der zwanziger Jahre. Seine
   »Sportmärchen« im Kontext der Münchner Nonsense-Dichtung. In:
   stm.P., S. 9-33.
Baur, Uwe: Sport und Literatur in den Zwanziger Jahren. Horváths *Sport-
   märchen* und die Münchner Nonsense-Dichtung. In: Kurt Bartsch/
   U.B./Dietmar Goltschnigg (Hrsg.): Horváth-Diskussion. Kronberg:
   Scriptor 1976. (= Monographien Literaturwissenschaft 28), S. 138-156.
Berczik, Árpád: Ödön von Horváth und Kálmán Mikszáth. In: Német
   Filológiai Tanulmanyok (Debrecen) 7 (1973), S. 61-82.
Boelke, Wolfgang: Die entlarvende Sprachkunst Ödön von Horváths. Diss.
   Frankfurt a.M. 1970.
Bossinade, Johanna: Eros Thanatos in Horváths Volksstück. In: Sprach-
   kunst 19, H. 2 (1988a), S. 43-70.
Bossinade, Johanna: Ödön von Horváth: *Kasimir und Karoline.* Entstellte
   Rede. In: Dramen des 20. Jahrhunderts. Interpretationen. Stuttgart:
   Reclam 1996. (= Universal-Bibliothek 9460), S. 399-423.
Bossinade, Johanna: »Verloren, was ich niemals besessen habe«. Ödön von
   Horváths Exilromane. In: stm.P., S. 74-97.
Bossinade, Johanna: Vom Kleinbürger zum Menschen: die späten Dramen
   Ödön von Horváths. Bonn: Bouvier 1988. (= Abhandlungen zur
   Kunst-, Musik- und Literaturwissenschaft 364).
Brandt, Karsten: Horváths Eintritt in den Reichsverband Deutscher
   Schriftsteller (RDS) am 11.07.1934. mémoire de D.E.A. Univ. Paris
   VIII [1995].
Brecht, Christoph: »Kruzifix, errichtet vom Verschönerungsverein«. Ödön
   von Horváth und die Semantik der Moderne. In: Hofmannsthal Jahr-
   buch (1994), S. 309-332.
Buck, Theo: Ödön von Horváth: *Geschichten aus dem Wiener Wald.* In:
   Dramen des 20. Jahrhunderts. Interpretationen. Stuttgart: Reclam
   1996. (= Universal-Bibliothek 9460), S. 373-398.
(Csokor). Lebensbilder eines Humanisten. Ein Franz Theodor Csokor-
   Buch. Hrsg. von Ulrich N. Schulenburg. Wien: Löcker/Wien, Mün-
   chen: Sessler 1992.
Cyron-Hawryluk, Dorota: Zeitgenössische Problematik in den Dramen
   Ödön von Horváths. Wroclaw 1974. (= Acta Universitatis Wratislavien-
   sis 209).
Döhl, Reinhard: Das Hörspiel zur NS-Zeit. Darmstadt: WBG 1992.
Doppler, Alfred: Bemerkungen zur dramatischen Form der Volksstücke
   Horváths. In: Kurt Bartsch/Uwe Baur/Dietmar Goltschnigg (Hrsg.):
   Horváth-Diskussion. Kronberg: Scriptor 1976. (= Monographien Lite-
   raturwissenschaft 28), S. 11-21.

Emrich, Wilhelm: Die Dummheit oder Das Gefühl der Unendlichkeit. In: Mat.ÖH., S. 139-147.

François, Jean-Claude: Horváth und die Geschichte – Horváth in der Geschichte. In: Sprachkunst 19, H. 2 (1988), S. 149-157.

François, Jean-Claude: Kommentar zu: Ödön von Horváth: Vier Prosatexte. Erstausgabe und K. von J.-C. F. In: Recherches Germaniques 5 (1975), S. 317-328.

François, Jean-Claude: Horváths »Magazin des Glücks«. In: Literatur und Kritik H. 231/232 (1989), S. 74-81.

Franke, Berthold: Die Kleinbürger. Begriff, Ideologie, Politik. Frankfurt a.M., New York: Campus 1988.

Fritz, Axel: Ödön von Horváth als Kritiker seiner Zeit. Studien zum Werk in seinem Verhältnis zum politischen, sozialen und kulturellen Zeitgeschehen. München 1973. (= List Taschenbücher der Wissenschaft 1446).

Fritz, Axel: Zeitthematik und Stilisierung in der erzählenden Prosa Ödön von Horváths. Aalborg: Universitetsforlag 1981.

Fuhrmann, Alexander: Der historische Hintergrund: Schule – Kirche – Staat. In: stm.JoG., S. 129-146.

Fuhrmann, Alexander: Der verschwiegene Krieg. Zeitgeschichtliche Materialien zu Horváths »Ein Kind unserer Zeit«. In: stm.P., S. 98-112.

Fuhrmann, Alexander: »Zwischen Budapest und dem Dritten Reich«. Horváths Umwege in die Emigration. In: stm.St., S. 37-53.

Gamper, Herbert: Horváths Auseinandersetzung mit Strindberg. Sein erstes Stück »Mord in der Mohrengasse«. In: stm.St., S. 54-65.

Gamper, Herbert: Horváth und die Folgen – das Volksstück? Über neue Tendenzen im Drama. In: Theater heute, Sonderheft (1971), S. 73-77.

Gamper, Herbert: »Sinds nicht tierisch?«. Einige der vorbereitenden Überlegungen zum Stück. In: Ödön von Horváth: Geschichten aus dem Wiener Wald. Stuttgart: Württembergische Staatstheater 1975. (= Programmbuch 7), S. 8-70.

Gamper, Herbert: Der jüngste Tag. In: Ödön von Horváth, Der jüngste Tag. Graz: Vereinigte Bühnen 1994. (= Programmheft 4), S. 3-47.

Gamper, Herbert: Horváths komplexe Textur. Dargestellt an frühen Texten. Zürich: Ammann 1987.

Gamper, Herbert: Todesbilder in Horváths Werk. In: Kurt Bartsch/Uwe Baur/Dietmar Goltschnigg (Hrsg.): Horváth-Diskussion. Kronberg: Scriptor 1976. (= Monographien Literaturwissenschaft 28), S. 67-81.

Glaser, Hermann: Ab mit ihr. Ehe die toten Seelen töteten. Zur deutschen »Spießer-Ideologie«. In: stm.GWW., S. 68-83.

Goltschnigg, Dietmar: Pauschalierungen, Euphemismen, Anekdoten, Witze und Metaphern als Formen des Sprachklischees in Horváths Dramen. In: Kurt Bartsch/Uwe Baur/D.G. (Hrsg.): Horváth-Diskussion. Kronberg: Scriptor 1976. (= Monographien Literaturwissenschaft 28), S. 55-66.

Goltschnigg, Dietmar: Rezeptions- und Wirkungsgeschichte Georg Büchners. Kronberg: Scriptor 1975. (= Monographien Literaturwissenschaft 22).

Goltschnigg, Dietmar: Das Sprachklischee und seine Funktion im dramatischen Werk Ödön von Horváths. In: Wirkendes Wort H. 3 (1975a), S. 181-196.

Grieser, Dietmar: Ein sogenannter schmucker Markt. Murnau und seine
Horváth-Schauplätze. In: D.G.: Schauplätze österreichischer Dichtung.
Ein literarischer Reiseführer. München, Wien: Langen Müller 1974,
S. 118-126.

Gros, Peter: Plebejer, Sklaven und Caesaren. Die Antike im Werk Ödön
von Horváths. Bern u.a.: Lang 1996. (= Europäische Hochschulschriften
I/1550).

Günther, Gisela: Die Rezeption des dramatischen Werkes von Ödön von
Horváth von den Anfängen bis 1977. Diss. Göttingen 1978.

Haag, Ingrid: Ödön von Horváth. Fassaden-Dramaturgie. Beschreibung
einer theatralischen Form. Frankfurt a.M. u.a.: Lang 1995. (= Literar-
historische Untersuchungen 26).

Haag, Ingrid: Horváth und Freud. Vom »Unbehagen in der Kultur« zur
Dramaturgie des Unheimlichen. In: stm.St., S. 66-83.

Haag, Ingrid: Ödön von Horváth und die »Monströse Idylle«. In: Recherches Germaniques 6 (1976), S. 152-168.

Haag, Ingrid: Wo von Politik nicht die Rede ist. Betrachtungen zur Darstellung von Machtstrukturen bei Marieluise Fleißer und Ödön von
Horváth. In: Manfred Turk/Jean-Marie Valentin (Hrsg.): Aspekte des
politischen Theaters und Dramas von Calderón bis Georg Seidel.
Deutsch-französische Perspektiven. Bern u.a.: Lang 1996. (= Jahrbuch
für Internationale Germanistik. Kongreßberichte 40), S. 317-330.

Haag, Ingrid: Zeigen und Verbergen. Zu Horváths dramaturgischem Verfahren. In: stm.GWW., S. 138-153.

Haslinger, Adolf: Ödön von Horváths »Jugend ohne Gott« als Detektivro-
man. Ein Beitrag zur österreichischen Kriminalliteratur. In: Johann
Holzner/Michael Klein/Wolfgang Wiesmüller (Hrsg.): Studien zur Literatur des 19. und 20. Jahrhunderts in Österreich. Festschrift für Adolf
Doppler zum 60. Geburtstag. Innsbruck 1981. (= Innsbrucker Beiträge
zur Kulturwissenschaft. Germanistische Reihe 12), S. 197-204.

Hein, Jürgen (Hrsg.): Theater und Gesellschaft. Das Volksstück im 19. und
20. Jahrhundert. Düsseldorf: Bertelsmann 1973. (= Literatur in der Gesellschaft 12).

Hein, Jürgen: Ödön von Horváth: Kasimir und Karoline. In: Harro Mül-
ler-Michaels (Hrsg.): Deutsche Dramen. Interpretationen zu Werken
von der Aufklärung bis zur Gegenwart. Bd 2. Königstein i.T. 1981.
(= Athenäum Taschenbücher Literaturwissenschaft 2163), S. 42-67.

Hein, Jürgen: Unbewältigte Realität und Verstummen des Dialogs. Bemerkungen zum Volksstück um 1930. In: Thomas Althaus/Burkhard Spinnen/
Eckehard Czucka (Hrsg.): »Die in dem alten Haus der Sprache wohnen«. Beiträge zum Sprachdenken in der Literaturgeschichte. Helmut
Arntzen zum 60. Geburtstag. Münster: Aschendorff 1991, S. 501-512.

Hell, Martin: Kitsch als Element der Dramaturgie Ödön von Horváths.
Bern, Frankfurt a.M., New York: Lang 1983. (= Europäische Hochschulschriften I/617).

Hiebel, Hans H.: Sprachrealismus und Verfremdung: Ödön von Horváths
Dramaturgie zwischen personaler und auktorialer Perspektiventechnik.
In: The German Quarterly 67, No. 1 (1994), S. 27-37.

Hildebrandt, Dieter: Ödön von Horváth in Selbstzeugnissen und Bilddokumenten. Reinbek 1975. (= rowohlts monographien 231).

Hildebrandt, Dieter: Der Jargon der Uneigentlichkeit. Notizen zur Sprachstruktur in Horváths »Geschichten aus dem Wiener Wald«. In: Mat.GWW., S. 236-245.

Hillach, Ansgar (Rez.): Mat.ÖH. In: Germanistik 12 (1971), S. 622.

Hillach, Ansgar: Das Volksstück als Kosmologie der Gewalt. Psychologie und Marxismus in Ödön von Horváths »Revolte auf Côte 3018«. In. GRM N.F. 24 (1974), S. 223-243.

Himmel, Hellmuth: Ödön von Horváth und die Volksstücktradition. In: stm.ÖH., S. 46-56.

Holl, Adolf: Gott ist die Wahrheit oder: Horváths Suche nach der zweiten religiösen Naivität. In: stm.JoG., S. 147-156.

Hollmann, Hans: Einige Grundsätze für künftige Horváth-Regisseure. In: ÜH., S. 96-101.

Hollmann, Helga: Marianne oder Von der Erziehung zur Preisgabe des Willens. Ein Beitrag zur Gesellschaftskritik. In: Mat.GWW., S. 223-236.

Horkheimer, Max und Theodor W. Adorno: Dialektik der Aufklärung. Philosophische Fragmente. Frankfurt a.M.: Fischer 1969.

Horvát, Dragutin: Märchen als Programm. Zu Ödön von Horváths »Das Märchen in unserer Zeit«. In: Zeitschrift für Germanistik 11, H.1 (1990), S. 29-31.

Houtmann, Kees: Notizen zu Horváths »Gebrauchsanweisung«. In: Amsterdamer Beiträge zur neueren Germanistik 1 (1972), S. 207-210.

Huder, Walter: Inflation als Phänomen der Existenz. In: Mat.ÖH., S. 173-179.

Huder, Walter: Zum Stand der Horváth-Forschung. In: Akzente 19 (1972), S. 124-129.

Huish, Ian: »Adieu, Europa!« Entwurf zu einer Autobiographie? In: H.Bl.1, S. 11-23.

Hummel, Reinhard: Die Volksstücke Ödön von Horváths. Baden-Baden: Hertel 1970.

Jaeggi, Urs: Zwischen den Mühlsteinen. Der Kleinbürger oder die Angst vor der Geschichte. In: Kursbuch H. 45 (1976), S. 151-168.

Jarka, Horst: Alltag und Politik in der österreichischen Literatur der dreißiger Jahre. Horváth – Kramer – Soyfer. In: »Über Kramer hinaus und zu ihm zurück«. Wien: Verlag für Gesellschaftskritik 1990. (= Zwischenwelt 1), S. 120-139.

Jarka, Horst: Jura Soyfer: ein Nestroy im Keller. Zum Einfluß Nestroys auf das oppositionelle Theater im Ständestaat. In: Maske und Kothurn 24 (1978), S. 191-212.

Jarka, Horst: Ödön von Horváth und das Kitschige. In: Zeitschrift für Deutsche Philologie 91 (1972), S. 558-585.

Jarka, Horst: Noch nicht entdeckt oder schon wieder vergessen? Das Werk Horváths in den Vereinigten Staaten. In: Literatur und Kritik H. 231/232 (1989), S. 38-52.

Jarka, Horst: Ödön von Horváth und Jura Soyfer – Diagnose und Protest. In: stm.St., S. 84-102.

Jarka, Horst: Zur Horváth-Rezeption 1929-1938. In: stm.ÖH., 156-184.

Jenny, Urs: Horváth realistisch, Horváth metaphysisch. In: Akzente 18 (1971), S. 289-295.

Joas, Hans: Ödön von Horváth: Kasimir und Karoline. In. Mat.KK., S. 47-62.

Jones, Calvin N.: Ferdinand Raimund and Ödön von Horváth: The *Volksstück* as Negation and Utopia. In: The German Quarterly 64, No 1 (1991), S. 325-338.

Kadrnoska, Franz: Horváth und die Folgen. »Jugend ohne Gott« und die österreichische Vergangenheitsbewältigung fiktional-real. In: Sprachkunst 19, H. 2 (1988), S. 95-105.

Kadrnoska, Franz: Die späten Romane Ödön von Horváths. Exilliteratur und Vergangenheitsbewältigung. In: Österreich in Geschichte und Literatur 26 (1982), S. 81-109.

Kadrnoska, Franz: Sozialkritik und Transparenz faschistischer Ideologeme in »Jugend ohne Gott«. In: stm.JoG., S. 69-91.

Kahl, Kurt: Glaube Liebe Hoffnung. In: Mat.GLH., S. 91f.

Kahl, Kurt: Ödön von Horváth. Velber 1966. (= Friedrichs Dramatiker des Welttheaters 18).

Kaiser, Wolf: »Jugend ohne Gott« – ein antifaschistischer Roman? In: stm.JoG., S. 48-68.

Karasek, Hellmuth: Das Prosawerk von Ödön von Horváth. In: ÜH., S. 79-82.

Kastberger, Klaus: Ödön von Horváth (1901-1938): Glaube Liebe Hoffnung. In: Bernhard Fetz und K.K. (Hrsg.): Der literarische Einfall. Über das Entstehen von Texten. Wien: Zsolnay 1998. (= profile 1), S. 49-57.

Kaszyński, Stefan H.: Horváths Poetik des Destruktiven. Überlegungen zur Lesart des Stückes »Kasimir und Karoline«. In: Literatur und Kritik H. 237/238 (1989), S. 323-331.

Keufgens, Norbert: Ödön von Horváth, *Jugend ohne Gott*. Erläuterungen und Dokumente. Stuttgart: Reclam 1998. (= Universal-Bibliothek 16010).

Keufgens, Norbert: Ödön von Horváth: *Jugend ohne Gott*. In: Erzählungen des 20. Jahrhunderts. Interpretationen. Stuttgart: Reclam 1996. (= Universal-Bibliothek 9462), S. 231-249.

Klotz, Volker: Horváths Reagenzdramatik. In: V.K.: Dramaturgie des Publikums. Wie Bühne und Publikum aufeinander eingehen, insbesondere bei Raimund, Büchner, Wedekind, Horváth, Gatti und im politischen Agitationstheater. München, Wien: Hanser 1976, S. 177-215, Anm. S. 336-343.

Klotz, Volker: Bürgerliches Lachtheater. Komödie, Posse, Schwank, Operette. München 1980. (= dtv 4357).

Kracauer, Siegfried: Die Angestellten. Aus dem neuesten Deutschland. Mit einer Rezension von Walter Benjamin. Frankfurt a.M. 1971. (= suhrkamp taschenbuch 13).

Krammer, Jenö: Ödön von Horváth. Leben und Werk aus ungarischer Sicht. Wien 1969. (= Wiss. Reihe der Internationalen Lenau-Gesellschaft 1).

Krischke, Traugott: Horváth auf der Bühne 1926–1938. Wien: Edition S 1991.

Krischke, Traugott: Horváth-Chronik. Daten zu Leben und Werk. Frankfurt a.M. 1988. (= suhrkamp taschenbuch 2089).

Krischke, Traugott: Ödön von Horváth. Kind seiner Zeit. München 1980. (= Heyne Biographien 71).

Krischke, Traugott, und Hans F. Prokop (Hrsg.): Ödön von Horváth. Leben und Werk in Dokumenten und Bildern. Frankfurt a.M. 1972. (= suhrkamp taschenbuch 67).

Krückeberg, Edzard: Vom »Leben in der Lüge« zum »Leben in der Wahrheit«. Zu Ödön von Horváths Roman »Jugend ohne Gott«. In: Thomas Althaus/Burkhard Spinnen/Eckehard Czucka (Hrsg.): »Die in dem alten Haus der Sprache wohnen«. Beiträge zum Sprachdenken in der Literaturgeschichte. Helmut Arntzen zum 60. Geburtstag. Münster: Aschendorff 1991, S. 483-499.

Kun, Eva: »Die Komödie des Menschen« oder Horváth und Ungarn. In: stm.St., S. 9-36.

Kurzenberger, Hajo: Horváths Volksstücke. Beschreibung eines poetischen Verfahrens. München: Fink 1974. (= Kritische Information 17).

Lechner, Wolfgang: Mechanismen der Literaturrezeption in Österreich am Beispiel Ödön von Horváths. Stuttgart: Heinz 1978. (= Stuttgarter Arbeiten zur Germanistik 46).

Lechner, Wolfgang: Zur Horváth-Rezeption seit 1945. In: stm.ÖH., S. 185-202.

Lederer, Emil/Jakob Marschak: Der neue Mittelstand (1926). In: stm.GWW., S. 194-198.

Lindken, Hans Ulrich: Illusion und Wirklichkeit in Ödön von Horváths Volksstück »Geschichten aus dem Wiener Wald«. In: Modern Austrian Literature 9 (1976), 26-43.

Mann, Klaus: Amsterdam. In: Mat.ÖH., S. 113-115.

Meier, Elisabeth: »Abgründe dort sehen lernen, wo Gemeinplätze sind«. Zur Sprachkritik von Ödön von Horváth und Peter Handke. In: E.M. (Hrsg.): Sprachnot und Wirklichkeitszerfall. Dargestellt an Beispielen neuerer Literatur. Düsseldorf: Patmos 1972, S. 19-61.

Melzer, Gerhard: Das Phänomen des Tragikomischen. Untersuchungen zum Werk von Karl Kraus und Ödön von Horváth. Kronberg: Scriptor 1976. (= Hochschulschriften Literaturwissenschaft 15).

Müller, Hartmut: Ödön von Horváth, Der jüngste Tag. Lektürehilfen. Stuttgart, Dresden: Klett [3]1995.

Müller, Karl: Einheit und Disparität – Ödön von Horváths »Weg nach innen«. In: stm.P. S. 156-177.

Müller-Funk, Wolfgang: Die Eroberung der Welt durch das Kleinbürgertum. Lion Feuchtwangers »Erfolg« und Horváths »Ewiger Spießer«. In: stm.P., S. 57-73.

Müller-Kampel, Beatrix: Dämon – Schwärmer – Biedermann. Don Juan in der deutschen Literatur bis 1918. Berlin: E. Schmidt 1993. (= Philologische Quellen und Studien 126).

Müller-Kampel, Beatrix (Hrsg.): Mythos Don Juan. Zur Entwicklung eines männlichen Konzepts. Leipzig 1999. (= Reclam-Bibliothek 1675).

Muth, Birgit Elisabeth: Politisch-gesellschaftliche Hintergründe in Ödön

von Horváths Roman »Der ewige Spießer«. Dokumentiert anhand zeit-
genössischer Berichte und Publikationen. Dipl. Arb. München 1987.

Nietzsche, Friedrich: Werke. Bd 2. Hrsg. von Karl Schlechta. München:
Hanser 1966.

Nolting, Winfried: Drama des Tonfalls. Individualität und Totalität Hor-
váthscher Sprachdarstellung in den »Geschichten aus dem Wiener
Wald«. In: stm.GWW., S. 116-137.

Nolting, Winfried: Der totale Jargon. Die dramatischen Beispiele Ödön
von Horváths. München: Fink 1976. (= Literatur und Presse. Karl-
Kraus-Studien 2).

Patsch, Sylvia M.: Horváth in England: »A great and original writer«. In:
Literatur und Kritik H. 231/232 (1989), S. 63-74.

Pauli, Hertha: Paris. In: Mat.ÖH., S. 117-124.

Pfabigan, Alfred: Geistesgegenwart. Essays zu Joseph Roth, Adolf Loos, Jura
Soyfer. Wien: Edition Falter im ÖBV [1991].

Pichler, Meinrad: Von Aufsteigern und Deklassierten. Ödön von Horváths literarische Analyse des Kleinbürgertums und ihr Verhältnis zu den Aussagen
der historischen Sozialwissenschaften. In: Friedbert Aspetsberger (Hrsg.):
Österreichische Literatur seit den zwanziger Jahren. Beiträge zu ihrer histo-
risch-politischen Lokalisierung. Wien: ÖBV 1979. (= Schriften des Instituts
für Österreichkunde 35), S. 55-67. [Wiederabdruck in stm.ÖH., 67-86.]

P[rokop], H[ans] F.: Vorwort zu: Ödön von Horváth 1901-1938. (Eine
Ausstellung der Dokumentationsstelle für neuere österreichische Literatur) Wien 1971, unpag.

Reinhardt, Hartmut: Die Lüge des »Prinzipiellen«. Zur Begrenzung der
Kompetenz von Kritik in Horváths Stücken. In: DVjs 49 (1975),
S. 332-355.

Reuther, Gabriele: Ödön von Horváth. Gestalt, Werk und Verwirklichung
auf der Bühne. Diss. Wien 1962.

Rotermund, Erwin: Zur Erneuerung des Volksstückes in der Weimarer
Republik: Zuckmayer und Horváth. In: ÜH., S. 18-45.

Schlemmer, Ulrich: Ödön von Horváth, Jugend ohne Gott. 2., überarb. und
korr. Auflage. München 1993. (= Oldenbourg Interpretationen 65).

Schmidt, Edel E.: Die Frauenproblematik in dem Werk Ödön von Horváths. Diss. Oslo 1973.

Schmidt-Dengler, Wendelin: Ödön von Horváths »Geschichten aus dem
Wiener Wald« und der triviale Wiener Roman der zwanziger Jahre. In:
stm.ÖH., S. 57-66.

Schmidt-Dengler, Wendelin: Von der Unfähigkeit zu feiern. Verpatzte Feste
bei Horváth und seinen Zeitgenossen. In: Literatur und Kritik H. 237/
238 (1989), S. 314-323.

Schneider, Hansjörg: Der Kampf zwischen Individuum und Gesellschaft.
In: ÜH., S. 59-70.

Schneider-Emhardt, Gustl: Erinnerungen an Ödön von Horváths Jugendzeit. In: H.Bl.1, 63-81.

Schnitzler, Christian: Der politische Horváth. Untersuchungen zu Leben und
Werk. Frankfurt a.M. u.a.: Lang 1990. (= Marburger germanistische
Studien 11).

Schröder, Jürgen (Hrsg.): Ödön von Horváth, »Der Fall E.« 1982, S. 9–15.

Schröder, Jürgen: Das Spätwerk Ödön von Horváths. In: stm.ÖH., S. 125-155.

Schröder, Jürgen: Ödön von Horváths »Stunde der Liebe«. In: Sprachkunst 19 (1988), S. 123-135.

Schulte Birgit: Ödön von Horváth. verschwiegen – gefeiert – glattgelobt. Analyse eines ungewöhnlichen Rezeptionsverlaufs. Bonn: Bouvier 1980. (= Abhandlungen zur Kunst-, Musik- und Literaturwissenschaft 303).

Spies, Bernhard: Der Faschismus als Mordfall. Ödön von Horváths *Jugend ohne Gott*. In: Wolfgang Düsing (Hrsg.): Experimente mit dem Kriminalroman. Ein Erzählmodell in der deutschsprachigen Literatur des 20. Jahrhunderts. Frankfurt a.M. u.a.: Lang 1993, S. 97-116.

Steets, Angelika: NS-Sprache in Horváths Romanen. In: stm.P., S. 113-132.

Steets, Angelika: Die Prosawerke Ödön von Horváths. Versuch einer Bedeutungsanalyse. Stuttgart: Heinz 1975. (= Stuttgarter Arbeiten zur Germanistik 11).

Strauß, Botho: Die vertierte Vernunft und ihre Zeit. Zu Ödön von Horváths Stück »Sladek, der schwarze Reichswehrmann«. In: Theater heute 8, H. 8 (1967), S. 52f.

Strelka, Joseph: Wege und Abwege des modernen Dramas. Brecht, Horváth, Dürrenmatt. Wien, Hannover, Bern: Forum 1962.

Szendi, Zoltán: Deutung und Umdeutung. Der Roman *Szelistye, asszonyok* [Szelistye, das Dorf ohne Männer] von Kálmán Mikszáth und Ödön von Horváths Drama *Ein Dorf ohne Männer*. In: Antal Mádl und Peter Motzan (Hrsg.): Schriftsteller zwischen (zwei) Sprachen und Kulturen. München 1999. (= Veröffentlichungen des Südostdeutschen Kulturwerks B 74), S. 153-159.

Theweleit, Klaus: Männerphantasien. Basel, Frankfurt a.M.: Stroemfeld/ Roter Stern 1986.

Tismar, Jens: Das deutsche Kunstmärchen des zwanzigsten Jahrhunderts. Stuttgart: Metzler 1981. (= Germanistische Abhandlungen 51).

Tworek, Elisabeth: Kommentar zu: Ödön von Horváth: Jugend ohne Gott. Frankfurt a.M. 1999. (= Suhrkamp BasisBibliothek 7), S. 143-195.

Tworek-Müller, Elisabeth: Provinz ist überall. Zum Vorbildcharakter des bayrischen Oberlandes in Horváths kleiner Prosa. In: stm.P., S. 34-56.

Viehoff, Reinhold: »Neben Brecht einer der bedeutendsten deutschsprachigen Schriftsteller unseres Jahrhunderts«. Zur Rezeption Ödön von Horváths und zur Rezeptionsforschung. In: stm.P., S. 196-213.

Walder, Martin: Die Uneigentlichkeit des Bewußtseins. Zur Dramaturgie Ödön von Horváths. Bonn: Bouvier 1974. (= Studien zur Germanistik 22).

Weininger, Otto: Geschlecht und Charakter. Eine prinzipielle Untersuchung. München: Matthes & Seitz 1980.

Werfel, Franz: Nachwort. In: Mat.ÖH., S. 132-135.

Wertheimer, Jürgen: Horváth lesen lernen. »Geschichten aus dem Wiener Wald« im Unterricht. In: stm.GWW., S. 154-176.

Wickert, Hans-Martin: Szenen aus dem Alltag im Faschismus. Horváths

Roman »Jugend ohne Gott«. In: Unterrichtspraxis 23, H. 136 (1996), S. 59-64.

Žmegač, Viktor: Horváths Erzählprosa im europäischen Zusammenhang: Tradition und Innovation. In: Literatur und Kritik H. 237/238 (1989), S. 332-345.

Werkregister

Personenregister

194   Personenregister

Sammlung Metzler

Printed in the United States
By Bookmasters